사도 요한의
성막 복음서

사도 요한의
성막 복음서

The Gospel of the Tabernacle by the Apostle John

안상욱 목사
Rev. Sangwook Ahn

성막과 요한복음은 하나이다
성막은 성구로 보여준 요한복음이며 요한복음은 말씀으로 기록된 성막이다

성막 복음서를 시작하면서

안상욱 목사

　성막론을 두 번째 강의하며, 또 한편으로는 요한복음을 연구하던 어느 날, 하나님께서는 저의 마음속에 성막과 요한복음이 어떤 깊은 관련을 갖고 있다는 것을 깨닫게 하셨습니다. 그것은 지금부터 약 15년 전쯤이었습니다. 이 깨달음 속에서 성막의 중요한 일곱 성구(聖具)와 요한복음 속의 각장(各章)을 대조하던 중에 저는 중대한 사실을 알게 되었습니다. 그것은 성막의 첫 번째 기구인 ①동문(東門)은 요한복음 1장에 말씀으로 기록되어 있고, 두 번째 기구인 ②번제단은 요한복음 2, 3장에 말씀으로 기록되었다는 것입니다. 이렇게 하여 세 번째 기구인 ③물두멍은 요한복음 4, 5장에, 네 번째 기구인 ④떡상(진설병)은 6, 7장에, 다섯 번째 기구인 ⑤금촛대는 8, 9장에, 여섯 번째 기구인 ⑥향단은 10장에, 일곱 번째 기구인 ⑦언약궤(법궤, 증거궤)는 11장에 차례차례 말씀으로 기록된 사실을 알게 된 것입니다.

성막평면도

우리가 이미 알고 있듯이 성막은 모든 기구가 장차 오실 그리스도의 어떤 모습들을 드러내고 있습니다. 마찬가지로 요한복음도 매 장마다 예수님께서 행하신 어떤 예화를 하나씩 들어가면서 예수님의 어떤 모습을 하나씩 드러내고 있습니다. 여기서 그치지 않습니다. 요한복음의 기록 순서조차 성막 기구의 순서를 따라서 요한이 기록했다는 것을 알게 된 저는 놀란 입을 다물 수가 없었습니다. 다만 12장 이후에 대해서는 좀 더 다른 차원에서 연구되어야 한다는 것을 알았습니다. 그러나 이것조차도 성막과 관련이 있다는 것은 명백합니다. 이제 우리는 성막의 각 기구에 대한 의미를 살펴보면서 각 기구에 대하여 *설명, *그리스도와의 관계, *요한복음과의 관계, *믿음의 길, *기도의 길이라는 다섯 가지 측면에서 각각 살펴보려고 합니다.

차례

동문
(東門)

기독론

† 요한복음 1장 †

동문에 대한 설명

출 27:16

"뜰 문을 위하여는 청색 자색 홍색실과 가늘게 꼰 베실로 수놓아 짠
이십 규빗의 장이 있게 할지니 그 기둥이 넷이요 받침이 넷이며"

1. 오직 하나의 문(唯一門)

세마포로 외부와 단절되고 구별된 거룩한 곳에 들어갈 수 있는 길은
오직 동쪽으로 나 있는 동문(東門)뿐입니다. 하나님께서는 이 동문을
청색 자색 홍색실과 가늘게 꼰 베실(백색)로 만들라고 명하셨습니다.

2. 큰 문(大門)

성막문은 비록 하나밖에 없는 문이기는 하지만, 문 자체는 작은 문이
아닙니다. 매우 큰 문입니다. 성막 동쪽의 전체 길이가 50규빗(약 25m)
인데 이 문은 20규빗(약 9m)이나 됩니다. 즉 기둥이 넷 달린 9m나 되
는 통문입니다. 평소에는 문 양쪽의 기둥에 끈을 달아 문을 상하로 움
직여서 전체를 한 번에 열고 닫았습니다.

3. 동문 (東門)

성막문은 언제든지 동쪽을 향하여 설치해야 합니다. 이것은 하나님의 명령입니다. 그렇다면 왜 하나님은 성막문을 동쪽으로 만들라고 하셨을 까요? 그것은 성경적으로 이해하는 수밖에 없습니다. 동쪽은 해가 뜨는 곳입니다. 즉 어두움이 물러가고 광명한 햇살이 비취는 방향입니다. 또 동쪽은 하나님의 영광이 덮인 곳입니다. (겔 10:19)**"…그들이 여호와의 전 으로 들어가는 동문에 머물고 이스라엘 하나님의 영광이 그 위에 덮였더라"** 아울러 동쪽은 생명수가 샘솟는 곳이기 때문입니다. (겔 47:1)**"그가 나 를 데리고 전 문에 이르시니 전의 전면이 동을 향하였는데 그 문지방 밑에서 물이 나와서 동으로 흐르다가 전 우편 제단 남편으로 흘러내리더라"**

4. 4색의 문(四色門)

세마포로 만든 성막의 울타리는 흰색뿐입니다. 그러나 성막문은 네 가지 색실로 만들라고 하나님께서 명하셨습니다. 즉 4색의 문입니다. 청 색(靑色), 자색(紫色), 홍색(紅色)과 흰색(白色, 가늘게 꼰 베실)이 그것 입니다. 이스라엘 백성들에게 있어서는 역사적으로 그리고 전통적으로 이 색상들이 주는 의미가 매우 중요하였습니다.

5. 양의 문(羊門)

동문은 제물로 쓰는 양들이 들어오는 문입니다. 제물이 된 양들은 자 기 주인의 죄를 대신하여 이곳에서 피를 흘리고 몸이 찢겨 죽었습니다.

1. 오직 하나의 문(唯一門)

예수님께서는 "**내가 문이니**"라고 친히 말씀하셨습니다. 그렇습니다. 하나님께서 보내신 분 예수 그리스도만이 우리를 하나님 앞으로 인도하는 유일한 문(門)이십니다. 다른 문은 결코 없습니다. 문이 하나밖에 없는데도 불구하고 다른 데로 넘어가려는 자들은 모두 양을 훔치려는 강도요, 절도입니다. (행 4:12)"**다른 이로서는 구원을 얻을 수 없나니 천하 인간에 구원을 얻을 만한 다른 이름을 우리에게 주신 일이 없음이라**", (요 10:1-2)"**내가 진실로 너희에게 이르노니 양의 우리에 문으로 들어가지 아니하고 다른 데로 넘어자는 자는 절도요 강도요 문으로 들어가는 이가 양의 목자라**" 하나님께서 유일한 구원의 문으로 예수님을 주셨는데, 우리가 그분을 떠나서 다른 방법으로도 하나님 앞에 나갈 수 있다고 말한다면, 그것은 하나님이 보시기에 강도요, 절도입니다. 오늘날 세계적인 기독교 단체라고 하는 WCC(세계교회협의회)는 공공연하게 다른 종교에도 구원이 있다고 말합니다. 이들은 문이 아닌 다른 데로 넘어가려고 하는 절도요, 강도입니다(요10:1).

2. 큰 문(大門)

성막에 이렇게 네 기둥이 받치는 큰 문을 만드신 하나님의 의도는 무엇일까요? 비록 하나밖에 없지만 큰 문, 그것도 네 기둥이 달린 거대한 통문을 만들게 하신 하나님의 의도는 누구든지 이 문으로 들어오라는 것입니다. 즉 하나님의 조건 없는 넓은 초청을 의미합니다. 예수님께서는 친히 **"내가 문이니 누구든지 나로 말미암아 들어가면 구원을 얻고 또는 들어가며 나오며 꼴을 얻으리라"**고 하셨습니다. 어떤 극악한 죄인도 이 문으로 들어올 수 있습니다. 어떤 세리도, 어떤 창녀도, 어떤 살인자도, 어떤 우상이나 미신을 섬기던 사람도 모두 이 문으로 들어올 수 있습니다. 어떤 인종도, 어떤 민족도, 어떤 종족도 모두 오라는 뜻입니다. 그만큼 이 문은 큰 문입니다. (요 3:15)**"이는 저를 믿는 자마다 영생을 얻게 하려 하심이니라"** 하나님은 이 문으로 들어올 수 있는 사람들을 제한하시지 않았습니다.

(눅 13:29)**"사람들이 동서남북 (네 기둥)으로부터 와서 하나님의 잔치에 참석하리라"**

(롬 10:13)**"누구든지 주의 이름을 부르는 자는 구원을 얻으리라"**

(시 107:3)**"여호와께서 저희를 구속하사 동서남북 각 지방에서부터 모으셨도다"**

3. 동쪽을 향한 문(東向門)

동문은 해가 뜨는 쪽에 열려 있는 문입니다. 동쪽은 어두움이 물러가고 광명한 햇살이 비취는 방향입니다. 이것은 그리스도로 인한 유일한 소망을 우리에게 가르칩니다. 또 동문은 여호와의 전으로 들어가는 첫 과정입니다. 이 길은 유일한 길이요, 그리스도께로 가는 유일한 구원의 길입니다. 곧 구원의 진리를 따라가는 길입니다. 또 동문은 그 문지방에서 생명의 강물이 넘쳐흐르는 곳입니다. 오직 그리스도께서만이 우리에게 유일한 생명수가 되십니다(겔47:1). 우물가의 사마리아 여인은 그리스도로부터 이 생명수를 받고 기뻐하며, 온 동네에 들어가서 그리스도를 증거 했습니다.

4. 4색의 문(四色門)

성막의 모든 울타리는 오직 흰색 하나뿐입니다. 그러나 성막문(聖幕門)은 네 가지 색실로 만들었습니다. 그 네 가지 색상은 청색(靑色), 자색(紫色), 홍색(紅色)과 흰색(白色 가늘게 꼰 베실)입니다. 이것은 그리스도의 네 가지 품성을 말하기도 하고, 또 신학적으로 기독론을 말하기도 합니다.

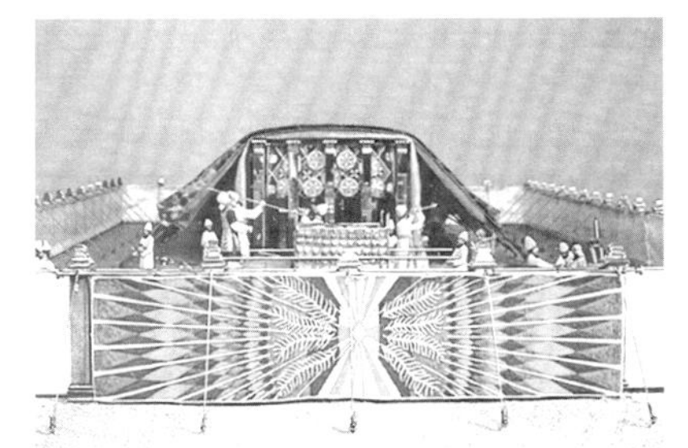

* 청색(靑色=藍色): 하나님이신 그리스도(神性)

이스라엘 사람들은 청색을 대할 때마다 높고 높은 하늘 보좌에 앉아 계신 거룩하신 하나님을 생각했습니다. 그래서 이스라엘 사람들에게 있어서 청색은 하나님의 성품, 곧 신성(神性)을 나타냅니다. 즉 성막문의 청색은 그리스도의 하나님 되심, 곧 예수 그리스도의 신성(神性)을 의미합니다. 예수 그리스도는 하나님의 아들이시오, 곧 하나님이시라는 것을 성경은 곳곳에서 증거합니다. 기독교라고 표방하는 많은 기독교적 유사 종교들이 그리스도의 신성을 부인하고 있고, 현대의 인본주의 신학자들이 그리스도의 신성을 애매하게 말하고 있지만, 성경은 처음부터 끝까지 예수 그리스도의 신성을 일관되게 주장하고 있습니다. (딛 2:13)**"복스러운 소망과 우리의 크신 하나님 예수 그리스도의 영광이 나타나심을 기다리게 하셨으니"**, (골 2:9)**"그 안에는 신성의 모든 충만이 육체로 거하시고"** 하나님께서는 모세를 통하여 성막을 만들게 하시면서 이 성막이 모두 그리스도를 상징하게 하셨고, 성막의 유일한 출입구인 성막문에 먼저 청색을 두심으로서 그리스도께서 완전하신 하나님이심을 스스로 증거 하셨습니다. 이것을 누가 부인할 수 있겠습니까? 그의 육체 안에는 신성의 모든 충만 곧 하나님으로서의 모든 본질, 본성이 완전하게 거하십니다.

* 자색(紫色): 왕이신 그리스도(王職)

이스라엘 백성들에게 있어서 자색은 전통적으로 왕을 상징하는 색깔입니다. 왕은 가장 고귀한 신분이기 때문에 항상 자색 옷을 입습니다. 예수 그리스도는 만왕의 왕이시오, 만주의 주이십니다. 이것을 상징적으로 표현하기 위하여 하나님은 성막문에 자색을 두게 하셨습니다. (마 2:2)"유대인의 왕으로 나신 이가 어디 계시뇨 우리가 동방에서 그의 별을 보고 그에게 경배하러 왔노라 하니", (마 27:11)"예수께서 총독 앞에 섰으매 총독이 물어 가로되 네가 유대인의 왕이냐 예수께서 대답하시되 네 말이 옳도다 하시고" 특히 마태복음 1장은 왕의 족보입니다. 그리스도는 다윗 왕의 후손으로 오셨습니다. 다윗은 왕이므로 그의 후손 예수 그리스도는 왕이십니다. 그리스도는 왕이시므로 만국을 통치하시며, 또한 나를 통치하십니다. 만민이 그 앞에 무릎을 꿇어야 합니다. 이와 같이 자색은 그리스도의 왕 되심을 나타내는 색깔입니다.

* 홍색(紅色): 종 되신 그리스도(어린양)

(막 10:45)"인자의 온 것은 섬김을 받으려 함이 아니라 도리어 섬기려 하고 자기 목숨을 많은 사람의 대속물로 주려 함이니라" 예수님은 아버지의 명령에 순종하여 어린양으로 세상에 오셨습니다. 즉 종으로 오신 것입니다. 또 예수 그리스도께서는 많은 사람을 섬기려고 오셨습니다. 즉 남을 섬기는 자는 종이므로 그는 종으로 오신 것입니다. 종으로 오시되 고난받는 종이요, 많은 사람을 위하여 피 흘리고 죽는 고난을 받는 종입니다. 홍색(紅色)은 피의 색깔입니다. 그리스도께서는 하나님의 뜻을 이루시고자 자원하여 십자가에 올라가 온몸의 피를 쏟으시고 우리의 모든

죄를 대속하셨습니다. 성경은 이 역할을 어린양이라고 부릅니다. 세례 요한이 처음 그리스도를 보았을 때에 그는 떨리는 음성, 뜨거운 마음으로 **"보라 세상 죄를 지고 가는 하나님의 어린양이로다"**라고 외쳤습니다. 성막문은 그리스도의 이 사역, 이 어린양의 위치를 홍색으로 보여줍니다.

* 흰색(白色): 인간이신 그리스도(人性), 무죄(無罪)하신 그리스도

(눅 2:12)**"너희가 가서 강보에 싸여 구유에 누인 아기를 보리니 이것이 너희에게 표적이니라 하더니"**, (눅 19:10)**"인자의 온 것은 잃어버린 자를 찾아 구원하려 함이니라"** 예수님은 하나님이시지만, 그는 분명히 완전한 인간으로 오셨습니다. 즉 말씀이 육신이 되어 오신 것입니다. 그는 오실 때, 하늘에서 성장한 모습으로 내려오신 것이 아니라 마리아의 모태를 통하여 죄 있는 육신의 모습, 곧 아기로 태어나신 것입니다. 그러나 그는 남자와의 관련 없이 성령으로 말미암아 죄가 없으신 상태로 잉태하시고 태어나셨습니다(고후 5:21, 히 4:15등). 초대교회 때부터 오늘날에 이르기까지 수많은 사람들이 그리스도께서 인간으로 오신 것을 부인하였습니다. 그러나 그것은 이단 사상입니다. 사단의 거짓된 말입니다. 성막문의 흰색은 이와 같이 인간이신 그리스도, 곧 그리스도의 인성을 보여줍니다. 인간이시되 죄가 없는 완전한 인간으로 오셨습니다. 예수님께서는 자신을 '인자(人子)'로 칭하셔서 이것을 스스로 증거하신 것입니다.

◆

그리스도가 인간으로 오시고, 또 죄 없는 인간으로 오신 것이 왜 이렇게 중요할까요?

그것은 첫째, 그가 인간으로 오시되, 무죄(無罪)한 인간으로 오셔야만 우리를 대신하여 죽을 수 있기 때문입니다. 만약에 그리스도께서 완벽한 인간, 무죄한 인간으로 오시지 않았다면 그는 우리를 대신하여 죽으실 수 없었습니다. 이에 대하여 히브리서 기자는 이렇게 말합니다. (히 2:14,15)**"자녀들은 혈육에 함께 속하였으매 그도 또한 한 모양으로 혈육에 함께 속하심은 사망으로 말미암아 사망의 세력을 잡은 자 곧 마귀를 없이하시며, 또 죽기를 무서워하므로 일생에 매여 종 노릇하는 모든 자들을 놓아주려 하심이니"** 참 하나님이신 그리스도께서 온전한 인간으로 오셔서 우리 대신 죽으심으로 말미암아 우리의 모든 죄를 사하시고 사망에서 우리를 건지셨고, 아울러 사망 권세를 잡고 있는 마귀를 멸하셨습니다.

둘째, 그리스도께서 인간으로 오신 것은 대제사장 곧 중보자가 되셔야 하기 때문입니다. 그가 인간으로 오시지 않았다면 그는 우리를 위한 대제사장이 될 수 없고, 또 중보자도 될 수 없었습니다. 이런 대제사장 곧 중보자는 아무나 될 수 없습니다. 오직 완전한 사람이어야 하고, 또 하나님께서 임명하셔야 합니다. 이렇게 임명된 대제사장은 백성의 죄를 하나님께 고하고 사함을 받으며, 우리의 소원을 하나님께 고하여 응답을 받는 중보자가 됩니다. 성령님도 우리를 위하여 친히 간구하는 분이시지만, 인간이 아니시기 때문에 우리의 대제사장은 아니십니다. 그런 의미에서 인간이지만 하나님의 임명을 받지 못한 예수님의 모친 마리아는 결코 중보자가 될 수 없습니다. 성막문의 흰색은 이렇게 그리스도께서 완전한 인간이심을 나타냅니다.

5. 양의 문(羊門)

(요 10:7)"… **내가 진실로 진실로 너희에게 말하노니 나는 양의 문이라**"

동문은 곧 그리스도가 문이심을 드러냅니다. 이 문은 사람뿐만 아니라 제물이 될 양들도 들어가야 하기 때문에 양의 문이 됩니다. 예수님께서는 분명히 **"나는 양의 문이라"**고 하셨기 때문입니다. 요한복음 10장을 보면 두 가지의 양우리가 있다는 것을 알 수 있습니다.

첫째는 도시에 있는 양의 우리입니다. 이에 대하여는 요 10:1-6까지에 설명되어 있습니다. 이스라엘에는 도시마다 여러 목자들의 양을 밤새 가두어 두는 공동 양우리가 있습니다. 산을 헤매던 목동들은 도시로 와서 이런 공동 양우리에 양을 맡겨두고 그동안 지쳤던 몸을 쉴 수 있었습니다. 공동 양 우리에는 문이 하나 있고, 이 문에는 문지기가 지키고 있습니다. 아침이 되면 목자들이 공동 양우리에 찾아와서 각자의 양들을 찾아갑니다. 이때 목자들은 문 앞에서 자기 양들의 이름을 부릅니다. 양들은 자기 목자의 음성을 알기 때문에 다른 목자의 음성에는 따라 나오지 않습니다. 목자는 양의 수에 맞추어서 자기 양들을 불러내고 앞서 행하면 양들은 우리에서 나와 목자를 따라갑니다. 그러나 지금 성막에서 말하는 동문은 이런 공동 양우리에 있는 문을 의미하지는 않습니다. 그리고 이 문을 지키는 문지기는 그리스도가 아니라 하나님이십니다.

둘째는 들판에 있는 양의 우리입니다. 이것에 대하여는 요 10:7-18까지에 설명되어 있습니다. 이스라엘 목자들은 겨울에는 낮은 산에서 양들에게 풀을 먹이고, 봄과 가을에는 중턱에서 먹입니다. 그리고 여름에는 높은 곳에서 풀을 먹입니다. 그래서 이스라엘의 산이나 들판에는 돌로 만든 임시 양우리가 곳곳에 있습니다. 이런 들판 양우리에는 닫을 수 있는 문이 없습니다. 목자들은 낮에 들에서 풀을 먹이고 골짜기에서 물을 마시게 하고 밤에는 이런 임시 양우리에 양을 가두어 둡니다. 그리고 목자는 입구에서 쉬면서 감시를 합니다. 그래서 목자 스스로 양의 문이 됩니다. 이렇게 함으로써 짐승들의 공격을 막을 수 있습니다. 지금 예수님께서 **"나는 양의 문이라"**고 말씀하신 것은 바로 이런 들판의 양우리를 두고 하신 말씀입니다. 그리고 동문을 양문(羊門)이라고 할 때에도 바로 이런 양우리를 의미합니다.

도시의 양우리에는 이 사람 저 사람의 양이 함께 섞여 있습니다. 예수님께서는 바로 여기에서 우리를 끌어내셨습니다. 요 10:3은 바로 그것을 의미합니다. **"문지기는 그를 위하여 문을 열고, 양은 그의 음성을 듣나니 그가 자기 양의 이름을 각각 불러 인도하여 내느니라"** 그래서 공동 양우리에서는 끌어낸다는 데에 초점이 맞추어져 있습니다. 그러나 들판에 있는 임시 양우리에서는 들여보낸다는 데에 초점이 맞추어져 있습니다. 요 10:9은 바로 그것을 두고 말씀하신 것입니다. **"내가 문이니 누구든지 나로 말미암아 들어가면 구원을 얻고 또는 들어가며 나오며 꼴을 얻으리라"** 성막문 곧 동문은 이처럼 양의 문으로서의 그리스도를 의미합니다. 우리는 그리스도의 양으로서 이 문을 통해서 들어가며 나오며 꼴을 얻게 됩니다. 할렐루야.

○ [동문]과 [요한복음 1장]과의 관계

성막의 동문(東門)에서 상징하는 그리스도와 관련된 내용은 요한복음 제1장에 말씀으로 자세히 기록되어 있습니다. 특별히 동문에서 네 가지 색깔로 표현된 그리스도의 네 가지 모습을 요한복음 1장은 그대로 말씀으로 설명하고 있습니다.

1. 동문의 청색 = 그리스도의 하나님이심 = 요한복음 1:1, 18, 34

성막의 첫 번째 색깔은 청색이며, 그 것이 그리스도의 하나님이심을 드러냈습니다. 마찬가지로 요한복음은 그 첫 번째 장(章), 첫 번째 절(節)에서 그리스도께서 하나님이심을 선포합니다. "**태초에 말씀이 계시니라 이 말씀이 하나님과 함께 계셨으니 이 말씀은 곧 하나님이시니**

청색 = 그는 하나님이시다

라" 뿐만 아니라 18절에서 다시 한 번 "**본래 하나님을 본 사람이 없으되 아버지 품속에 있는 독생하신 하나님이 나타내셨느니라**"고 선포합니다. 사도 요한은 성막을 보면서 그리스도께서 하나님의 아들 곧 하나님이심을 가장 먼저 선포한 것입니다. 그렇습니다. 우리 구주 예수님은 하나님의 아들이시오, 하나님의 본체이십니다. 그는 하나님으로서 갖추어야 할 모든 품성을 갖추셨고, 성부(聖父)와 성령(聖靈)과 함께 삼위일체 하나님의 한 부분 곧 성자(聖子)의 위치에 계신 분입니다. 또한 모든 창조에 성부와 성령과 함께 참여하셨고, 하나님의 모든 계획과 섭리에 함께 관여하십니다.

교부시대의 아리안 파(오늘날 여호와 증인의 뿌리)는 그리스도의 신성을 부인했습니다. 이들은 그리스도는 하나님의 창조물 중에서 첫 번째에 해당하며, 가장 위대한 자로서 인간보다는 위대하지만 하나님보다는 못하다고 주장했습니다. 이런 주장을 우리는 종속론(從屬論)이라고 부르며, 완전한 이단으로 구별합니다. 그러나 예수님과 함께 3년 이상을 지냈고 그의 죽으심과 부활과 승천까지 모두 지켜보았던 사도 요한은 그의 첫 번째 기록인 요한복음에서 **"이 말씀은 곧 하나님이시니라"**, **"그는 독생하신 하나님이시다"**라고 담대하게 선포합니다.

오늘날도 어떤 사람들은 예수님의 하나님이심 곧 그의 신성(神性)을 부인하고, 세상에 나타났던 여러 성인(聖人)들 중에 한 사람으로만 생각합니다. 만약에 그렇다면 예수님은 우리의 구세주가 되실 수 없습니다. 그 이유는 세상에서 칭찬받는 모든 성인들도 결국은 죄악 중에 태어난 죄인(罪人)이기 때문입니다. 예수님께서는 죄와 상관할 수 없는 하나님이시므로 성령으로 말미암아 죄와 상관없이 세상에 오신 것입니다.

성막문은 하나님의 명령으로 만들 때, 먼저 청색 실을 사용하게 하여 세상을 구할 메시아로 오실 이스라엘의 구원자가 '하나님'이심을 드러내었습니다. 그리고 매 장마다 그리스도의 어떤 모습을 소개하고 있는 요한복음의 첫 번째 증거도 그리스도 예수께서 '하나님'이심을 선포합니다. 그렇습니다. 예수님은 우리의 구세주이시며, 또한 영원히 찬양받으실 우리의 하나님이십니다.

2. 동문의 자색 = 그리스도의 왕(王)이심 = 요한복음 1:11, 49

성막의 두 번째 색깔은 자색(紫色)입니다. 이것은 그리스도께서 왕(王)이심을 드러냅니다. 마찬가지로 사도 요한은 제1장에서 그리스도께서 왕(王)이심을 선포합니다. 11절에 보면, **"자기 땅에 오매 자기 백성이 영접치 아니하였으나"**라고 기록하였고, 49절에서는 **"나다나엘이**

자색 = 그는 왕이시다

대답하되 랍비여 당신은 하나님의 아들이시오 당신은 이스라엘의 임금(王)이로소이다"라고 기록하고 있습니다. 여기서 '자기 땅, 자기 백성'이라는 표현은 그가 그 땅과 그 백성의 왕이심을 드러내는 표현입니다. 계시록에서는 한 발 더 나아가서 (계 17:14)**"저희가 어린양으로 더불어 싸우려니와 어린양은 만주의 주시오 만왕의 왕이시므로 저희를 이기실 터이요"**라고 선포합니다. 즉 그리스도께서 만왕의 왕 만주의 주이심을 선포합니다.

그렇습니다. 그리스도 예수님께서는 하나님이심과 동시에 자기 백성을 구하러 오신 우리의 왕이십니다. 그가 왕이시므로 그는 우리를 보호하시며, 일용할 양식을 주시고, 우리의 모든 것을 주관하시며, 또 통치하십니다.

3. 동문의 홍색 = 그리스도의 종(어린양) 되심 = 요한복음 1:29, 36

성막의 세 번째 색깔은 홍색(紅色)입니다. 이 색깔은 그리스도께서 하나님의 종(從)이심을 상징합니다. 그리스도는 하나님의 종으로서(사 42:1-7, 사 49:1-7) 하나님의 명을 받고 이 땅에 오셔서 죄인들을 위하여 희생제물이 되셨습니다. 이것을 성경은 어린양이라고

홍색 = 어린양

부릅니다. 마찬가지로 요한복음 1장은 그리스도의 종 되심을 29절과 36절에서 어린양으로 기록하고 있습니다. **"이튿날 요한이 예수께서 자기에게 나아오심을 보고 가로되 보라 세상 죄를 지고 가는 하나님의 어린양이로다"**

구약시대에 성막 문으로 수많은 제물(祭物)들이 들어갔습니다. 이 제물들은 모두 사람들의 죄를 대신 뒤집어쓰고 피 흘리며, 죽임을 당하여 불로서 태워졌습니다. 이로 인하여 사람들의 죄가 사해졌습니다. 특히 대 속죄일인 유대력 7월 10일에는 두 염소(두 어린양)를 택하여 하나는

여호와를 위하여 속죄의 제물로 드려졌고, 또 하나는 아사셀을 위하여 광야로 보내졌습니다. 모두가 우리의 속죄를 위한 것입니다. 특히 아사셀을 위한 양을 광야로 보낼 때에는 성막(성전)에서 요단강에 이르기까지 양을 끌고 갈 때에 거리에서 사람들이 양에게 침을 뱉으며, 돌을 던지며, 막대기로 때리며, 고함을 질러대어 겁을 주면서 보냈습니다. 양은 맞아서 상처가 나고 피를 흘리며 나룻배에 올라타고 광야로 가서 짐승에게 잡아먹혔습니다. 피 흘리고 죽었습니다. 이때 백성들은 우리 죄가 사해졌다고 할렐루야 하면서 기뻐했습니다. 우리 주님께서 바로 이런 길을 걸어가셨습니다. 하나님의 명령대로 행하신 하나님의 종이요, 어린양이셨습니다.

4. 동문의 흰색 = 그리스도의 인간되심 = 요한복음 1:14, 26, 51

성막의 네 번째 색깔은 흰색(白色)입니다. 이것은 가늘게 꼰 베실로서 보통 세마포(細麻布)라고 부릅니다. 이 색깔은 그리스도께서 완전한 인간으로 오신 것을 의미합니다. 즉 그리스도의 인성(人性)을 상징합니다. 마찬가지로 요한복음 1장은 그리스

흰색 = 그는 완전한 인간으로 오셨다

도께서 완전한 인간으로 오셨음을 14, 26, 51절에서 거듭 선포합니다.

(14절)"**말씀이 육신이 되어 우리 가운데 거하시매 우리가 그 영광을 보니 아버지의 독생자의 영광이요 은혜와 진리가 충만하더라**", (26절)"**요한이 대답하되 나는 물로 세례를 주거니와 너희 가운데 너희가 알지 못하는 한 사람이 섰으니 곧 내 뒤에 오시는 그이라**", (51절)"**진실로 진실로 너희에게 이르노니 하늘이 열리고 하나님의 사자들이 인자(人子) 위에 오르락 내리락 하는 것을 보리라**"

앞의 세 말씀이 모두 그리스도의 인성을 말씀하고 있지만, 특히 14절의 "**말씀이 육신이 되어**"라는 말씀은 매우 중대한 선포입니다. 이것은 그리스도의 성육신(成肉身)을 선포한 것입니다. 즉 예수님은 그냥 한 인간으로 태어나신 것이 아니라, 전능하신 하나님께서 육신을 입으신 것을 말합니다. 예수님은 하나님이신 것을 포기하시고, 인간이 되신 것이 아니라, 하나님께서 육신을 입으시고, 완전한 하나님이시면서 동시에 완전한 사람이 되신 것입니다. 그래서 예수님은 ①한 인격 안에 완전한 신성과 완전한 인성이 함께 결합되어 있는 ②두 본성을 가지신 분이 되신 것입니다. 예수님의 한 인격 안에 있는 두 본성(신성과 인성)은 ③서로 충돌하지 않고, 혼합되지 않고, 변질되지도 않으며, 영원히 함께 하시는 성품입니다. 특히 14절에서 육신이라는 말은 단순한 육체를 말하는 것이 아니라 인간의 모든 성품 곧 영, 혼, 육의 인간성 전체를 말합니다. 예수님의 신성과 인성이 한 인격 안에 연합되어 있는 것을 보통 '본질적 연합'이라고 부르고, 그의 인격을 '신인적 인격'이라고 부릅니다. 그렇다면 성자(聖子)께서는 왜 성육신 하셨을까요? 거기에는 네 가지 이유가 있습니다.

첫째, 하나님을 인간에게 나타내시기 위해서였습니다. (요 1:18)
둘째, 유월절 어린양이 되시기 위하여 성육신 하셨습니다. (요 1:29)
셋째, 마귀의 일을 멸하시기 위하여 성육신 하셨습니다. (요일 3:8)
넷째, 자비로운 대제사장이 되시기 위해서였습니다. (히 4:14-16, 딤전 2:5)

사도들에 의하여 초대교회가 막 형성되던 1세기 후반에 예수님의 인성을 부인하는 기독교적 이단(異端)들이 나타났습니다. 그중에 대표적인 것이 가현설주의(假現說主義 docetism)입니다. 가현설(假現說)이란 말은 실재(實在)가 아니면서도 실재처럼 보였다는 뜻입니다. 즉 "…처럼 보였다(헬δοκετι=영seem)"는 것입니다. 이들의 주장은 "예수 그리스도는 오직 영이신 하나님이시며, 그 하나님께서 마치 인간의 육신을 입으신 것처럼 사람들에게 보였을 뿐이며, 실제로 우리와 같은 인간의 육체를 가지신 것은 아니라"는 것입니다. 이들이 이렇게 주장하는 이유는 당시 헬라지역에서 유행하던 영지주의(靈知主義 Gnosticism)의 영향 때문입니다. 영지주의는 인간의 육체를 포함한 모든 물질(物質)은 선천적으로 악(惡)하다고 주장합니다. 그렇기 때문에 하나님이신 그리스도께서 실재적인 육체를 입고 세상에 오실 수는 없다는 것입니다. 만약에 그렇게 오셨다면 그것은 곧 하나님 자신을 더럽히는 일이 된다는 것입니다. 그래서 이들은 예수 그리스도는 전혀 인간이 아니시며, 100% 신성

(神性)만을 지니신 거룩하신 분이라고 주장합니다.

이들의 주장은 마치 예수님을 누구보다도 고귀하게 높이려는 듯이 보입니다. 그래서 많은 사람들이 거기에 속았습니다. 그러나 이것은 마귀의 함정입니다. 왜냐하면 만약 그리스도께서 참된 인간의 육체를 갖지 않으셨다면, 그리스도의 십자가 사건은 쇼에 불과하고, 환상에 지나지 않기 때문입니다. 육체를 갖지 않은 사람이 어떻게 십자가에 달릴 수 있으며, 또 거기서 어떻게 피 흘려 죽을 수 있겠습니까? 만약에 그리스도의 십자가가 실재가 아니라 이와 같이 쇼나 환상에 불과하다면, 우리의 죄는 그대로 있고, 구속은 없으며, 아담으로부터 시작해서 우리 자신에 이르기까지 믿음으로 죽었던 모든 사람들의 구원은 헛것이 됩니다. 그리고 우리를 죄로부터 구속하여 영원히 구원하겠다고 언약하시면서 그 예표로 성막과 어린양의 제사를 보여주시고 수없는 약속을 하셨던 하나님은 완전히 거짓말로 인간을 속이신 분이 됩니다. 그러므로 이들의 주장은 기독교의 본질을 뒤엎는 이단 중의 이단입니다. 초대교회 당시 교회 속에 들어와서 성도들을 크게 미혹한 영지주의에 대하여 가장 크게 우려하고 경계하였던 사도 요한은 바로 이점 때문에 성막이 그리스도의 두 본성을 보여주고 있는 것처럼 요한복음 첫 장에서 예수 그리스도의 하나님 되심을 증거하면서 동시에 그의 인간되심을 증거한 것입니다. 요한은 이것이 염려되어 요한 일서에서 다시 한 번 강조합니다.

(요일 4:1-3)"사랑하는 자들아 영을 다 믿지 말고 오직 영들이 하나님께 속하였나 시험하라 많은 거짓 선지자가 세상에 나왔음이니라, 하나님의 영은

이것으로 알지니 곧 예수 그리스도께서 육체로 오신 것을 시인하는 영마다 하나님께 속한 것이요 예수를(예수님께서 육체로 오신 것을) 시인하지 아니하는 영마다 하나님께 속한 것이 아니니 이것이 곧 적그리스도의 영이니라"

사도 요한은 예수님이 육체로 오신 것을 부인하는 사람들의 영은 적그리스도에게 속한 영이라고 단호하게 말합니다. 성막의 동문과 요한복음 1장은 이처럼 하나님께서 보내신 메시아는 완전한 신성과 완전한 인성을 가지신 분임을 함께 증거 합니다.

동문을 통하여 우리는 믿음의 첫 관문인 **'신앙 고백의 믿음'**을 얻을 수 있습니다. 우리가 처음 예수님을 영접할 때에 우리는 죄인으로서의 회개와 함께 신앙의 고백을 하게 됩니다. **"예수님, 저는 죄인입니다. 십자가에서 죽으셔서 내 죄를 사하신 예수님을 이제부터 저의 구주로 믿고 영접합니다. 나를 받아 주옵소서"** 비록 짧은 고백이지만, 이 고백 안에는 동문과 요한복음 1장에서 말씀하는 그리스도의 품성과 지위가 다 들어가 있습니다. **"구주 또는 구세주"**라는 말은 메시아의 의미가 강하지만, 그가 우리 죄를 사해주시는 '하나님'이시며 동시에 나를 통치하시는 '왕'이라는 고백이 함께 들어가 있습니다. 또 **'십자가에서 죽으셨다'**는 말은 그가 '완전한 인간'이시며 동시에 '어린양'이시라는 고백이 함께 들어가 있습니다.

예수님과 함께 십자가에 못 박혀 죽었던 한 강도의 고백을 들어볼 필요가 있습니다. (눅 23:40-43)**"하나는 그 사람을 꾸짖어 가로되 네가 동일한 정죄를 받고서도 하나님을 두려워 아니하느냐 우리는 우리의 행한 일에 상당한 보응을 받는 것이니 당연하거니와 이 사람의 행한 것은 옳지 않은 것이 없느니라 하고, 가로되 예수여 당신의 나라에 임하실 때에 나를 생각하소서 하니 예수께서 이르시되 내가 진실로 네게 이르노니 오늘 네가 나와 함께 낙원에 있으리라"** 두 강도 중에서 한 강도는 자신이 '죄인'임을 고백합니다. 아울러 그는 **"당신의 나라(낙원, 천국)"**라는 말을 통해서 예수님께서 영원한 나라의 '왕'이시며 동시에 '하나님'이심을 고백합니다. 더구나 이 강도는 자기 옆에서 십자가에 달려 피 흘려 죽어가는 예수님을 '이 사람'이라고 말합니다. 예수님을 '완전한 인간'으로 인정한 것입니다. 그리고는 자기와 함께 죽어가는 사람(예수님)에게 사후(死後)를 부탁합니다. 두 강도의 대화와 그중 한 강도의 고백을 듣고 예수님께서는 즉시 그의 죄를 사해주시고 낙원을 약속해 주셨습니다. 이것은 강도가 예수님을 자기 죄를 지고 죽어가는 '어린양'으로 고백한 것이기 때문입니다. 그리고 그것을 예수님께서 인정하신 것입니다.

우리가 날마다 고백하는 신앙고백인 '사도신경'은 성 삼위일체 하나님에 대한 믿음의 고백입니다. 이 고백에는 특히 예수님에 대한 고백이 중심에 있습니다. 거기에는 믿음의 기초요 기본이라고 할 수 있는 내용이

들어 있습니다. 그것은 곧 동문과 요한복음 1장에서 하나님께서 계시(啓示)하신 내용, 곧 그리스도는 하나님의 아들(곧 하나님)이시며, 인간으로 오셨으며, 왕이시며, 어린양이심을 완벽하게 계시한 것입니다. 구원에 이르는 믿음은 예수 그리스도에 대한 이런 동문의 고백이 반드시 필요합니다. 그리고 그것은 입으로만 하는 것이 아니라, 진실한 마음과 결단으로 해야 하며, 아울러 날마다의 삶 가운데 이 고백이 드러나야 합니다. 그래서 동문(東門)으로 들어가는 길은 방주(方舟)로 들어가는 길입니다. 이 믿음의 고백을 통해 방주에 들어간 우리는 날마다의 삶 가운데서 곧 큰 비가 내릴 세상을 향하여 이리 들어오라고 목이 터지도록 외쳐야 할 것입니다.

동문 기도 : 경배와 찬양, 감사와 고백의 기도

그리스도인은 기도하는 사람들입니다. 교회에 다니지만 기도하지 않는 사람은 진정한 그리스도인이라고 할 수 없습니다. 여기서 말하는 기도는 무슨 식사 기도나 예식 기도나 주님을 영접하는 것과 같은 단순한 기도를 말하는 것이 아닙니다. 우리를 구원하신 하나님, 그래서 우리의 아버지가 되신 하나님(또는 그리스도와 성령님)과 일대일로 대면하여 그의 뜻을 구하며, 그에 대한 우리의 믿음과 소원을 고백하고, 그 분을 찬양하고 경배하는 것을 말합니다. 이런 기도는 모든 그리스도인들에게 매일의 일상이 되어야 합니다. 동문으로부터 시작해서 ···▸ 번제단 ···▸ 물두멍 ···▸ 진설병 ···▸ 금촛대 ···▸ 향단 ···▸ 언약궤에 이르는 과정은 사실 우리의 일상적인 기도의 과정을 가르쳐줍니다. 그런 의미에서 볼 때, 동문(東門)이 우리에게 가르치는 기도는 '경배와 찬양, 감사와 고백의 기도'입니다. 이것을 "동문 기도"라고 이름을 붙여보겠습니다.

동문은 구원의 문입니다. 구원의 문에 들어선 자들은 마땅히 날마다 구원의 하나님을 찬송하고 경배해야 합니다. 다윗은 구원의 하나님을 날마다 찬송하라고 말합니다. (시 68:19)**"날마다 우리 짐을 지**

시는 주 곧 우리의 구원의 하나님을 찬송할지어다” 또 우리의 구원은 어린양의 희생으로 이루어졌습니다. 마땅히 우리의 기도의 시작은 경배와 찬양과 함께 ‘감사로 시작해야 합니다. 시편 기자는 이렇게 말합니다. (시 100:4)“감사함으로 그 문에 들어가며 찬송함으로 그 궁정에 들어가서 그에게 감사하며 그 이름을 송축할지어다” 경배와 찬양과 감사는 항상 함께 드려져야 합니다.

사랑하는 성도들이여, 지금 기도를 시작하십니까? 그렇다면 처음부터 “이것 주세요, 저것 주세요”라고 징징거리지만 마세요. 무릎을 꿇고 잠시 묵상하는 가운데, 하나님께서 과연 나를 어떻게 대해 주셨는지 생각해 보세요, 그러면, 누구나 먼저 감사의 말이 나오게 되고, 이로 말미암아 찬송이 입가에서 조용히 나올 것입니다. 다윗은 늘 그렇게 기도를 시작합니다. 그래서 다윗의 기도는 항상 감사가 넘쳐나고 찬송이 끊이지 않았습니다. 이것이 동문 기도의 시작입니다.

동문 기도의 다음 순서는 고백하는 것입니다. 이것은 신앙고백이지만, 사도신경을 말하는 것이 아닙니다. 하나님께서 나에게 어떤 분이신가를 믿음으로 고백하는 것입니다. 동문은 우리를 구원하신 주님의 네 가지 품성과 지위를 가르칩니다. 우리 기도는 이것을 고백하는 것입니다. 다윗이 자기 신앙을 고백의 기도로 시작했던 것을 한 번 보세요. (시 62:1-2)“나의 영혼이 잠잠히 하나님만 바람이여 나의 구원이 그에게서 나는도다. 오직 저만 나의 반석이시오 나의 산성이시니 내가 크게 요동치 아니하리로다”, (시 46:1)“하나님은 우리의 피난처시오 힘이시니 환난 중에 만날 큰 도움이시라”, (시 27:1)“여호와는 나의 빛이요 나의 구원이시니 내가 누구를 두려워하리요 여호와는 내 생명의 능력이시니 내가 누구를 무서워하리요”, (시 23:1)“**여호와는 나의 목자시니 내가 부족함이 없으리로다**” 모두 1절입니다. 기도의 시작이라는 뜻입니다.

지금 기도를 시작하십니까? 그렇다면 먼저 나를 구원하신 주님께 감사부터 하십시오. 날마다 나를 이끄시는 주님께 진심으로 감사하십시오. 우리 가족과 나의 건강과 풍요와 모든 믿음을 주신 하나님께 감사하십시오. 그런 다음 다윗의 고백을 하십시오. “**주님은 나의 하나님이십니다. 주님은 나의 구원이시오, 빛이십니다. 주님은 항상 나의 반석이시며, 산성이시며, 피난처이십니다. 늘 나에게 힘이시며, 큰 도움이십니다. 내 생명은 항상 주께로부터 나옵니다. 주님은 항상 나의 목자가 되십니다.**”

정말로 여러분이 속에서 우러나오는 믿음으로 이렇게 감사하고 찬양하며 고백하게 되면, 반드시 우리 속에서 힘이 솟아납니다. 소망이 끓어오릅니다. 주님이 정말 만나보고 싶어집니다. 은혜가 충만함을 알게 됩니다. 이것이 기도를 시작하는 동문 기도입니다. 이것을 마치 외우듯이 너무 빨리 하지 마세요. 한 구절 한 구절 생각하면서 고백하십시오. 은혜가 충만하게 될 것입니다. 이렇게 충만함으로 기도를 시작하게 되면, 그다음의 기도인 번제단 기도, 물두멍 기도가 참으로 진지하게 드려지게 됩니다.

솔로몬 성전에는 모세 성막에 없던 것이 있었는데, 그것 중에 하나가 성전 입구에 세워진 두 기둥이었습니다. 이 기둥은 지붕을 떠받치기 위하여 세운 것이 아닙니다. 그냥 상징적으로 세운 것입니다. 이 기둥의 이름은 ‘야긴’과‘ 보아스’인데, ‘**그가 세우신다**’, ‘**그에게 능력이 있다**’라는 의미를 갖고 있습니다. 이 말은 성전은 오직 하나님께서 세우셨으며, 이 성전

으로 말미암아 능력이 나온다는 뜻입니다. 성전은 사람의 계획이나 능력이나 재물로 세워진 것이 아니라, 하나님께서 세우셨고, 이로 말미암아 거기서 주의 능력이 나온다는 것입니다. 결국 이것은 이 성전을 드나드는 이스라엘 사람들의 자연스러운 신앙고백이었습니다. 특히 제사장들은 수없이 성소를 드나들면서 이 기둥을 지나갔습니다. 제사장들은 실상 날마다 때마다 성소를 드나들면서 **"하나님께서 세우셨다 그에게서 능력이 나온다"**고 고백하는 것과 같습니다. 그렇습니다. 이 고백은 모든 그리스도인의 고백이 되어야 합니다. 왜냐하면 우리 몸(마음)은 우리가 구원에 이른 후에는 하나님의 성전이 되기 때문입니다. **"오직 주님만이 나의 구원이시요, 나의 빛이십니다. 또 나의 반석이시며, 산성이시며, 피난처이십니다. 주님은 늘 나에게 힘이 되시며, 큰 도움이십니다. 내 생명과 능력은 항상 주께로부터 나옵니다. 주님은 나의 목자가 되십니다"**라고 기도로 고백하는 자녀들에게 주의 능력이 나타날 것입니다. 이것이 동문 기도입니다. 아멘!

제2장

번제단
(燔祭壇)

속죄론(대속)

† 요한복음 2, 3장 †

번제단에 대한 설명

출 27:1-2

"너는 조각목으로 장이 오 규빗, 광이 오 규빗의 단을 만들되 네모 반듯하게 하며 고는 삼 규빗으로 하고"

막 10:45

"인자의 온 것은 섬김을 받으려 함이 아니라 도리어 섬기려 하고 자기 목숨을 많은 사람의 대속물로 주려 함이니라"

고후 5:15

"저가 모든 사람을 대신하여 죽으심은 산 자들로 하여금 다시는 저희 자신을 위하여 살지 않고 오직 저희를 대신하여 죽었다가 다시 사신 자를 위하여 살게 하려 함이니라"

동문을 통해서 성막뜰에 들어가면 먼저 만나는 기구가 번제단(燔祭壇)입니다. 단의 크기는 가로와 세로가 5규빗(2.25m), 높이가 3규빗(1.35m)입니다. 번제단에서는 항상 불이 타오르고 있고, 주변은 피가 흥건합니다. 번제단 위에서 어떤 제물들은 태워지고 있고, 어떤 제물들은 태워지기 위하여 차례를 기다리며 갈고리에 꿰어서 뿔에 걸려 있습니다. 단의 북쪽(동문으로 들어가며 단의 오른쪽)에는 제물을 죽이는 탁자들이 놓여있습니다. 이곳에서는 제물을 가져온 사람들이 제물을 잡고 피를 양푼에 받으며, 제물의 가죽을 벗기고 각을 뜨는 장면이 항상 보입니다. 제사장들은 제물의 피를 받아서 제단 앞에 뿌리고, 각을 뜬 고기는 단에 올려 불에 태우거나 다음 차례를 위하여 단의 뿔에 걸어 놓습니다. 이런 후에는 그 제물을 바친 사람들에게 **'죄가 사해졌으니 평안히 가라'**고 말합니다. 제사가 끝난 것입니다. 단에 걸어놓기만 해도 제사는 끝난 것입니다.

1. 제물(祭物)이 죽는 곳

번제(燔祭 burnt offering)는 히브리어로 '올라[עלה]'인데, "올라간다"는 의미를 갖고 있습니다. 그리고 단(壇 altar)은 히브리어로 '미즈베하[מזבח]'인데, 이 말은 **"짐승을 죽인다"**는 의미를 갖고 있습니다. 따라서 번제단(燔祭檀)은 **"짐승을 죽여 올린다"**는 의미가 됩니다. 제단(祭壇)은 말 그대로 **"희생의 제물을 죽여서 하나님 앞에 올려드리는 단(壇)"**입니다. 하나님께서는 양이나 염소, 또는 소나 비둘기를 이스라엘 백성들의 죄를 대신해서 이 제단에서 희생으로 드리라고 명령하셨습니다. 이 명령에 따라서 모든 제물은 이 번제단에서 피 흘려 죽어서 불에 태워 하나님께 드려졌습니다. 곡물, 곧 고운 가루로 드리는 소제(素祭)조차도 짐승의 피에 해당하는 '유향'을 '고운 가루'(짐승의 몸)와 함께 올려 드리면서 일부를 불에 태워서 드렸습니다. 즉 어떤 제물이든지 온전히 죽어야 하나님께서 받으시는 향기로운 제물이 됩니다. 이처럼 번제단은 제물을 죽여서 뿔에 매

달았다가 불에 태워서 올리는 곳이었습니다.

2. 심판이 행해지는 곳(조각목과 놋)

(출 27:1-2)"너는 조각목으로 장이 오 규빗, 광이 오 규빗의 단을 만들되… 그 단을 놋으로 쌀지며" 번제단은 조각목으로 만들어서 그것을 놋으로 모두 쌌습니다. 그래서 번제단을 때로는 놋제단이라고도 부릅니다. 모든 골격은 조각목으로 만들고 놋을 덧입힌 것입니다. 그래서 번제단의 재료는 조각목과 놋입니다. 그런데 이 두 가지 재료는 버림받고 저주받은 사람의 심판을 의미합니다.

[조각목]

조각목

조각목은 가지에 가시가 돋아 있고, 단단하고 내구력(耐久力)이 있어서 애굽에서는 이 나무가 영생(永生)의 상징으로 불립니다. 그러나 이스라엘에서는 매우 천하게 여겨서 쓸모없고 저주받고 버림받은 사람을 의미합니다. 성경은 사람을 나무에 비유한 구절이 참많이 있습니다. 그래서 거기에 달린 사람은 저주받은 사람이 됩니다. (신 21:23)"… 나무에 달린 자는 하나님께 저주를 받았음이라", (갈 3:13)"그리스도께서 우리를 위하여 저주를 받은 바 되사 율법의 저주에서 우리를 속량하셨으니 기록된 바 나무에 달린 자마다 저주 아래 있는 자라 하였음이라"

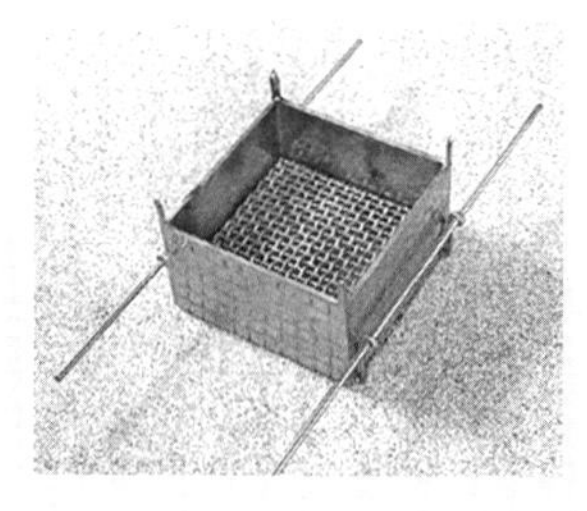

놋

[놋]

성경에서 '놋'은 심판의 의미로 사용됩니다. 레 26:19-20에 보면, **"내가 너희의 세력을 인한 교만을 꺾고 너희 하늘로 철과 같게 하며 너희 땅으로 놋과 같게 하리니, 너희 수고가 헛될지라 땅은 그 산물을 내지 아니하고 땅의 나무는 그 열매를 맺지 아니하리라"** 이렇게 볼 때, 번제단은 저주에 대한 심판대요, 버림받는 형틀이요, 사형을 집행하는 사형대입니다.

3. 피를 흘리고, 피가 뿌려지는 곳

번제단 주위는 항상 짐승의 피로 붉게 물들어 있고, 피 냄새가 진동했습니다. 그것은 제물로 드려지는 짐승들의 피를 먼저 양푼에 담아서 제단 주위에 뿌렸기 때문입니다. 이 피뿌림이 없으면 그것은 속죄의 제사가 아닙니다. 곡물로 드리는 제사 '소제(素祭)'도 피를 상징하는 '유향(乳香)'을 불에 태움으로써 피뿌림을 대신합니다. 피를 단 주위에 뿌리는 이유는 우리의 죄를 짐승의 생명으로 대속하기 위해서입니다. 레 17:11에 보면, **"육체의 생명은 피에 있음이라 내가 이 피를 너희에게 주어 단에 뿌려 너희의 생명을 위하여**

속죄하게 하였나니 생명이 피에 있으므로 피가 죄를 속하느니라" 이 말씀으로 말미암아 모든 인간은 어린양의 피를 자신에게 뿌리지 않으면 결코 구원에 이르지 못합니다. 피뿌림이 없으면 속죄(贖罪)를 받지 못하고 정죄(定罪)를 받습니다. 어린양이 비록 피를 흘렸을지라도 그의 흘린 피를 각 죄인들에게 뿌리지 않으면 속죄가 이루어지지 않습니다. 번제단의 피뿌림은 그래서 매우 중요합니다. 모든 인간을 속죄하기 위한 피흘림은 이미 이루어졌지만, 각자가 번제단 앞에 가서 그 피가 자신을 위한 것임을 고백하는 피뿌림이 반드시 있어야 합니다. 번제단은 이처럼 죄인이 자신의 죄를 위하여 짐승이 흘린 피를 뿌리는 곳입니다. 피흘림과 피뿌림이 차례로 이루어지는 곳입니다.

4. 화제(火祭)가 드려지는 곳

번제단에서는 제물의 일부 또는 전부를 불로 태워서 제사를 드립니다. 제물을 여호와의 불로 태웠다는 것은 그 제물과 속죄를 하나님께서 받으셨다는 표시입니다. 이렇게 화제로 드려지는 제사의 종류는 다섯 가지입니다.

① 번제(燔祭) [עֹלָה 올라]: 자원제(自願祭) – 향기로운 제물

하나님께로 향한 전적인 충성, 헌신, 그리고 속죄

② 소제(素祭) [מִנְחָה 민하]: 자원제(自願祭), 곡물 제사: 유향, 소금

하나님께 드리는 선물[מִנְחָה 민하], 충성, 감사 – 때로는 번제의 부

속 제사

③ 화목제(和睦祭) [םלֹשׁ 쉘렘]: 자원제(自願祭)

하나님과의 화목과 감사, 인간과의 화목

④ 속죄제(贖罪祭) [האטﬁח 하타아]: 의무제(義務祭)

공적이며 명백하게 드러난 죄에 대한 대속

⑤ 속건제(贖愆祭) [םﬗﬡ 아샴]: 의무제(義務祭)

부지중에 지은 죄, 성물(聖物)이나 금령(禁令)을 범한 죄를 대속

5. 여호와의 불이 타고 있는 곳

제단 위에서 제물이 불에 태워졌다는 것은 하나님께서 그 제물을 받으셨다는 표시입니다. 그런데 번제단은 이런 불이 꺼지지 않고 계속해서 타고 있는 곳

입니다. 성막이 처음 완성되고, 모든 백성들이 성막 앞에 모여 있을 때에 첫 번째 번제와 속죄제, 화목제가 드려졌습니다. 그리고 모세와 아론이 백성을 축복했습니다. 이때 여호와의 영광이 모든 백성에게 나타남과 동시에 불이 여호와 앞에서 나와 단 위의 번제물과 기름을 살라버렸습니다. 이것을 보고 온 백성이 소리 지르며 엎드렸습니다(레 9:23-24).

이때부터 번제단 위의 불은 '여호와의 불'이 되었습니다. 이 불은 끊이지 않고 단 위에 피워서 꺼지지 않게 하라고 하나님께서 명령하셨습니다.

6. 죄가 사해지는 곳(네 뿔)

번제단의 네 모서리에는 뿔이 하나씩 있습니다. 뿔은 성경에서 능력과 권세를 의미합니다. 무슨 능력과 권세일까요? 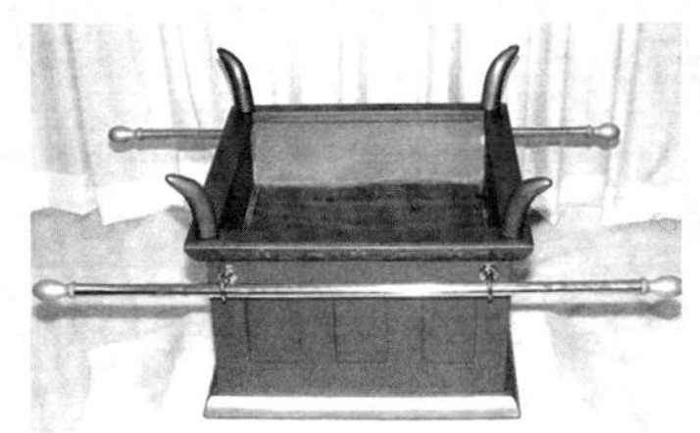

첫째, 속죄의 능력입니다(레 1:3-4). 짐승을 잡아서 피를 뿌리고 껍질을 벗긴 후에 각을 떠서 갈고리로 꿰어 뿔에 달아 놓은 다음, 제사장은 이렇게 말합니다. "이제 죄가 사함 받았습니다. 평안히 돌아가세요."

둘째, 구원의 능력이 있습니다. (삼하 22:3)**"여호와는 나의 반석이시오 나의 요새시오 …나의 구원의 뿔이시오…"** 모세 율법에는 억울하게 죽을 위협에 직면한 사람이 성막으로 도망하여 번제단의 뿔을 잡으면 살 수 있었습니다.

셋째, 누구에게나 차별이 없음을 의미합니다. 이 뿔은 동서남북 네 귀퉁이에 하나씩 달려있습니다. 그것은 속죄와 구원의 능력이 누구에게나 열려 있다는 것을 의미합니다.

번제단과 그리스도와의 관계

번제단은 조각목으로 만들고 그것을 놋으로 감싸서 만들었습니다. 이것은 저주받은 사람이 심판을 받는 곳이라는 의미를 갖습니다. 그래서 번제단은 그리스도가 달리신 십자가를 의미합니다. 성경은 **"나무에 달린 자는 저주받은 자라"**(신 21:23)고 말씀하고 있기 때문입니다. 번제단에서는 각종 제사가 드려졌습니다. 번제, 속죄제, 속건제, 화목제, 소제 등 화제(火祭)로 드려지는 모든 제사가 여기서 드려졌습니다. 예수 그리스도께서는 십자가에서 이 모든 제사에서 요구하는 모든 것을 이루셨습니다. 그리고 완전하게 죽으셨고, 이 모든 요구가 이루어진 것을 증명하시려고 사흘 만에 부활하셨습니다. 그가 비록 죄가 없으신 분이셨지만 우리의 죄를 짊어지심으로 우리 대신 거기서 심판을 받으시고, 피 흘려 죽으셨습니다. 그러나 그의 죄 없으심과, 속죄의 완전하심과, 온 인류에 대한 구속의 성취를 증명하기 위하여 무덤에서 살아나신 것입니다. 이로 말미암아 번제단에서의 어린양의 구속은 완전하셨으며, 온 인류는 그 누구든지 각자의 피 뿌림을 통해서 완전하게 구원받을 수 있게 된 것입니다. 그리스도께서는 십자가에서 이 모든 것을 이루셨던 것입니다. 그렇다면 번제단으로 보여주신 십자가는 과연 어떤 곳이었을까요?

1. 십자가는 '제물(祭物)이 죽는 곳'입니다

번제단은 모든 제물들 곧 양과 염소, 그리고 소와 비둘기가 죄인들을 대신해서 죽어야 했던 곳입니다. 즉 자신을 끌고 온 죄인을 위하여 피 흘려 죽어야 했던 곳입니다. 이것은 하나님께서 정하신 제사법입니다. 그러나 이러한 제사법은 어디까지나 그림자에 불과했습니다. 그 실체(實體)는 십자가입니다. 그래서 하나님의 아들 예수 그리스도께서 십자가에서 죽으신 사건은 온 우주의 중심 사건입니다. 모든 역사의 그 전(前)과 그 후(後)를 가르는 가장 중대한 사건이었습니다. 어린양 그리스도의 십자가 사건으로 말미암아 이제 더 이상 번제단은 필요 없게 되었습니다. 실체가 오셨고, 그 실체인 십자가 사건이 성취됨으로 말미암아 더 이상 번제단은 필요하지 않게 된 것입니다.

또 이제까지 죄인들을 위하여 죽었던 모든 짐승들도 예수께서 완전한 제물로 십자가에서 죽으심으로 말미암아 더 이상 짐승 제물은 필요 없게 된 것입니다. 그가 십자가에서 그 영혼이 떠나 죽으시자마자 지성소 휘장이 갈라졌습니다(마27:50-51). 왜 그 크고 무거운 지성소 휘장이 위로부터 아래로 갈라졌을까요? 그 갈라짐은 사람이 칼로 벨 수 없었습니다. 하나님께서 가르신 것입니다. 왜 그러셨을까요? 속죄를 위한 어린양의 죽으심으로 이제 더 이상 성막이나 성전, 제사나 제물이 필요 없게 된 것입니다. 예수님의 십자가 죽으심으로 말미암아 번제단에서 이루려고 하셨던 하나님의 뜻이 완벽하게 성취되었다는 것을 의미합니다. 이제 우리는 번제단에서 죽어야 했던 어린양들, 그리고 그것들의 실체로 오셔서 몸소 죽으셔야 했던 십자가, 이 죽으심이 과연 어떤 의미가 있는지 살펴볼 필요가 있습니다. 과연 그의 죽으심은 어떤 의미가 있을까요?

첫째는, 대속(代贖)의 의미가 있습니다. 예수님께서는 친히 **"인자가 온 것은 섬김을 받으려 함이 아니라 도리어 섬기려 하고 자기 목숨을 많은 사람의 대속물로 주려 함이니라"**(마 20:28)고 말씀하셨습니다. 그리스도께서는 자기를 위하여 죽으신 것이 아니라, 그를 믿는 모든 사람을 위하여 『대신』 죽으셨습니다. 대속(代贖)이란 말은 **"다른 사람의 빚을 대신 갚아 준다"**는 의미를 갖고 있는데, 이 빚은 죄의 빚입니다. 죄의 빚은 돈이나 노동으로 갚을 수 없고 오직 죽음으로만 갚아야 합니다. 그 이유는 **"죄의 삯은 사망"**(롬 6:23)이라고 하나님께서 말씀하셨기 때문입니다. 그래서 그리스도께서는 죄인인 우리가 죗값으로 반드시 죽임을 당해야 하는 하나님의 법을 이루시기 위하여 우리 대신 죽으셨던 것입니다.

둘째는, 구속(救贖)의 의미가 있습니다. 성경이 이것을 증거합니다. (고전 6:20)**"값으로 산 것이 되었으니 그런즉 너희 몸으로 하나님께 영광을 돌리라"**, (고전 7:23)**"너희는 값으로 사신 것이니 사람들의 종이 되지 말라"**(계 5:9)**"…사람들을 피로 사서 하나님께 드리시고"**

구속이란 말은 "값을 치르고 샀다"는 뜻인데, 이것을 다른 말로는 속량(贖良)이라고 합니다. 속량은 옛날 노예시장에서 자기에게 필요한 노예를 값을 주고 사서 자유롭게 풀어주는 것을 말했습니다. 그리스도께서는 죄의 노예가 되어있는 모든 죄인들을 위하여 죗값을 치르시고 우리를 사신 후에 우리를 자유롭게 풀어주셨던 것입니다. 즉 구속해 주신 것입니다. (갈 3:13)**"그리스도께서 우리를 위하여 저주를 받은 바 되사 율법의 저주에서 우리를 속량하셨으니 기록된바 나무에 달린 자마다 저주 아래 있는 자라 하였음이라"**, (갈 4:5)**"율법 아래 있는 자들을 속량하시고 우리로 아들의 명분을 얻게 하려 하심이라"**

셋째는, 화목(和睦)의 의미가 있습니다. 사도 바울은 이렇게 증거합니다. (롬 5:10)**"곧 우리가 원수 되었을 때에 그 아들의 죽으심으로 말미암아 하나님으로 더불어 화목되었은즉 화목된 자로서는 더욱 그의 살으심을 인하여 구원을 얻을 것임이니라"**

모든 사람이 죄를 범하였으므로 모두가 하나님과 원수가 되어 도저히 거룩하신 하나님과 교제할 수 없었고, 가까이 나갈 수도 없었으며, 범죄하기 전의 아담처럼 하나님과 화목하게 지낼 수도 없었습니다. 오히려 죄로 말미암아 모든 사람에게 하나님의 진노가 기다리고 있을 따름이었습니다. 그러나 둘째 아담인 그리스도께서 하나님과 우리 사이에 막혀 있었던 죄의 담을 자기의 죽으심으로 헐어 버렸기 때문에 이제는 언제 어디서든지 하나님과 화평을 누리게 된 것입니다. 이것은 그리스도의 죽으심이 하나님과 인간 사이를 가로 막았던 죄의 담을 헐기에 충분했다는 것을 의미합니다. 하나님이 참으로 만족하게 여기셨다고 말하기도 합니다. 이제 그의 죽으심으로 거룩함은 지켜졌고 하나님의 진노(震怒)는 거두어졌습니다.

넷째는, 사죄(赦罪)의 의미가 있습니다. (마 6:12)**"우리가 우리에게 죄지은 자를 사하여 준 것같이 우리 죄를 사하여 주옵시고"**, (약 5:15)**"믿음의 기도는 병든 자를 구원하리니 주께서 저를 일으키시리라 혹시 죄를 범하였을지라도 사하심을 얻으리라"**, (요일 1:9)**"만일 우리가 우리 죄를 자백하면 저는 미쁘시고 의로우사 우리 죄를 사하시며 모든 불의에서 우리를 깨끗케 하실 것이요"**

하나님은 죄로 말미암아 영원히 죽어야 하는 사람들을 사랑하시므로 어찌하든지 그들의 죄를 용서하고 살리시고 싶었습니다. 그러나 하나님은 적절한 대가 없이 죄를 용서하실 수 없었습니다. 왜냐하면 하나님은 의로우시며 공평하신 분이시기 때문입니다. 만약에 하나님이 오직 사랑하신다는 그 이유만으로 우리의 죄를 조건 없이 덮어버리고

말았다면, 하나님은 결코 정의로운 분이 아니시며, 공평하신 분도 아니시기 때문입니다. 그리스도의 죽으심은 이런 정의롭고 공평하신 하나님

이 합법적으로 죄인을 용서하실 수 있는 수단을 마련하여 준 것입니다. **"죄사함(charisamenos)"**이란 단어는 **"은혜(charis)"**라는 말에서 유래하였습니다. 그래서 죄사함이란 **"은혜로서 용서한다"**는 의미입니다. 은혜가 무엇입니까?『은혜』란 전혀 받을 만한 가치가 없는 사람에게 거저 베푸는 선물을 말합니다. 우리의 죄 사함은 이처럼 값없이 받은 것입니다. 하나님의 존귀하신 아들 그리스도께서는 우리에게 값없이 죄 사함의 은혜를 베푸시기 위하여 이 우주에서 가장 값비싼 대가를 치르셨던 것입니다.

다섯째는, 칭의(稱義)의 의미가 있습니다. (롬 3:24)**"그리스도 예수 안에 있는 구속으로 말미암아 하나님의 은혜로 값없이 의롭다 하심을 얻은 자 되었느니라"**, (롬 5:9)**"그러면 이제 우리가 그 피를 인하여 의롭다 하심을 얻었은즉 더욱 그로 말미암아 진노하심에서 구원을 얻을 것이니"**

그리스도의 죽으심이 이루는 또 하나의 결과는 믿는 죄인들에 대하여 하나님께서 '**의롭다**'고 불러주신다는 것입니다. 이것을 "칭의(称義)"라고 말합니다. '칭의'라는 말은 법률 용어인데, 하나님께서 믿는 죄인들을 **"너는 이제부터 의로운 사람이다"**라고 판결하시는 것을 말합니다. 칭의는 소극적인 측면에서는 '**죄를 제거했다**'는 의미를 갖고 있지만, 적극적인 측면에서는 믿는 죄인들에게 '그리스도의 의'를 부여한다는 의미를 갖고 있습니다. 이처럼 그리스도의 죽으심은 죄로 말미암아 하나님의 의에 들지 못한 죄인들이 그리스도를 믿을 때에 '의인'이라 칭하여 율법의 저주에서 빼내어 주는 근거가 되었습니다. 아멘 할렐루야.

2. 십자가는 '심판이 행해지는 곳(조각목과 놋)'입니다

번제단은 저주받은 죄인에 대한 심판이 행해지는 곳입니다. 번제단의 재료 조각목(저주받은 사람)과 놋(심판)이 그것을 드러내었습니다. 그래서 죄인들은 자신들에게 가해질 죄에 대한 심판 곧 죽음을 면하려고 양이나 염소, 소나 비둘기 등을 갖고 와서 대신 심판을 받게 했습니다. 즉 짐승으로 하여금 대속(代贖)을 시킨 것입니다. 그리스도께서 달리셨던 십자가는 사실 번제단과 마찬가지로 모든 죄인들에 대한 심판이 행해져야 할 곳입니다. 다만 심판받아 죽어야 할 죄인들을 대신하여 죄 없으신 예수님께서 거기에서 심판을 받았을 뿐입니다. 바울 사도는 이 사실을 이렇게 증언했습니다. (갈 3:13)**"그리스도께서 우리를 위하여 저주를 받은 바 되사 율법의 저주에서 우리를 속량하셨으니 기록된바 나무에 달린 자마다 저주 아래 있는 자라 하였음이라"**

사랑하는 여러분, 인간은 누구나 죄인입니다(롬3:23). 그래서 누구나 심판을 받습니다. 죄로 말미암아 이미 영(靈)은 죽어 있었고, 육체도 이제 죽고, 영과 육이 아울러 심판을 받아 영원히 죽게 되어 있습니다. 그러나 하나님께서는 자신이 창조하신 세상을 사랑하셨습니다. 그대로 심판을 받아 죽는 것을 차마 보지 못하셨습니다. 그래서 자신의 아들을 세상에 보내서 대신 심판을 받게 하시고, 죄인들을 살리신 것입니다. (요 3:16-18)**"하나님이 세상을 이처럼 사랑하사 독생자를 주셨으니 이는 저를 믿는 자마다 멸망치 않고 영생을 얻게 하려 하심이라 하나님이 그 아들을 세상에 보내신 것은 세상을 심판하려 하심이 아니요 저로 말미암아 세상이 구원을 받게 하려 하심이라 저를 믿는 자는 심판을 받지 아니하는 것**

이요 믿지 아니하는 자는 하나님의 독생자의 이름을 믿지 아니하므로 벌써 심판을 받은 것이니라"

이처럼 모든 사람이 저주의 십자가에서 심판을 받아야 했습니다. 그러나 하나님께서 보내신 어린양 예수님으로 말미암아 그가 대신 심판을 받고 우리는 구원을 받은 것입니다. 번제단은 죄에 대한 심판이 행해지는 심판대요, 십자가도 심판대였습니다.

3. 십자가는 '피를 흘리고, 피가 뿌려지는 곳'입니다

번제단으로 제물을 끌고 간 죄인은 먼저 짐승을 칼로 베어 피를 흘려 죽게 합니다. 그리고 그 피를 양푼에 담아 둡니다. 그런 다음 칼로 짐승

의 가죽을 벗기고 몸을 조각내어 갈고리로 이어줍니다. 그리고 양푼에 담아둔 짐승의 피를 제사장에게 주면, 제사장은 죄인의 속죄를 위하여 그 피를 제단 앞과 주위에 뿌립니다. 그리고 갈고리에 꿰인 고기를 제단 뿔에 걸어놓거나 아니면 바로 여호와의 불에 태웁니다. 여기서 중요한 것은 제물이 번제단에서 피를 흘리고 그

피가 제단에 뿌려진다는 것입니다.

그리스도께서는 십자가에 달리셨습니다. 제단 뿔에 제물이 달린 것과 마찬가지입니다. 그 십자가에서 그는 우리를 위하여 피를 흘리셨습니다. 예수님 자신을 위하여 피를 흘리신 것이 아니요, 순전히 우리를 위해서 흘리신 것입니다. 그의 피는 흠 없고 순전한 어린양의 피였습니다. 아무 죄도 없으신 순전한 피요 거룩하신 대속의 보혈입니다. 그 보혈이 저주의 나무 십자가에서 한없이 흘러내렸습니다. 대지를 적시고 흘러내려 비와 함께 온 세상에 흘러갔습니다.

자신을 죄인으로 고백한 모든 사람들 중에, 그리스도 예수께서 나를 대신해 심판을 받고 죽으셨다는 것을 믿고, 예수님으로 말미암아 속죄 받기를 청하는 자마다, 이미 흘리신 보혈을 자신이 달려야 할 번제단에 뿌린 사람입니다. 십자가 위에서 예수님께서 흘리신 보혈을 십자가 밑에 나아가 자신에게 뿌린 사람입니다. 세상의 어떤 죄인도 이 믿음으로 십자가 밑에 나아가지 않으면 영원히 심판을 받습니다. 영원한 형벌에 처해집니다. 영원한 불속에 들어갑니다. 이것이 복음(福音)입니다. 이 불속에서는 어느 누구도 나올 수 없습니다. 한 번 불 속에 들어간 사람에게는 더 이상 예수님의 십자가가 효험이 없게 됩니다. 그래서 누구든지 이 땅에 살아있는 동안에 복음을 듣고 그것을 받아들여야 합니다. 예수님께서 십자가에서 흘리신 보혈을 자신에게 뿌려야 합니다. 그렇지 않으면 영벌(永罰)에 들어갈 수밖에 없습니다. 이것을 명심해야 합니다.

4. 십자가는 '여호와의 불이 타고 있는 곳'입니다

번제단은 제물들의 일부 또는 전부가 불로 태워져서 제사가 드려지는 곳입니다. 그런데 성막이나 성전에 있는 번제단의 불은 모두 하나님께서 친히 내리신 불입니다. 그래서 그 불을 '여호와의 불'이라고 부릅니다. 이로 말미암아 번제단에서 드려진 제물이 불로 태워졌다는 것은 여호와 하나님께서 인정한 제물이 하나님께서 정하신 절차에 따라서 드려졌기 때문에 하나님께서 그것을 기쁘게 받으셨다는 의미를 갖습니다.

하나님께서는 자기 아들이 어린양 제물이 되어 피 흘려 죽으신 십자가의 희생을 기쁘게 받으시고 만족해 하셨습니다. (이사야 53:11)**"그가 자기 영혼의 수고한 것을 보고 만족하게 여길 것이라 나의 의로운 종이 자기 지식으로 많은 사람을 의롭게 하며 또 그들의 죄악을 친히 담당하리로다"**하나님께서는 자기 아들의 십자가 희생을 기쁘게 받으셨고, 그의 희생을 인정하셔서 그 십자가로 말미암아 모든 대속이 이루어지게 하셨습니다.

5. 십자가는 '죄가 사해지는 곳(네 뿔)'입니다

번제단의 네 모서리에 있는 뿔은 능력과 권세를 의미합니다. 속죄의 능력, 구원의 능력, 누구에게나 주는 능력입니다. 그리스도의 십자가에 동일한 능력이 있습니다. 갈라디아서 3:13이 이것을 증거합니다. **"그리스도께서 우리를 위하여 저주를 받은바 되사 율법의 저주에서 우리를 속**

량하셨으니" 그리스도의 십자가는 죄로 인한 저주, 곧 죽음의 상징입니다. 그러나 이곳에 마땅히 달려야 할 우리 대신 죄 없으신 하나님의 아들이 달려 죽으심으로 말미암아 이 저주의 십자가는 그것을 믿는 사람들에게 율법의 저주에서 속량(곧 속죄)을 받는 능력이 되었습니다. 제단의 뿔은 바로 이것을 먼저 말해줍니다. 그런데 이 뿔은 네 개입니다. 누구든지 속죄받을 수 있다는 것을 의미합니다. 예수님의 십자가 또한 누구든지 그 앞에 나와 죄를 자백하고 그리스도를 영접하면 속죄와 구원을 받게 됩니다. 이것이 십자가의 능력입니다. 예수님의 십자가는 온 세상 사람을 모두 속할 수 있는 능력이 있습니다. 할렐루야!

성막의 번제단이 의미하는 모든 것이 요한복음 2장과 3장에 그대로 말씀으로 기록되어 있습니다. 성막의 번제단이 그림자라면, 요한복음 2장과 3장에서 말씀하는 번제단의 실체는 그리스도께서 흘리신 보혈과 그가 달리신 십자가입니다. 그래서 번제단이 속죄론을 말하는 것처럼, 요한복음 2, 3장도 속죄론을 말씀하고 있습니다.

1. 번제단의 피흘림과 피뿌림 = 그리스도의 희생과 대속 = 요한복음 2장

번제단에서 행해지는 일은 두 가지입니다. 첫째는 제물을 죽여서 그가 흘린 피를 제단에 뿌리는 일이고, 둘째는 그 고기(몸)를 제단 위에 올려 여호와의 불로 태

두 세 통 드는 돌항아리 여섯이 놓였는지라

우는 일입니다. 그렇게 하면 제물을 드린 사람의 죄가 사해지고 그는 기쁜 마음으로 돌아가게 됩니다. 요한복음 2장이 첫 번째 일을 설명합니다.

요한복음 2장은 매우 유명한 사건인 '가나의 혼인잔치'를 소개하고 있습니다. 이 잔치에서 예수님께서는 잔치에 부족한 포도주를 돌 항아리 여섯에 담긴 물로 만들어서 연회장에게 갖다 주게 하여 잔치에 온 모든 사람을 만족케 하셨습니다. 그런데 우리가 다 알고 있듯이 사도 요한은 복음서를 쓰면서 독특한 기법을 사용합니다. 그것은 매 장(章)의 앞에 어떤 예화(사건 또는 기적)를 하나씩 들고 난 다음, 그것이 그리스도의 무엇을 의미하고 있는지 같은 장에서 자세히 설명하고 있다는 것입니다. 요한복음 2장에서부터 이런 기법이 사용됩니다. 여기에서 '가나의 혼인잔치'는 사도 요한이 그리스도 예수님의 어떤 부분을 설명하기 위하여 물로 포도주를 만든 기적 사건을 예로 들은 것입니다. 그런 후에 11절에서 '처음 표적'이라고 소개한 다음, 바로 '유월절'이라는 절기를 소개합니다. 그리고 13절 이후에 성전을 깨끗하게 하시는 사건을 소개하면서 **"19 너희가 이 성전을 헐라 내가 사흘 동안에 일으키리라 ⋯ 21 그러나 예수는 성전(聖殿)된 자기 육체를 가리켜 말씀하신 것이라"**고 말합니다.

그러니까 요한복음 2장에 소개한 가나의 혼인잔치는 ①유월절과 관계가 있고, 성전이신 ②그리스도의 몸과 관련이 있고, 또 그 성전 곧 그의 몸이 헐리는 것 곧 몸이 찢겨져서 ③피를 흘리는 것과 관련이 있다는 것입니다. 여기서 사도 요한이 말하고자 하는 내용은 매우 명확합니다. 곧 1장에서 그리스도에 대한 설명을 하면서 그를 어린양으로 소개했는데, 2장에 들어와서 그 어린양이 해야 할 가장 중요한 일 곧 성전이신 자기 몸을 대속의 제물로 드리기 위하여 피를 흘려야 한다는 것을 설명한 것입니다.

요한복음 2장이 유월절과 관련되어 있다는 것은 2:13, 23절에 언급되어 있는데, 다음의 내용들이 어린양의 피흘림과 피뿌림을 뒷받침해 줍니다.

첫 번째 유월절은 이스라엘을 하나님의 심판에서 구원한 날입니다. 애굽에서 노예 생활하던 이스라엘은 하나님의 명령에 따라 첫 번째 유월절을 지켰는데, 모세가 이렇게 말합니다. (출 12:21-24)**"21 모세가 이스라엘 모든 장로를 불러서 그들에게 이르되 너희는 나가서 너희 가족대로 어린양을 택하여 유월절 양(羊)으로 잡고 22 너희는 우슬초 묶음을 취하여 그릇에 담은 피에 적시어서 그 피를 문 인방과 좌우 설주에 뿌리고 아침까지 한 사람도 자기 집 문밖에 나가지 말라 23 여호와께서 애굽 사람을 치러 두루 다니실 때에 문 인방과 좌우 설주의 피를 보시면 그 문을 넘으시고(유월 逾越) 멸하는 자로 너희 집에 들어가서 너희를 치지 못하게 하실 것임이라 24 너희는 이 일을 규례로 삼아 너희와 너희 자손이 영원히 지킬 것이니"**

모세가 말한 유월절 행사에서 가장 중요한 것은 나흘 동안 집안에서 함께 기거했던 어린양을 잡아서 그 피를 양푼에 담아 집에 들어오는 문(門)의 인방(引枋)과 좌우 설주(楔柱)에 뿌리는 일이었습니다. 이렇게 피를 뿌린 후에 가족들은 허리에 띠를 띠고, 신을 신고, 손에 지팡이를 잡고, 어린양의 고기를 불에 구워서, 무교병과 쓴 나물과 함께 급히 먹었습니다. 그러니까 유월절 행사를 통해 하나님의 심판에서 이스라엘 장자(長子)들을 살린 것은 어린양이 피를 흘리고, 사람들이 그 피를 문에 뿌렸기 때문입니다. 만일 이때 이 명령을 우습게 여기고 어린양의 피를 자기 집 문에 뿌리지 않았다면 비록 이스라엘 자손이라 하더라도 애굽 사람들(長子)과 함께 죽었을 것입니다. 하나님께서는 이 절기를 대대로 지키라고 하셨습니다.

그 후 이스라엘 가정에서 유월절 음식을 먹을 때에는 대체로 이런 순서로 진행되었다고 합니다. [그랜드종합주석 15권 489p 22절에서 발췌]

첫째 순서, 먼저 ①포도주를 함께 마시고, ②기도를 드립니다. 그리고 ③간략한 음식을 먹습니다. 어느 정도 음식을 먹고 나면 둘째 순서로 들어갑니다.

둘째 순서, 다시 잔을 들어 ①포도주를 함께 마십니다. 그리고 ②손을 씻고는 ③본격적인 식사를 하게 됩니다. 식사가 끝날 때가 되면, 세 번째 순서로 들어갑니다.

셋째 순서, 다시 잔을 들고 함께 ①포도주를 마십니다. 그리고 그 집의 가장(家長)이 온 가족들을 위하여 ②축복 기도를 합니다.

마태와 마가는 두 번째 순서의 본격적인 식사와 세 번째 잔을 기록하여 예수님의 몸에 중점을 두었고(마 26:26-27, 막 14:22-23, 고전 4:23-26절 포함), 누가는 두 번째 순서의 잔과 본격적 식사, 그리고 세 번째 잔을 기록한 것입니다. 예수님의 피에 중점을 둔 것 같습니다(눅 22:17-19). 또 요한복음 13:3-27을 보면, 요한은 두 번째 순서와 세 번째 순서를 기록한 것으로 보입니다. 즉 씻음과 떡 조각에 중점을 두었기 때문입니다. 이런 이스라엘의 유월절 행사는 그리스도의 부활 이후 기독교의 성만찬으로 이어졌습니다. 유월절은 그리스도께서 십자가에서 모두 성취하셔서서 더 이상 이 절기가 필요 없게 되었지만, 이렇게 성만찬을 통해 지금도 기념하는 귀한 행사가 되었습니다.

이처럼 ①첫 번째 유월절 행사를 보거나, ②이스라엘에서 유월절을 기념하여 각 가정에서 행하는 유월절 음식을 먹는 행사를 보거나, 또 ③우리가 주님의 명령대로 기념하는 성만찬에서 볼 때에 그 행사들은 항상 어린양의 피에 중심이 있고, 특히 그 피의 흘림과 뿌림이 핵심이라는 것입니다. 번제단에서 피 흘림과 피 뿌림이 있었던 것처럼 요한복음 2장은 가나의 혼인잔치에서 물로 포도주를 만들어주심으로 피 흘림과 피 뿌림을 자연스럽게 보여주신 것입니다.

특히 혼인잔치에서 모친 마리아가 "저희에게 포도주가 없다"고 하시니까 대뜸 **"여자여 나와 무슨 상관이 있나이까 내 때가 아직 이르지 못하였나이다"**라고 예수께서 대답하십니다. 예수님의 대답에서 이상한 것은 두 군데입니다. 자기 모친을 '**여자여**'라고 부른 부분과 '**내 때가 아직 이르지 않았다**'는 부분입니다. 여기서 '여자여'라는 부분은 요 19:26과 함께 딱 두 번만 그렇게 부르셨는데, 이렇게 부르실 때에는 예수님의 사역과 관련이 있을 때라고 할 수 있습니다. 또 '**내 때가 아직 이르지 않았다**'는 부분에서 어떤 분은 아직 포도주를 만드실 시간이 아니라는 의미로 말씀하신 것이라고 해석하는데, 그것은 잘못된 해석입니다. 왜냐하면 그 말씀이 떨어지고 곧장 포도주를 만드셨기 때문입니다. 그렇다면 이 말씀은 모든 인류를 위한 어린양으로서 십자가에서 피를 흘리실 때가 아직 아니라는 의미로 말씀하신 것이라고 이해할 수 있습니다. 이렇게 해석해야 '**여자여**'라는 말씀과 자연스럽게 연결될 수 있습니다. 또 13절과 23절에서 이 혼인잔치와 연결하여 유월절을 말씀하신 것과도 자연스럽게 연결됩니다. 하여튼 번제단에서의 어린양의 피 흘림과 피 뿌림에 대하여 사도 요한은 요한복음 2장을 통해 가나의 혼인잔치에서 물을 포도주로 만들어주신 예화(例話)와 유월절의 관계를 연결시켜 줌으로써 어린양의 피 흘림과 피 뿌림을 말씀으로 그대로 기록하였다고 볼 수 있습니다.

2. 번제단 제물의 달림과 불태움 = 죄에 대한 심판과 속죄 = 요한복음 3장

번제단에서 행하는 두 가지 일 중에 또 하나는 제물을 조각낸 후에 그것을 다시 갈고리에 꿰어서 번제단의 뿔에 매달아 둔다는 것입니다. 그런 후에 순서가 왔을 때 뿔에 달려 있던 제물을 번제단 불에 올려놓고 태우게 됩니다. 이것은 피를 흘리고 그것을 뿌린 후에 제물의 몸을 매달고 태우는 일입니다. 어린양 제물을 죽여서 피를 흘리고 그것을 번제단 뿔에 매다는 것은 제물에 대한 심판입니다. 제물(어린양)의 죄에 대한 심판이 아니라, 죄와 흠이 없는 제물을 바친 그 사람의 죄를 대신해서 받는 심판입니다. 그리고 제물을 여호와의 불에 태우는 것도 심판의 의미와 함께 그것을 하나님께서 만족하게 받으셨다는 것을 의미합니다.

사도 요한은 3장에서 유대인의 관원(官員) '니고데모'를 등장시킵니다. 밤에 니고데모가 찾아오자 예수님께서는 이미 그가 왜 찾아왔는가를 아시고 대뜸 '거듭남(重生)'에 대하여 말씀하십니다. 니고데모는 사실 경건한 사람이고 율법을 알고 그것을 지키고 있다고 생각했지만, 자신이 과연 구원받았는지, 하나님의 나라 천국에 들어갈 수 있는지에 대하여 의심하고 있었던 것입니다. 니고데모는 이런 고민을 안고 예수님을 몰래 찾아온 것입니다. 이미 니고데모를 보고 그것을 아신 예수님께서는 즉각 **'물과 성령으로 거듭나지 않으면 하나님 나라에 들어갈 수 없다'**고 단호하게 말씀하셨습니다. 율법이나 규례나 선한 일에 대한 말씀은 한마디도 하지 않으셨습니다.

오히려 어떻게 거듭날 수 있느냐고 당황해서 묻는 니고데모에게 예수님은 **'광야에서 모세가 뱀을 든 것같이 인자(人子)도 들려야 하리니 이는 저를 믿는 자마다 영생을 얻게 하려 하심이니라'**고 대답하십니다. 이 말씀에 이어서 **'하나님이 세상을 이처럼 사랑하사 독생자를 주셨으니 이는 저를 믿는 자마다 멸망치 않고 영생을 얻게 하려 하심이라'**고 말씀하십니다. 니고데모와의 대화를 소개한 후에 사도 요한은 예수님께서 세례를 베푸시는 것을 소개합니다. 그리고 3:36절에서 **'아들을 믿는 자는 영생이 있고 아들을 순종치 아니하는 자는 영생을 보지 못하고 도리어 하나님의 진노가 그 위에 머물러 있느니라'**고 3장의 결론을 내립니다. 그러니까 사도 요한이 3장에서 말하고 싶었던 것은 예수님을 믿지 않으면 영생을 얻지 못하고 오히려 하나님의 진노에 처해 진다는 것입니다. 그리고 우리가 믿어야 하는 예수님이 어떤 분인가에 대하여 사도 요한은 첫째 위로부터 오신 분이며, 둘째 하나님께서 보내신 분이며, 셋째 장대에 달린 놋뱀처럼 나무에 달려서 죽어야 하는 분이라고 소개합니다.

여기서 예수님께서는 자신이 장대, 곧 십자가(나무)에 달려 죽으실 것을 니고데모에게 말씀하십니다. 사도 요한이 이것을 기록한 의도는 아주 명백합니다. 사도 요한은 1장에서 예수님을 하나님께서 보내신 어린양으로 소개하였고, 2장에서는 그가 사람들을 위하여 피 흘려 죽으실 것을 소개했습니다. 그리고 3장에서는 다시 그가 장대에 달린 놋뱀처럼 그 몸이 장대(십자가)에 달려 죽으실 것을 소개하고 있습니다. 그렇습니다. 모든 죄인은 십자가 번제단에 달려 죽으신 어린양 예수님을 믿지 않으면 영생을 얻을 수 없습니다. 역사적으로 많은 사람이 십자가에 달려 죽었지만, 그들은 자기 죄로 십자가에 달려 죽었을 뿐입니다. 오직 유일하신 분, 곧 하나님께서 세상을 구원하시기 위하여 보내신 독생자만이 자기 죄가 아닌 세상의 죄인들을 위하여 십자가에서 대신 죽으신 것입니다. 아무 죄도 없고 흠도 없는 거룩하신 하나님의 아들이 죄인들의 죄를 대신하여 십자가에 달려 몸이 찢기고 못에 박혀 죽으신 것입니다.

사도 요한은 번제단에서 죄인들을 위하여 대신 몸이 찢기고 불에 태

워져 죽어야 했던 제물들을 생각하면서, 십자가 번제단에서 몸이 찢기시고 못에 박혀 죽으셔야 했던 그리스도를 기록한 것입니다. 예수님은 채찍에 맞아 등어리가 여기저기 찢기셨고, 머리에 씌워진 굵은 가시관으로 말미암아 이마와 머리가 찔리고 찢기셨으며, 못에 박힌 손과 발도 큰 구멍이 나서 훼손되었습니다. 나중에는 로마 병사의 창에 옆구리가 찢겨졌습니다. 거룩하시고 존귀하신 하나님의 아들 그리스도의 이 모든 찢김이 죄인인 나를 위해서였고, 모든 죄인들을 위해서였습니다. 마치 번제단에서 모든 이스라엘 사람들을 위하여 몸이 찢기고 불태워졌던 어린양처럼, 그는 나 같은 죄인들을 위하여 비참하게 십자가에서 심판받아 죽으셨습니다. 이 그리스도를 믿지 않으면 영생은 없습니다. 이렇게 희생되신 예수님 외에 하나님께서 보내신 구세주는 없습니다. 그리스도 예수 이외에 어떤 사람도 구세주가 될 수 없습니다. 번제단에서 희생된 어린양을 여호와의 불에 태워서 하나님께서 그 제물을 속죄의 제물로 만족하게 받으셨던 것처럼, 예수님께서는 그가 십자가에서 받으신 희생을 하나님께서 만족히 받으셨다는 증거로 부활하셨던 것입니다. 할렐루야.

이처럼 요한복음은 2장에서 그리스도께서 흘리신 피를 통해서 대속을 받은 것에 이어서 3장에서는 그리스도의 십자가를 통해서 대속을 받는다는 사실을 설명한 것입니다. 결론적으로 사도 요한은 구약의 번제단에서 어린양을 죽여 이루어지는 속죄의 길을 그림자로 보면서, 그 율법의 실체는 어린양 예수 그리스도께서 십자가에 달려 피 흘리고 몸이 찢겨 죽으셔서 속죄를 이루셨음을 말씀으로 기록한 것입니다. 아멘!

。번제단이 주는 믿음 : 섬기는 믿음

성막의 첫 번째 기구인 동문이 주는 믿음은 '신앙고백적인 믿음'이었습니다. 즉 구원에 이르는 믿음이 동문이 주는 믿음의 모습이었습니다. 그러나 두 번째 기구인 번제단은 그다음 단계의 믿음이 필요함을 우리에게 보여줍니다. 번제단이 주는 믿음은 사랑을 동반한 '섬기는 믿음'입니다. 이 믿음은 희생을 의미하는 '십자가를 지는 믿음'이라고 할 수 있습니다. 십자가를 지는 믿음은 ①자기를 부인하는 것과 ②그리스도와 이웃을 위한 실질적인 희생이 있습니다.

① 먼저, 그리스도의 희생으로 구원을 얻은 모든 그리스도인들은 자신의 옛사람을 부인하는 믿음이 반드시 있어야 합니다. 로마서 6:6-7절에서 사도 바울은 바로 이것을 강조합니다. **"우리가 알거니와 우리의 옛 사람이 예수와 함께 십자가에 못 박힌 것은 죄의 몸이 죽어 다시는 우리가 죄에게 종노릇하지 아니하려 함이니 이는 죽은 자가 죄에서 벗어나 의롭다 하심을 얻었음이라"** 죄의 몸이었던 우리(옛사람)가 예수를 믿는다는 것은 나의 죄로 말미암아 십자가에 달리신 예수님을 믿는 것이기 때문에 그의 십자가는 곧 나의 십자가가 됩니다. 다시 말해서 그리스도의 십자가에 나의 죄의 몸이 함께 달린 것입니다. 그래서 그리스도께서 십자가에서 죽으셨던 것처럼

우리의 죄의 몸도 거기에 함께 달려 죽은 것입니다. 내 죄의 몸은 십자가에서 죽고 나는 새로운 피조물이 된 것입니다. 이제 영원히 죽을 수밖에 없던 내 죄의 몸은 죽었고, 나는 죄에서 벗어나 의롭다 하심을 얻은 것입니다. 이제 우리의 옛사람은 십자가에서 죽었습니다. 이러한 옛사람에 대한 부인(否認)이 없으면 그는 아직 그리스도인이 아닙니다.

이 사실에 대하여 사도 바울은 갈라디아서 2:20절에서 다시 한 번 강조합니다. **"내가 그리스도와 함께 십자가에 못 박혔나니 그런즉 이제는 내가 산 것이 아니요 오직 내 안에 그리스도께서 사시는 것이라 이제 내가 육체 가운데 사는 것은 나를 사랑하사 나를 위하여 자기 자신을 버리신 하나님의 아들을 믿는 믿음 안에서 사는 것이라"**

번제단의 믿음은 나 대신 번제단(십자가)에 매달려 죽으신 어린양 그리스도 예수님의 죽음이 곧 내 죽음이라는 믿음을 말합니다. 그가 죽으심은 내 죄를 위하심이기 때문에 그가 십자가에서 죽으심으로 말미암아 나의 옛사람이 그 십자가에서 함께 죽은 것입니다. 그리고 나는 이 믿음으로 말미암아 새 사람을 입은 것입니다. 새로운 피조물이 된 것입니다. 할렐루야. 여기서 십자가에 못 박혀 죽은 우리의 옛사람은 죄의 몸입니다. 이것은 다른 말로 하면 우리의 죄를 이루는 정욕과 탐심을 말합니다. 우리는 이것을 십자가에 못 박았습니다. 갈라디아서 6:12절에서 바울은 이렇게 말합니다. **"그리스도 예수의 사람들은 육체와 함께 그 정욕과 탐심을 십자가에 못 박았느니라"** 우리는 이미 이런 죄에서 떠난 사람입니다.

그럼에도 불구하고 아직도 이런 정욕과 탐심이 내게 있는 것은 내게 남겨두신 죄성(罪性) 때문입니다. 그러나 하나님께서는 이것조차 이기고 승리하기를 원하십니다. 이것을 온전히 버리기를 원하십니다. 이것이 자기 부인입니다. 기도와 의로운 행실과 성령으로 말미암아 이것을 극복하시기를 주의 이름으로 기원합니다.

② 다음은, 자기 십자가를 지고 가는 믿음이 있어야 합니다. 예수님께서는 어느 날 제자들에게 이렇게 말씀하셨습니다. (마 16:24)**"누구든지 나를 따라오려거든 자기를 부인하고 자기 십자가를 지고 나를 따를 것이니라"** 이 믿음은 그리스도께서 나를 위하여 고난당하신 것처럼(십자가에 달리신 것처럼), 나도 이제부터 그리스도를 위하여 살겠다고 다짐하는 믿음입니다. 즉 그리스도와 그가 사랑하시는 영혼들을 위하여 희생을 각오하는 믿음을 말합니다. 이 믿음으로 많은 성도들이 그리스도의 복음을 위하여 순교했습니다. 많은 성도들이 이웃을 위하여 희생했습니다. 지금도 많은 성도들이 노도의 물결처럼 이런 희생의 험한 길을 걸어갑니다. 어떤 분은 몸으로, 어떤 분은 자기에게 주신 재능으로, 어떤 분은 물질로 자기 십자가를 지고 오늘도 묵묵히 찬송하며 걸어갑니다. 아멘!

번제단의 기도는 '나를 드리는 기도'입니다. 이 기도는 이사야서 6:8절의 기도에서 출발합니다. **"내가 또 주의 목소리를 들은즉 이르시되 내가 누구를 보내며 누가 우리를 위하여 갈꼬 그 때에 가로되 내가 여기 있나이다 나를 보내소서"**

이사야가 '**나를 보내소서**'라고 자청한 시대는 유다 최악의 왕 므낫세 시대였습니다. 그 당시 택한 백성 유다 사람들이 얼마나 악했는가에 대하여서는 하나님께서 이사야서 5:18-23절을 통해서 친히 말씀하십니다. 이들은 거짓을 통해서 죄악을 저지르고 다녔으며(18절), 하나님을 조롱하였고(19절), 악을

이사야의 순교

선하다 하고 선을 악하다고 말했습니다(20절). 스스로 지혜롭고 명철하다고 생각했고(21절), 술로 방탕하게 지냈으며(22절), 뇌물을 받고 악인을 의롭다 말했습니다(23절). 심지어 므낫세 왕을 위시해서 권력자와 백성들은 더 잘 살기 위한다는 구실로 자기들의 어린 아들들을 우상에게

바쳐 죽이기까지 했습니다.

결국 이사야 선지자는 이런 망령된 사람들, 하나님을 알지 못하는 왕과 백성들 가운데에 가서 그들의 악을 지적하고 책망하는 사역을 자청한 것입니다. 그래서 이사야 선지자의 '**나를 보내소서**'라는 요청은 '**제가 죽는 데까지 가겠습니다**'라고 결단의 기도를 한 것입니다. 결국 이사야 선지자는 므낫세 왕에 의해서 톱으로 켜는 형벌로 장렬하게 순교했습니다. 주의 이름을 위해서 자기를 드린 것입니다. 이것이 번제단의 기도입니다. 자기를 희생하는 기도입니다.

그리스도께서 십자가에서 죽으시고 부활하셔서 승천하신 이후, 2천년 동안 수많은 이사야들이 번제단의 기도를 드리고 세상을 향하여 복음을 들고 나갔습니다. 그들은 모두 '**주여, 내가 여기 있사오니 나를 보내소서**' 하면서 세상으로 나가서 주의 이름을 전했습니다. 그리고 장렬하게 죽어갔습니다. 자신을 위해서 죽으셨던 그리스도를 위하여 죽음을 자청한 것입니다. 그들이 부르는 찬양이 생각납니다.

"주님 내가 여기 있사오니 나를 보내소서 / 나의 맘 나의 몸 주께 드리오니 주 받으옵소서 / 주님 내가 여기 있사오니 나를 써 주소서 / 가진 것 모두 다 주께 드리오니 주 받으옵소서 / 할렐루-야 할--렐-루-야 / 할렐루-야 ---- 할-렐루야"

사랑하는 여러분, 이런 선지자나 선교사들만 이렇게 기도하는 것일까요? 어떤 특별한 은혜나 은사를 받은 성도들만 이런 번제단의 기도를 드리는 것일까요? 결코 아닙니다. 번제단의 기도는 그리스도의 희생을 믿고 구원에 이른 성도들은 누구나 이 기도를 드려야 합니다. 왜냐하면 성막(방주)에 들어가려면 반드시 번제단을 거쳐야 하기 때문입니다. 이제 곧 이 땅에 사는 모든 성도들이 이 기도를 통해서 장렬하게 순교하는 시간이 다가오고 있습니다. 그것은 바로 7년 대환란의 때(계 7장)입니다. 준비하십시오.

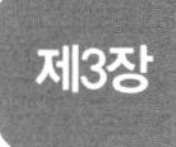

물두멍
(洗濯盆)

성결론(生水)

† 요한복음 4, 5장 †

물두멍에 대한 설명

출 29:4-5

"4 너는 아론과 그 아들들을 회막문(성막뜰에 있는 물두멍을 말함)으로 데려다가 ①물로 씻기고(온몸) 5 의복을 가져다가 아론에게 속옷과 에봇 받침 겉옷과 에봇을 입히고 흉패를 달고 에봇에 공교히 짠 띠를 띠우고 6 그 머리에 관을 씌우고 그 위에 성패를 더하고 7 관유를 가져다가 그 머리에 부어 바르고"

출 30:17-21

"17 여호와께서 모세에게 일러 가라사대 18 너는 물두멍을 놋으로 만들고 그 받침도 놋으로 만들어 씻게 하되 그것을 회막(성소를 말함)과 단 사이에 두고 그 속에 물을 담으라 19 아론과 그 아들들이 그 두멍에서 ②수족을 씻되 20 그들이 회막에 들어갈 때에 물로 씻어 죽기를 면할 것이요 단에 가까이 가서 그 직분을 행하여 화제를 여호와 앞에 사를 때에도 그리할지니라 21 이와 같이 그들이 그 수족을 씻어 죽기를 면할찌니 이는 그와 그 자손이 대대로 영원히 지킬 규례니라"

성막의 동문(東門)으로 들어서서 번제단(燔祭壇)을 지나면 세 번째 기구인 물두멍(洗濯盆)을 만나게 됩니다. 물두멍은 놋으로 만들었습니다. 이것은 하나님의 명령입니다. 물두멍은 항상 물로 가득 채워져 있어야 합니다. 이렇게 물로 채워진 물두멍에서는 두 가지의 일이 행해집니다. 첫 번째 일은 아론과 그 아들들이 제사장으로서의 위임을 받기 위하여 여기서 ① 온몸을 씻는 일(목욕)입니다. 그 후 제사장으로 위임받는 아론의 자손들은 누구든지 여기서 온 몸을 씻어야 했습니다. 두 번째 일은 제사장들이 성소(聖所)에 들어갈 때와 화제를 드릴 때에 반드시 여기에서 ②수족(手足)을 씻는 일입니다. 만약에 수족을 씻지 않고 성소에 들어가거나, 화제를 드리면 죽는다고 하나님께서 말씀하셨기 때문입니다. 이와 같은 물두멍은 우리에게 "성결(聖潔)의 속죄"와 "성화(聖化)"의 교훈을 가르쳐줍니다. 즉 하나님 앞에는 어떤 사람도 죄의 더러움을 갖고는 나아갈 수 없다는 뜻입니다.

1. 물두멍은 자기 모습을 보는 거울입니다: 놋거울

(출 38:8)"그가 놋으로 물두멍을 만들고 그 받침도 놋으로 하였으니 곧 회막문에서 수종드는 여인들의 거울로 만들었더라"

물두멍은 놋으로 만들었습니다. 그런데 특이한 것은 놋은 놋이되, 회막문(성막의 뜰)에서 수종(隨從)드는 여인들이 거울로 사용하던 놋으로 만들었습니다. 놋으로 만들라는 것은 하나님의 명령이었지만, 여인들이 헌물로

내놓은 놋거울로 물두멍을 만들라고 명령한 것은 모세였습니다. 모세가 그렇게 명령한 것은 물두멍이 거울의 기능과 연결되어 있다는 것을 내비친 것입니다. 여인들이 쓰던 놋 거울로 만든 물두멍은 반들거리고 반짝였고 사람들의 모습을 그대로 비춰주고 있었습니다. 그래서 제사장들이 수족을 씻기 위하여 그 앞에 갔을 때 가장 먼저 눈에 들어오는 것은 반짝거리는 거울에 비친 자신의 모습입니다. 물두멍만 거울 노릇을 한 것이 아니라, 이번에는 물을 뜨려고 할 때에 그 물에 비친 자신의 모습을 다시 한 번 보게 됩니다. 그러니까 놋그릇에 비친 자신의 모습을 보고, 그릇에 담긴 물에 비친 자신의 모습을 다시 한 번 보게 된다는 뜻입니다. 이때 제사장들은 자신의 겉사람의 모습을 보면서 아울러 자신의 내면의 모습을 생각하게 됩니다. 즉 물두멍은 자신의 속사람을 들여다보는 영혼의 거울입니다. 영혼의 거울은 곧 하나님의 말씀이라고 할 수 있는데, 이 영혼의 거울을 들여다보면 거기에 자신의 잘못된 부분들이 또렷하게 보입니다. 제사장들은 이런 모습을 하루에도 여러 번 반복해서 보게 되었습니다.

2. 물두멍은 몸과 수족을 씻는 곳입니다: 물

(출 29:4)"너는 아론과 그 아들들을 회막문으로 데려다가 물로 씻기고(온몸)"
(출 30:19)"아론과 그 아들들이 그 두멍에서 수족을 씻되"

물두멍은 무엇보다도 제사장들이 몸을 씻고, 수족을 씻는 곳입니다.

거기서 씻지 않으면 제사장으로서 위임(委任)도 안 되고, 성소(聖所)에도 들어가지 못하고, 화제(火祭)도 드릴 수 없습니다. 왜 이렇게 수족을 성소에 들어갈 때마다 씻어야 할까요? 그것은 오직 하나

님의 명령이기 때문입니다. 그렇다면 하나님께서는 왜 이렇게 씻는 것을 강조하셨을까요? 그것은 하나님 앞에 나아갈 때에는 정결해야 하기 때문입니다. 제사장으로서 위임을 받을 때에 물두멍의 물(생수)로 온 몸을 씻지 않으면 하나님 앞에 나아갈 수 없습니다. 제사를 통해서 하나님 앞에 나아갈 때에 물두멍의 물로 미리 수족을 씻지 않으면 죽을 수도 있습니다. 성소에 들어가서 촛대에 불을 붙이거나 끌 때에 반드시 수족을 씻어야 합니다. 성소에 들어가서 떡상에 있는 떡을 설치하거나 정리하거나 또는 먹을 때에 반드시 수족을 씻어야 합니다. 또 향단(香壇)에 향을 사를 때에 미리 물두멍에 있는 물로써 수족을 씻어야 합니다. 이처럼 물두멍은 성막에서 씻는 역할을 하게 됩니다. 그곳은 제사장의 몸과 수족을 씻는 곳입니다.

3. 물두멍은 헌신의 자리입니다: 여인들의 거울

(출 38:8)"…곧 회막문에서 수종드는 여인들의 거울로 만들었더라"

성막을 만드는 데에는 놋이 70달란트 2,400세겔이 들어갔습니다. 이

것은 오늘날의 무게로 따지면 3,035kg, 곧 3톤이 넘는 큰 물량입니다. 이 중에서 물두멍을 만드는데 얼마의 놋을 사용하였는지는 알 수 없습니다. 그러나 우리가 알 수 있는 것은 여기 있는 물두멍은 성막에서 수종 드는 여인들이 사용하던 놋거울로 만들었다는 것입니다. 그런데 처음 모세가 하나님께로부터 성막을 만들라는 명을 받은 출애굽기 30장에 보면, 하나님께서는 성막에서 수종드는 여인들의 거울을 받아서 물두멍을 만들라는 말씀을 하시지 않았습니다. 또 모세의 말을 듣고 백성들이 온갖 물품들을 드린 출애굽기 35장에도 보면, 성막에서 수종 드는 여인들이 거울을 드렸다는 별도의 기록이 없습니다. 아마도 놋을 받는데 섞여서 무게를 달았을 것으로 보입니다.

이렇게 볼 때, 하나님의 명령이나 모세의 부탁이 특별히 없었는데도 불구하고 성막에서 수종 드는 여인들이 자기들끼리 모여서 특별한 헌신의 작정을 한 것으로 추정할 수 있습니다. 그리고 이 여인들이 함께 모아서 드린 놋 거울에 대하여 모세에게 보고가 되었고, 그것은 다른 놋들과 구별하여 보관되었던 것 같습니다. 모세는 가장 소중한 것을 바친 여인들의 헌신에 합당한 것이 무엇인가를 생각했을 것입니다. 그리고 그것으로 물두멍을 만들게 했습니다. 예를 들어 우리가 예배당을 지을 때, 여전도회에서 회원의 뜻을 모아서 헌금하고, 목사님이 그들의 뜻을 생각하여 대형 거울을 사서 본당 입구에 걸어두는 것과 같다고 할 수 있습니다.

　성막에서 수종 들던 여인들은 이처럼 그들에게 있어서 가장 소중한 것을 하나님께 드렸습니다. 누구보다도 귀한 헌신을 한 것입니다. 하나님이 이것을 기쁘게 받으셨고, 모세가 이것을 기뻐하여 그들의 뜻에 가장 적합한 물두멍을 이것으로 만들게 한 것입니다. 하나님께 헌신하는 여인들은 자기들이 소중히 여기며 몸단장을 하던 거울을 하나님께 드려서 모든 사람들의 영혼을 단장하는 거룩한 영혼의 거울, 곧 회개의 장소, 성결의 물두멍을 만들게 하였습니다. 이 얼마나 아름답고 귀중한 헌신입니까. 이 얼마나 거룩하고 감격스러운 여인들의 작정입니까. 이 여인들은 자기 혼자만 들여다보던 거울을 드려서 만민이 모두 들여다 볼 수 있는 영혼의 거울, 물두멍을 만들게 하였습니다. 이 특별한 헌신을 모세가 무척 기뻐하고 크게 축복하였을 것입니다. 이 소중한 헌신을 하나님이 매우 즐거워하시고 복에 복을 더하셨을 것입니다. 이와 같이 물두멍은 아름다운 헌신의 자리입니다.

하나님의 어린양 예수 그리스도께서는 십자가에서 물과 피를 다 흘리시고 죽으셨습니다. 그분의 죄 때문이 아니라 우리 인류의 죄를 대신 속하시려고 그렇게 죽으신 것입니다. 예수님은 십자가에서 남김없이 물과 피를 흘리셨습니다. 거룩하신 하나님 아들이 흘리신 물과 피는 온 인류의 죄를 다 씻기에 충분하고도 남을 정도입니다. 마치 물두멍의 물로써 제사장들의 몸과 수족(手足)을 씻는 것과 마찬가지로 우리는 십자가 앞에 나가서 그가 흘리신 보혈로 우리의 죄와 허물을 씻어야 합니다. 이미 살펴본 대로 놋으로 만든 물두멍은 우리 자신을 돌아보는 거울이요, 씻어서 성결케 하는 자리요, 헌신의 자리였습니다. 이처럼 성막의 물두멍은 그리스도를 드러냅니다.

1. 그리스도의 십자가는 우리 자신의 모습을 보는 거울입니다

(롬 6:6)"우리가 알거니와 우리의 옛 사람이 예수와 함께 십자가에 못 박힌 것은 죄의 몸이 죽어 다시는 우리가 죄에게 종노릇하지 아니하려 함이니"

(갈 5:24)"그리스도 예수의 사람들은 육체와 함께 그 정욕과 탐심을 십자가에 못 박았느니라"

우리는 그리스도의 십자가를 통해서 우리의 옛사람의 모습을 들여다볼 수 있습니다. 왜냐하면 그리스도께서 달리신 십자가에 우리의 옛사람이 함께 달렸기 때문입니다. 우리 옛사람의 모습은 여러 가지 죄와 허물로 뒤덮인 모습입니다. 예수님의 십자가 옆에 달린 두 강도의 모습이 곧 우리의 모습입니다. 그 모습 속에서 우리는 지금의 내 모습을 다시한 번 살펴보게 됩니다. 즉 십자가는 우리의 생각의 거울이요, 우리 행위의 거울이요, 우리 영혼의 거울입니다. 물두멍이 우리의 생각과 행실을 들여다보는 영적 거울이었던 것처럼, 그리스도께서 심판 받으신 십자가는 우리의 죄와 허물을 생각나게 하는 때 묻지 않은 정결한 거울입니다. 죄를 생각하게 하는 영적 거울이요, 우리의 행위를 바르게 하는 행위의 거울이요, 영혼을 맑게 하는 성결의 거울입니다. (약 1:23-24)**"누구든지 도를 듣고 행하지 아니하면 그는 거울로 자기의 생긴 얼굴을 보는 사람과 같으니 제 자신을 보고 가서 그 모양이 어떠한 것을 곧 잊어버리거니와"** 어떤 사람이 거울로 자기의 몰골이 더럽혀진 모습을 보게 되었습니다. 그러나 그 더럽혀진 몰골을 고치기도 전에 거울 속에서 보았던 자기의 추한 모습을 금방 잊어버렸습니다. 이 비유는 말씀을 듣고 행하지 않는 사람을 두고 하신 말씀입니다. 우리가 십자가를 보며 생각한 나의 죄와 허물은 바로 그 십자가 밑에서 즉시 회개하고 사죄를 받아야 합니다. 거울로 보여주신 것을 묵혀 두었다가 잊어버리는 어리석은 사람이 되어서는 안 됩니다. 십자가의 거울을 주셨으니 우리는 날마다 그 거울을 들여다보면서 정결함을 얻어야 할 것입니다.

2. 그리스도의 십자가는 몸과 수족을 씻는 곳입니다
: 회개, 성결

우리는 번제단에서 이미 모든 죄를 씻었습니다. 이제는 우리의 신분이 마귀의 종에서 하나님의 자녀로 완전히 바뀌었습니다. 이제까지 하나님과 우리 사이에 높이 쌓여 있던 담도 모두 헐렸습니다. 그래서 우리는 하나님과 화목하게 되었습니다. 우리는 하나님의 의(義)로 말미암아 의(義)를 입었고, 우리에게 쏟아질 예정이던 심판이나 형벌도 지나갔습니다. 그래서 예수님께서는 (요 15:3)**"너희는 내가 일러준 말로 이미 깨끗하여졌느니라"**고 말씀하셨습니다. 그럼에도 불구하고 우리는 또 하나님 앞에 범죄하게 됩니다. 중생했는데도 불구하고 죄를 짓게 됩니다. 우리의 마음이 아직 부패하고, 손과 발이 실수하여 죄를 짓습니다. 그래서 우리는 날마다 수족을 씻어야 합니다. 이 때문에 주님도 베드로와 제자들의 발을 씻기셨습니다. 이때 주님은 이렇게 말씀하셨습니다. (요 13:10)**"이미 목욕한 자는 발밖에 씻을 필요가 없느니라 온몸이 깨끗하니라"** 이와 같이 십자가는 물두멍처럼 날마다, 순간마다 그리스도의 피로 말미암아 수족을 씻는 성결의 자리입니다. 이것은 매우 중요합니다. 이것을 행하지 않으면 주님과 상관없어지기 때문입니다. 주님께서는 발 씻기를 거절하는 베드로에게 (요 13:8)**"내가 너를 씻기지 아니하면 네가 나와 상관이 없느니라"**고 말씀하셨습니다.

*** 구원받은 후에는 다시 회개할 필요 없는가?**

구원파라고 하는 이단 중에 다음과 같은 주장을 하는 교단이 있습니다.

'예수를 믿는 순간 죄 용서받고 의인이 되었으므로 다시는 죄인으로 여기면 안 된다', '예수님을 처음 믿을 때 한 번 회개했으면 그것으로 온전히 구원받았기 때문에 다시는 회개할 필요가 없다'는 주장입니다. 그렇기 때문에 교인들이 자꾸 회개하는 것은 스스로 자기들이 죄인이라는 것을 고백하는 것이며, 죄인인 이상 구원받지 못한 것이라고 말합니다. 그러나 이것은 성경을 제대로 이해하지 못한 잘못된 주장입니다. 어떤 면에서는 교회에 대하여 계속적으로 회개를 촉구하셨던 예수님의 권면을 정면으로 부인하는 오류라고 할 수 있습니다. 우리가 다 알다시피 회개에는 두 가지의 개념이 있습니다. 하나는 구원을 위한 단회적 회개이고, 또 하나는 구원 이후의 성화 가운데서 있어야 하는 계속적 회개입니다. 구원파는 오직 단회적 회개만 알고 계속적 회개를 모르거나 애써 부인하고 있다고 할 수 있습니다.

두 가지 회개에 대한 성경의 가르침

하나님께서는 성경 속에 단회적 회개와 계속적(반복적) 회개에 대하여 구약과 신약에서 소중한 가르침을 기록해 두셨습니다. 구약에서는 성막의 물두멍을 통해서 주시는 가르침이고, 신약에서는 예수님께서 제자들의 발을 씻기신 사건을 통해서 주시는 가르침입니다.

(1) 구약 속의 두 가지 회개의 가르침: 성막의 물두멍

성막의 물두멍은 회개를 통한 성결(聖潔)과 연결되어 있었습니다.

이 물두멍은 물론 생명수 되신 그리스도를 의미합니다. 그런데 물두멍에서는 항상 두 가지의 씻음이 있었습니다.

첫째, 단회적인 씻음: 중생의 씻음(칭의)

(출 29:4)"너는 아론과 그 아들들을 회막 문으로 데려다가 물로 씻기고"

아론의 자손들은 대대로 제사장직을 위임(委任)받게 됩니다. 일정한 나이(약 30세)가 되어 제사장직에 취임할 때에는 먼저 몸에 흠이 있는가를 검사합니다. 흠이 없으면, 제사장 옷을 입히기 전에 온몸을 씻는 의식을 행합니다. (출 29:)"너는 아론과 그 아들들을 회막 문으로 데려다가 물로 씻기고"라는 말씀은 아론과 그 아들들이 제사장 직분을 위임받을 때에 온몸을 씻는 의식을 행했다는 말씀입니다. 온몸을 물두멍의 물로 씻은 후에야 비로소 제사장의 옷을 입히고 제사장으로서의 사역을 시작할 수 있었습니다. 그래서 이 씻음은 일생(一生)에 한 번만 하는 의식입니다. 제사장으로 취임할 때에 물로써 온몸을 한 번 씻는 예식은 그리스도로 말미암은 중생의 씻음에 대한 그림자입니다. 우리가 그리스도를 믿음으로 받아들일 때(이때에 우리는 왕 같은 제사장이 된다)에 똑같은 단회적 씻음이 있음을 성경은 말씀하고 있습니다. 디도서 3:5의 **"우리를 구원하시되 우리의 행한바 의로운 행위로 말미암지 아니하고 오직 그의 긍휼하심을 좇아 중생의 씻음과 성령의 새롭게 하심으로 하셨나니"**라는 말씀입니다. 이 말씀에 보면 우리가 중생한 사건을 물두멍에서 물로써 씻음 받는 것으로 말씀하고 있습니다. 이것은 곧 중생을 위한 회개의 씻음을 말합니다. 그래서 이것은 오직 일생에 단 한 번으로 족합니다.

둘째, 계속적인 씻음: 성화의 씻음

(출 30:19)**"아론과 그 아들들이 그 두멍에서 수족을 씻되"**

제사장이 될 때에 온몸을 씻는 일 외에 물두멍에서는 또 하나의 씻음이 있었습니다. 그것은 아론과 그 아들들이 수족(手足)을 씻는 일입니다. 이 씻음은 성소(聖所)에 들어갈 때마다, 혹은 화제(火祭)를 드릴 때마다 수시로 계속해서 했던 일입니다. 곧 제사장들이 성막에서 사역을 할 때마다 계속해서 수족을 씻는 의식을 행했던 것입니다. 한 번만 씻는 것이 아니라 하루에도 몇 번이고 수족을 씻었습니다. 비록 제사장 위임식에서 온몸을 씻은 제사장이라 하더라도 하루하루 살면서 죄를 짓고, 순간순간 허물을 가질 수밖에 없습니다. 제사장은 그러면서도 백성들을 위하여 제사(예배)를 지내야 하고, 성소에 들어가서 향(기도)도 피워야 하고, 등대의 기름도 부어주어야 하며(전도, 선교), 떡상의 진설병(말씀)을 먹거나 떡을 새로 갈기도 해야 합니다. 그러기 위해서 제사장은 물두멍을 지나게 됩니다. 그때 제사장은 거기서 반드시 멈추어 서서 손과 발을 씻어야 합니다. 그러면서 그는 자기의 죄와 허물을 생각하고 회개하고 성결하게 합니다. 이것은 거의 매일 일어나는 일이요, 조석으로 일어나는 일이었습니다.

제사장이 된 이후에 수시로 씻는 이런 예식은 곧 중생의 씻음을 받아 구원에 이른 '왕 같은 제사장'들에게도 날마다의 씻음이 있어야 한다는 말씀에 대한 그림자입니다. 이 씻음은 구원받은 이후에 우리가 하나님 앞에 범하는 죄와 허물에 대하여 항상 회개하는 마음을 갖고 그리스도의 보혈로 씻어야 하는 것을 말합니다.

(2) 신약 속의 두 가지 회개의 가르침: 주님의 가르침

(요 13:9-10)"시몬 베드로가 가로되 주여 내 발뿐 아니라 손과 머리도 씻겨 주옵소서 예수께서 가라사대 이미 목욕한 자는 발밖에 씻을 필요가 없느니라 온 몸이 깨끗하니라 너희가 깨끗하나 다는 아니니라"

신약 성경 속에서도 두 가지의 씻음이 있습니다. 그것은 위의 말씀에서 보는 것처럼 예수님께서 말씀하신 '목욕'과 '발 씻음'입니다. 예수님께서 잡히시기 바로 전날 밤, 제자들과 유월절 저녁을 먹는 중에 예수님께서는 자리에서 일어나셨습니다. 그리고는 겉옷을 벗고, 수건을 가져다가 허리에 두르셨습니다. 그리고 대야에 물을 담아 제자들의 발을 씻기기 시작하셨습니다. 그러다가 예수님께서 베드로에게까지 오셨습니다. 베드로는 갑자기 아무 말도 없이 선생님이 제자들의 발을 씻기시는 것이 도무지 이해가 되지 않았습니다. 그래서 그는 자기 발을 씻기시는 것을 일단 거절했습니다. 그러자 예수님께서 **"내가 너를 씻기지 아니하면 네가 나와 상관이 없느니라"**고 말씀하셨습니다. 이에 놀란 베드로가 오히려 **"그렇다면 주여 내 발뿐 아니라 손과 머리도 씻겨 주옵소**

서”라고 요청합니다. 이때 예수님께서 참으로 중대한 말씀을 하십니다. **“이미 목욕한 자는 발밖에 씻을 필요가 없느니라 온 몸이 깨끗하니라”**고 하셨습니다. 사실 따지자면 예수님은 한 번도 제자들을 목욕시키신 일이 없었습니다. 그런데도 불구하고 한 사람을 제외하고는 열한 명의 제자들이 이미 목욕을 했다는 말씀을 하신 것입니다. 여기서 우리가 주목하는 것은 예수님께서 ‘목욕’과 ‘발 씻음’이라는 두 개의 씻음을 언급하셨고, 그것이 없으면 예수님과 상관이 없는 사람이 된다는 것입니다. 목욕하지 않은 사람(여기서는 가룟 유다)도 예수님과 상관이 없을 뿐만 아니라, 예수님께로부터 발 씻음을 받지 않는 사람도 예수님과 상관이 없다는 것입니다. 그렇다면 여기서 예수님이 말씀하시는 목욕은 무엇이고, 발 씻음은 무엇일까요?

첫째, 목욕: 중생의 씻음

(요 13:9-10)**“시몬 베드로가 가로되 주여 내 발 뿐 아니라 손과 머리도 씻겨 주옵소서 예수께서 가라사대 이미 ①목욕한 자는 ②발 밖에 씻을 필요가 없느니라 온 몸이 깨끗하니라 너희가 깨끗하나 다는 아니니라”**

예수님께서 말씀하신 목욕은 분명히 중생의 씻음, 곧 구원을 위한 회개를 염두에 두시고 하신 말씀에 틀림없습니다. 왜냐하면 위의 말씀에서 이어지는 11절에서 온 몸이 깨끗지 아니한 자 곧 구원을 위한 회개가 없었던 자가 바로 가룟 유다임을 사도 요한이 밝히고 있기 때문입니다. (요 13:11)**“이는 자기를 팔 자가 누구인지 아심이라 그러므로 다는 깨끗지 아니하다 하시니라”** 가룟 유다를 제외한 나머지 열한 명의 제자들은 모두 깨끗한 자 곧 목욕을 한 자들이었습니다. 즉 중생의 회개를 한 제자들이었습니다. 이들은 과연 무엇으로 목욕을 했을까요? 그것은 곧 주님의 말씀입니다. 요한복음 15:3에 보면 **"너희는 내가 일러준 말로 이미 깨끗하였으니 내 안에 거하라 나도 너희 안에 거하리라"**고 주님이 목욕이 무엇인가에 대하여 다시 한 번 말씀하셨기 때문입니다.

그렇다면 참으로 의문이 생깁니다. 가룟 유다도 다른 열한 명의 제자들과 함께 예수님을 삼 년씩이나 따라다니면서 모든 말씀을 함께 들었는데 어째서 가룟 유다만 같은 말씀을 갖고 목욕을 못 했을까요? 여기서 우리는 주님의 말씀을 단순히 듣는 것만으로는 목욕할 수 없다는 것을 알 수 있습니다. 또 듣고 일시적으로 회개한 것만 갖고도 거듭날 수 없다는 것을 알 수 있습니다. 왜냐하면 마태복음 13장의 씨 뿌리는 밭의 비유에서 두 부류의 사람들(돌밭과 같은 마음을 가진 사람들과 가시떨기와 같은 마음을 가진 사람들)은 말씀을 즉시 기쁨으로 받지만(즉 회개하였지만) 뿌리가 없고, 또 환난이나 핍박 또는 세상의 염려나 재리의 유혹이 오면 곧 넘어진다고 말씀하고 있기 때문입니다. 특히 주님의 말씀 중에서 **"이미 목욕한 자는 발밖에 씻을 필요가 없느니라"**고 하신 말씀에 우리는 주목해야 합니다. 주님의 이 말씀은 목욕은 반복적인 씻음이 아니라는 것입니다. 한 번으로 족한 씻음 곧 중생을 위한 회개를 의미한다는 것입니다.

둘째, 발 씻음: 날마다의 회개

(요 13:8)"베드로가 가로되 내 발을 절대로 씻기지 못하시리이다 예수께서 대답하시되 내가 너를 씻기지 아니하면 네가 나와 상관이 없느니라"

베드로는 참으로 재미있는 제자였습니다. 다른 제자들은 이해할 수 없으면서도 주님께서 하시는 대로 주님 앞에 발을 내밀었는데, 베드로는 그렇게 하지 않았습니다. 그 때문에 참으로 성경 속에서 매우 중요한 교훈을 얻게 된 것입니

김용성 그림

다. 이로 인하여 우리는 주님께서 말씀하신 목욕이 중생의 회개임을 알게 되었고, 발 씻음은 구원 이후에 날마다의 성화 과정 속에서 있게 되는 반복적이고 계속적인 회개임을 알게 된 것입니다.

우리는 이미 하나님의 은혜로 말미암아 의인으로 칭함을 받았지만, 아직 성화의 과정에 있으므로 얼마든지 육체의 소욕을 좇아갈 수 있습니다. 그래서 우리는 날마다의 믿음의 삶 속에서 더러워진 발을 씻기 위하여 주님 앞에 우리의 발을 내밀어야 합니다. 그러나 주님 앞에 발을 내미는 것을 부인하거나 거부하는 자들은 예수님의 말씀대로 **"주님과 상관없는 자들"**(요 13:8)임에 틀림없습니다. 이것을 모든 성도들은 명심해야 합니다. 바로 이 때문에 구원 이후에 회개할 필요가 없다는 구원파 어떤 교단의 주장은 모든 성도들을 예수님과

상관없는 자로 만들려고 미혹하는 참으로 이단적인 주장입니다.

* 성결의 필요성

(요일 1:9)"만일 우리가 죄를 자백하면 저는 미쁘시고 의로우사 우리 죄를 사하시며 모든 불의에서 우리를 깨끗케 하실 것이요"

하나님은 거룩하신 분입니다. 그래서 하나님은 항상 자기 백성이 거룩하고 깨끗하기를 바라십니다. 하나님의 이러한 요구가 성막에서는 번제단이요 물두멍이었습니다. 이러한 하나님의 요구는 신약에 들어와서도 여전히 강조됩니다. 요 17:17에서 주님은 **"저희를 진리로 거룩하게 하옵소서 아버지의 말씀은 진리니이다"**라고 아버지께 기도하셨습니다. 이처럼 성경은 우리가 성결해야 할 것, 즉 거룩하고 깨끗해야 할 것을 요구하고 있습니다. 왜 성경은 계속해서 우리의 삶이 거룩하고 깨끗하기를 요구할까요? 여기에는 세 가지의 이유가 있습니다.

첫째, 하나님 앞에 담대히 나가기 위해서입니다.

(약 4:8)**"하나님을 가까이 하라 그리하면 너희를 가까이 하시리라 죄인들아 손을 깨끗이 하라 두 마음을 품은 자들아 마음을 성결케 하라"**

(시 24:3-4)**"여호와의 산에 오를 자 누구며 그 거룩한 곳에 설 자가 누군고 곧 손이 깨끗하며…"**

손이 깨끗한 자만이 오직 하나님의 성산에 올라가서 하나님을 가까이할 수 있습니다. 마음을 성결케 한 자만이 하나님 앞에 담대히 나갈 수 있습니다. 이것은 복(福) 중의 복(福)입니다. 오직 물두멍에서 매일 수족을 씻는 자만이 가능합니다. 말씀으로 매일같이 자신의 마음을 성결케 한 자만이 가능합니다.

둘째, 능력을 얻게 되기 때문입니다.

(욥 17:9)**"그러므로 의인은 그 길을 독실히 행하고 손이 깨끗한 자는 점점 힘을 얻느니라"**

손이 깨끗한 자는 힘을 얻게 됩니다. 즉 능력을 얻게 됩니다. 왜냐하면, 거리끼는 것이 없기 때문입니다. 무엇보다도 하나님과 항상 가까이할 수 있기 때문입니다. 하나님은 이런 사람에게 놀라운 은사도 주시고 능력도 행하게 하십니다.

셋째, 하나님의 상급이 있기 때문입니다.

(삼하 22:21, 25)**"여호와께서 내 의를 따라 상주시며 내 손의 깨끗함을 좇아 갚으셨으니… 그러므로 여호와께서 내 의대로 그 목전에 내 깨끗한대로 내게 갚으셨도다"**

하나님께서는 원수까지도 하나님께 맡기고 오직 하나님의 말씀대로 깨끗하게 행한 다윗에게 많은 상급을 주셨습니다. 그의 생명을 보전하시고, 왕위를 주시며, 많은 재물도 주셨고, 모든 위험에서 건져주셨습니다. 물두멍은 우리의 영혼을 들여다보는 거울이며, 그로 인해 우리를 정결케 하는 하나님의 말씀입니다. 말씀을 읽고 묵상하고 설교로 듣고, 그것을 내 마음과 행위의 거울로 삼아 날마다 순간마다 회개하고 깨끗이 행해야 할 것입니다. 이것이 하나님 앞에 참으로 복되고 복된 삶입니다. 아멘!

3. 그리스도의 십자가는 헌신(섬김)의 자리입니다

성막의 뜰에 있던 물두멍이 헌신의 자리, 섬김의 자리였던 것처럼, 그리스도의 십자가 역시 헌신의 자리, 섬김의 자리입니다.

① 우리를 위한 그리스도의 헌신

(막 10:45)"인자의 온 것은 섬김을 받으려 함이 아니라 도리어 섬기려 하고 자기 목숨을 많은 사람의 대속물로 주려 함이니라"

(요 13:13-16)"13 너희가 나를 선생이라 또는 주라 하니 너희 말이 옳도다 내가 그러하다 14 내가 주와 또는 선생이 되어 너희 발을 씻었으니 너희도 서로 발을 씻어 주는 것이 옳으니라 15 내가 너희에게 행한 것 같이 너희도 행하게 하려 하여 본을 보였노라 16 내가 진실로 진실로 너희에게 이르노니 종이 주인보다 크지 못하고 보냄을 받은 자가 보낸 자보

다 크지 못하나니 17 너희가 이것을 알고 행하면 복이 있으리라"

먼저 그리스도께서 우리를 위하여 헌신하셨습니다. 예수님께서는 우리의 왕이시오, 주인이시오, 또 선생이십니다. 그럼에도 불구하고 제자들의 몸을 씻겨 주시고(목욕), 또 발을 씻겨주셨습니다. 지금은 우리의 몸도 씻겨주셨고, 날마다 우리의 발까지도 씻겨주십니다. 그리스도께서는 우리를 씻기는 생수(生水)가 되시기 위하여 스스로 자신의 몸을 내어주셔서 십자가에서 피 흘려 죽으셨고(헌신), 또 같은 피로 날마다 우리를 씻겨 주십니다(섬김).

② 그리스도를 위한 우리의 헌신

(갈 2:20)"내가 그리스도와 함께 십자가에 못 박혔나니 그런즉 이제는 내가 산 것이 아니요 오직 내 안에 그리스도께서 사시는 것이라 이제 내가 육체 가운데 사는 것은 나를 사랑하사 나를 위하여 자기 자신을 버리신 하나님의 아들을 믿는 믿음 안에서 사는 것이라"

(마 16:24)"누구든지 나를 따라오려거든 자기를 부인하고 자기 십자가를 지고 나를 따를 것이니라"

(요 13:16)"내가 너희에게 행한 것 같이 너희도 행하게 하려 하여 본을 보였노라"

우리를 위하여 섬기시고 헌신하신 그리스도께서 이번에는 우리를 향하여 "내가 먼저 본을 보였으니, 이제는 ①너희도 자기 십자가를 지고 나를 따르라. 또 ②내가 너희를 위하여 섬긴 것처럼 너희도 서로 섬기라"
고 하십니다. 주님의 말씀대로 우리는 먼저 우리에게 주어진 십자가를 짐으로써 주님을 섬겨야 합니다. 아울러서 우리는 같은 십자가를 지고 주님께서 우리에게 본을 보이신 것처럼 이웃을 섬겨야 합니다. 이처럼 성막의 물두멍이 헌신의 자리였던 것처럼, 그리스도의 십자가는 우리를 위한 헌신의 자리였습니다. 이제는 성막에서 수종을 들던 여인들처럼 우리가 각자의 십자가를 지고 그리스도와 이웃을 위하여 헌신할 차례입니다. 아멘.

성막의 물두멍이 의미하는 모든 것이 요한복음 4장과 5장에 그대로 말씀으로 기록되어 있습니다. 성막의 물두멍은 그림자요, 요한복음 4장과 5장에서 말씀하는 실체는 성결을 통한 구원과 치료입니다. 그래서 물두멍이 성결론(聖潔論)을 말하는 것처럼, 요한복음 4장과 5장도 성결론(聖潔論)을 말씀하고 있습니다.

1. 물두멍의 제사장 위임식 = 목욕(구원) = 요한복음 4장

물두멍은 물을 담는 큰 그릇입니다. 거기에는 항상 물이 가득 들어 있습니다. 그래서 물두멍은 항상 씻는 것과 관련이 있습니다. 그런데 물두멍에서 씻어야 하는 일은 이미 우리가 알고 있는 것처럼 두 가지입니다. 하나는 온몸을 씻는 것(목욕)과 또 하나는 수족(手足)을 씻는 일입니다.

요한복음 4장은 예수님께서 제자들을 통해서 세례를 주시는 말씀으로 시작됩니다. 그리고 곧장 예수님께서 유대에서 갈릴리로 가시다가 사마리아 수가성에 있는 야곱의 우물가에서 물을 길려고 오는 한 여인을 만나는 장면을 소개합니다. 이때 주님께서는 이 여인에게 생수(生水, 물)에 관한 말씀을 하시면서 이것을 마시는 사람들은 모두 영생(永生)을 얻는다고 하셨습니다. (요 4:13-14)**"예수께서 대답하여 가라사대 이 물을 먹는 자마다 다시 목마르려니와 내가 주는 물을 먹는 자는 영원히 목마르지 아니하리니 나의 주는 물은 그 속에서 영생하도록 솟아나는 샘물이 되리라"**

육신적인 목마름에서 시작된 예수님과 사마리아 여인과의 대화는 어느덧 생수와 영생으로 이어졌고, 다시 여인의 실상에 대한 예지(豫知)적 말씀과 예배에 대한 말씀으로 이 여인은 예수님께서 '그리스도'이심을 깨닫게 됩니다. 그러자 이 여인은 즉시 물동이를 버려두고 동네로 들어가서 **"와 보라, 여기에 그리스도가 계시다"**라고 외쳤습니다. 온 동네 사람이 모인 가운데 예수님께서 이틀 동안 이들에게 말씀을 전하셨습니다. 결국 사마리아 사람들은 이렇게 말합니다. (41-42절)**"예수의 말씀을 인하여 믿는 자가 더욱 많아 그 여자에게 말하되 이제 우리가 믿는 것은 네 말을 인함이 아니니 이는 우리가 친히 듣고 그가 참으로 세상의 구주신 줄 앎이니라 하였더라"** 결국 사도 요한은 예수님께서 말씀하신 **'영생하도록 솟아나는 샘물(생수)'**이 '주님의 말씀'임을 증거하고 있습니다.

사도 요한은 여기서 한 발 더 나가서 갈릴리 가나에 사는 어떤 왕의 신하의 아들을 말씀으로 고치시는 사건을 소개하고 있습니다(46절-54절).
왕의 신하는 **'부디 내려오셔서 내 아들의 병을 고쳐주소서'**라고 말씀하셨지
만, 예수님께서는 그 신하의 집에 가시지 않고 **'가라 네 아들이 살았다'**는
말씀으로 고쳐주셨습니다. 이 사건을 통해서 사도 요한이 우리에게 주
고자 한 의미는 그리스도의 말씀과 구원입니다. 그리고 그 말씀은 영생
하도록 솟아나는 생수요 샘물입니다. 이에 대하여 사도 요한은 13장과
15장에서 이것을 다시 확증합니다. 즉 제자들의 발을 씻기는 장면에서
(13:10)**"이미 목욕한 자는 발밖에 씻을 필요가 없느니라 온 몸이 깨끗하니라
너희가 깨끗하나 다는 아니니라"**고 하셨고, 15장 포도나무 비유에서는 **'너
희는 내가 일러준 말로 이미 깨끗하였으니'**라고 말씀하셨습니다.

　결국 물두멍의 첫 번째 역할이 물 ⋯▸ 목욕 ⋯▸ 구원(영생)의 구도(構圖)
를 우리에게 보여준 것 같이, 요한복음 4장도 물(생수) ⋯▸ 목욕(세례) ⋯▸
구원(영생)의 똑같은 구도(構圖)를 우리에게 보여주고 있다는 것을 깨닫
게 됩니다.

2. 물두멍의 제사장 사역 = 수족 씻음(회개) = 요한복음 5장

　물두멍에서 일어나는 두 번째 일은 제사장들이 하루에도 몇 번씩 이
물두멍에서 수족을 씻는 일입니다. 제사장들은 화제(火祭)를 드릴 때와
성소에 들어갈 때에 반드시 손과 발을 이 물두멍에서 씻어야 했습니다.

이것은 우리에게 날마다 회개가 필요함을 가르친다는 것을 우리는 이미 알고 있습니다.

　요한복음 5장은 베데스다 연못에서 38년 된 병을 고침 받으려는 어떤 죄인에 대한 이야기로 시작됩니다. 사도 요한은 이 사건을 소개하기 전에 유월절(혹은 부림절)을 말합니다. 또 그 날이 안식일임을 말합니다(9절). 예수님 사역 기간 중에 두 번째 맞는 유월절입니다. 예루살렘 양문 곁에 베데스다(자비의 집)라는 연못(물)이 있는데, 거기에는 많은 병자 소경 절뚝발이 혈기 마른 자들이 누워서 못에 있는 물이 움직이는 것을 기다리고 있었습니다. 그 이유는 연못의 물이 움직일 때에 먼저 물에 들어가는 사람이 고침을 받기 때문이었습니다. 이렇게 무한정 기다

리는 병자들 중에 그 병이 38년이나 된 사람이 있었습니다. 14절에 보면, 이 사람의 병은 죄로 말미암아 얻은 병임을 알 수 있습니다. 예수님께서는 바로 이 사람에게 다가가서서 **"네가 낫고자 하느냐"**고 물으셨습니다. 이렇게 물으셨다는 것은 이미 그의 죄를 용서하시고, 그를 고쳐주시려고 작정하셨음을 의미합니다. 그래서 예수님께서는 (14절)**"보라 네가 나았으니 더 심한 것이 생기지 않게 다시는 죄를 범치 말라"**고 당부하셨습니다. 즉 택함 받은 이스라엘 백성이 일상생활에서 범하게 되는 죄에 대하여 주의(注意)를 주신 것입니다. 결국 물두멍의 두 번째 역할이 물 ··· 씻음 ··· 회개의 구도를 보여준 것처럼, 요한복음 5장도 똑같이 물(연못) ··· 씻음 ··· 회개의 구도를 보여주고 있습니다. 이처럼 물두멍과 요한복음 5장은 분명히 연관을 갖고 있으며, 그것은 성막의 물두멍이 의미하는 것을 사도 요한이 복음서 5장에서 자세히 말씀으로 기록했다는 것을 알 수 있습니다.

성막의 첫 번째 기구인 동문이 주는 믿음은 '신앙고백적인 믿음'이었습니다. 즉 구원에 이르는 믿음이 동문이 주는 믿음의 모습이었습니다. 그러나 두 번째 기구인 번제단이 주는 믿음은 사랑을 동반한 '섬기는 믿음'이었습니다. 이 믿음은 희생을 의미하는 '십자가를 지는 믿음'이라고 할 수 있습니다. 이 믿음은 동문의 믿음을 통해서 구원받은 사람이 이제부터 그리스도와 함께 섬김에 동참하는 믿음이었습니다. 세 번째 기구인 물두멍이 주는 믿음은 '거룩한 백성으로서의 믿음'이라고 할 수 있습니다.

1. 거룩한 백성으로서의 믿음

우리가 그리스도를 만나기 전에는 모두가 '죄인(罪人)'이었습니다. 신분(身分)상으로도 완전한 '죄인'이었고, 상태(狀態)로 봐서도 어찌할 수 없는 완전한 '죄인'의 상태에 있었습니다. 그러나 우리가 그리스도를 만나서 그를 믿고 구원에 이르렀을 때에 우리의 신분은 의인(義人)으로 바뀌었고, 우리의 상태도 정결하여졌습니다. 우리가 죄인이었을 때에 우리는 마귀의 종이요, 마귀의 자식이었지만, 우리가 그리스도를 만나 그를 나의 왕이요 나의 목자요 나의 주인으로 믿고 따르자 우리는 그때부터 하나님의 자녀요 거룩한 백성 (聖民)이 되었습니다. 이제는 죄와 상관없는 사람들이 되었고, 마귀와 상관 없는 사람들이 되었습니다. 하나님의 허락이 없이는 마귀가 우리의 머리카 락 한 올도 건드릴 수 없게 되었습니다. 우리는 하나님의 거룩한 나라요, 왕 같은 제사장이 된 것입니다. 이렇게 변화된 우리의 위치를 하나로 칭한다면 그것은 '하나님의 자녀' 또는 '거룩한 백성(聖民)'이라고 말할 수 있습니다.

　그렇습니다 여러분, 우리에게 이 믿음이 반드시 필요합니다. 어떤 분은 이것을 '성민(聖民)으로서의 자부심'이라고까지 말합니다. 우리에게는 거 룩한 백성으로서의 자부심, 거룩하신 하나님의 자녀로서의 자부심이 반 드시 필요합니다. 이런 자부심은 죄인들을 얕잡아 보는 교만에서 나온 자부심이 아니라, 거룩한 백성 거룩한 자녀라는 의로움과 정결함과 고귀 함을 어떤 대가를 치르고라도 항상 지켜야겠다는 결단에서 나오는 자부 심을 말합니다. 유대인들은 교만한 자부심으로 말미암아 민족 자체가 멸 망에 이르렀고, 그 교만한 자부심으로 말미암아 자신들의 눈앞에 다니시 는 그리스도까지도 알아보지 못하고 결국 십자가에 못 박았습니다. 그렇지만 그리스도의 제자들은 숭고하고 겸손한 자부심으로 순교까지도 담대하게 받아들였습니다. 빛의 자녀요 거룩한 백성인 우리는 결코 하나님의 거룩함을 해치는 더러움에 함부로 몸을 내어줘서는 안 됩니다. 하나님의 성전으로서의 우리는 나를 성전 삼아 계시는 '성령 하나님'께서 근심하시는 데까지 이르지 않도록 항상 조심하고 경계해야 합니다.

창세기 39장에서 요셉은 주인의 아내가 끊임없이 유혹하는 괴로움을 겪었습니다. 주인의 아내가 요셉을 유혹할 때에 요셉이 이렇게 거절합니다. (창 39:9)**"…내가 어찌 이 큰 악을 행하여 하나님께 죄를 지으리이까"** 요셉의 이 말은 소극적으로 해석하면 하나님이 두렵고 죄가 두려워서 한 말이라고 할 수 있습니다. 그러나 보다 적극적으로 해석하면 **'내가 거룩하신 하나님의 백성인데 어떻게 이런 죄에 가담할 수 있겠는가'** 하는 숭고하고 거룩한 믿음의 자부심에서 나온 말이라고 할 수 있습니다. 이런 숭고하고 거룩한 신앙의 자부심이 없으면 순교(殉敎)도 감당할 수 없습니다. 이런 믿음의 자부심이 없으면 작은 죄에 적당히 넘어가다가 큰 죄까지 서슴지 않게 될 상황까지 갈 수 있습니다.

사랑하는 여러분, 믿음의 자부심을 가지십시오. **'온 우주를 창조하신 하나님이 나의 하나님이시다'**라는 자부심, **'하나님의 아들이 나를 위하여 십자가에서 죽으시기까지 하셨다'**는 자부심, **'이제 나는 의인이요, 하나님의 자녀'**라는 자부심, **'나는 누가 뭐라고 해도 거룩한 백성이다'**라는 자부심을 가져야 합니다. 물두멍이 요구하는 성결함은 거룩함에서 시작합니다. 성결함은 거룩함의 필요충분조건입니다. 여러분이 예수님을 믿음으로 구원을 받았습니까? 그렇다면 거룩한 백성이라는 믿음을 항상 유지하십시오. 이 믿음에서 결코 뒤로 물러서지 마십시오.

2. 나의 연약함을 인정하는 믿음

또한 우리는 우리의 부패함과 연약함에 대하여 인정하는 믿음도 있어야 합니다. 이것을 인정하지 않은 집단이 있습니다. 이미 소개한 어떤 구원파의 한 집단인데, 이들은 '예수를 믿는 순간 죄 용서받고 의인이 되었으므로 다시는 죄인으로 여기면 안 된다', '예수님을 처음 믿을 때 한 번 회개했으면 그것으로 온전히 구원받았기 때문에 다시는 회개할 필요가 없다'고 주장합니다. 그렇기 때문에 교인들이 자꾸 회개하는 것은 스스로 자기들이 죄인이라는 것을 고백하는 것이며, 죄인인 이상 구원받지 못한 것이라고 말합니다. 이들의 믿음은 심히 잘못된 것입니다. 구원의 씻음에 대한 믿음은 있지만, 구원 이후의 씻음에 대한 믿음은 버린 사람들입니다. 성경과 어긋난 믿음입니다.

우리는 거룩한 백성이 되었다는 믿음을 갖고 있어야 함과 동시에 우리 육신의 연약함을 인정하는 믿음도 함께 갖고 있어야 합니다. 그래야 늘 죄를 경계하고, 주의 말씀을 통해서 내 마음의 상태를 살피고 행위를 절제할 수 있게 됩니다. 이 믿음이 온전하면 요셉처럼 어떤 유혹도 뿌리칠 수 있지만, 이 믿음이 온전하지 못하면 밧세바에게 넘어갔던 다윗처럼 무너질 수 있습니다. 이 믿음에 온전한 분들이 되시기를 바랍니다.

◦ 물두멍 기도 : 회개의 기도

첫 번째 단계의 기도인 동문의 기도는 '구원에 이르는 신앙고백적인 기도'였습니다. 두 번째 단계인 번제단 기도는 그리스도의 희생을 믿고 구원에 이른 사람들이 이제는 그리스도를 위하여 자신을 희생하겠다고 작정하는 '나를 드리는 기도'였습니다. 세 번째 단계인 물두멍 기도는 '철저한 회개의 기도'입니다. 회개는 우리가 이미 살펴본 대로 크게 두 종류로 나눌 수 있는데, 온 몸을 씻고자 하는 구원에 이르는 회개와, 수족을 씻고자 하는 날마다의 회개가 있습니다. 여기서 온몸을 씻고자 하는 구원에 이르는 회개는 평생에 단 한 번으로 족한데, 이미 동문을 통해서 구원에 이르는 고백을 할 때에 함께 했으므로 더 이야기 할 필요가 없습니다. 다만 우리는 날마다의 회개의 생활이 필요함을 절실히 느낍니다. 이런 날마다의 회개에는 항상 ①'정결한 마음(죄를 인정하는 마음)'과 ②'겸손한 마음(애통하는 마음)'이 필요합니다.

다윗은 성령이 함께했던 믿음의 사람이었습니다. 그러나 그가 정복 전쟁을 통해서 많은 것을 이룬 후에는 나약해지고, 거만해지고, 게을러졌습니다. 그러다가 목욕하는 남의 여자 밧세바를 궁으로 불러서 간통을 하게 됩니다. 이것

큐티공작소 그림: 회개하는 사람

을 감추려고 밧세바의 남편 우리아까지 죽입니다. 이것을 괘씸하게 보셨던 하나님께서 선지자 나단을 보내셔서 책망하십니다. 이 책망을 듣고 다윗은 즉시 회개에 들어갑니다. 이때 다윗이 회개했던 내용이 시편 51편에 기록되어 있습니다.

"1 하나님이여 주의 인자를 따라 내게 은혜를 베푸시며 주의 많은 긍휼을 따라 내 죄악을 지워 주소서 2 나의 죄악을 말갛게 씻으시며 나의 죄를 깨끗이 제하소서 3 무릇 나는 내 죄과를 아오니 내 죄가 항상 내 앞에 있나이다 … 7 우슬초로 나를 정결하게 하소서 내가 정하리이다 나의 죄를 씻어 주소서 내가 눈보다 희리이다 … 9 주의 얼굴을 내 죄에서 돌이키시고 내 모든 죄악을 지워 주소서 10 하나님이여 내 속에 정한 마음을 창조하시고 내 안에 정직한 영을 새롭게 하소서 11 나를 주 앞에서 쫓아내지 마시며 주의 성령을 내게서 거두지 마소서 12 주의 구원의 즐거움을 내게 회복시켜 주시고 자원하는 심령을 주사 나를 붙드소서 … 14 하나님이여 나의 구원의 하나님이여 피 흘린 죄에서 나를 건지소서 내 혀가 주의 의를 높이 노래하리이다 … 17 하나님께서 구하시는 제사는 상한 심령이라 하나님이여 상하고 통회하는 마음을 주께서 멸시하지 아니하시리이다"

다윗의 회개의 내용에서 주목하게 되는 내용은 "3 무릇 나는 내 죄과를 아오니 내 죄가 항상 내 앞에 있나이다"와 "10 하나님이여 내 속에 정한 마음을 창조하시고 내 안에 정직한 영을 새롭게 하소서"입니다. 3절의 내용은 다윗과 함께 모든 믿음의 사람들이 '항상 죄 앞에 있다'는 것이고,

10절의 내용은 '내 속에 정결한 마음을 달라'는 것입니다.

그렇습니다. 다윗의 고백처럼 우리는 비록 구원을 받아 의인의 위치에 있지만, 아직 육신을 갖고 있는 연약함 때문에 항상 죄에 젖어 있습니다. 신분(身分)상으로는 분명히 의인이지만, 우리의 상태(狀態)는 늘 죄에 빠지고 또 빠질 수 있는 연약함에 노출되어 있습니다. 이것을 인정해야 합니다. 바로 이 점 때문에 우리는 늘 하나님께 오늘의 삶을 회개하면서 '정결한 마음'을 달라고 구해야 합니다.

아울러서 우리는 회개할 때에 겸손한 마음을 가져야 합니다. 이것은 죄에 대하여 애통하는 마음에서 출발합니다. 누가복음 18:9-14절에 보면, 기도하는 두 종류의 사람을 예수님께서 소개하는 장면이 나옵니다. 이때 주님께서는 '자기를 스스로 의롭다고 믿고 다른 사람을 멸시하는 바리새인의 기도'와 '진심으로 낮

바리새인과 세리의 기도하는 모습: 밀레이 그림

아져서 가슴을 치며 애통하는 세리(稅吏)의 기도'를 비교하시면서 하나님 앞에서 하는 교만한 기도와 겸손한 기도를 가르치셨습니다. 두 사람이 기도하기 위하여 성전으로 올라갔습니다. 이때 바리새인은 **'따로 기도하였다'**고 하였습니다. 이 말씀은 바리새인의 입장에서 보았을 때에 의인인 자신이 죄인이라고 생각되는 사람들과 섞여서 기도하기 싫어서 따로

했다는 의미입니다. 따로 기도한 바리새인의 기도 내용은 이렇습니다. **"11 하나님이여 나는 다른 사람들 곧 토색, 불의, 간음을 하는 자들과 같지 아니하고 이 세리와도 같지 아니함을 감사하나이다. 나는 이레에 두 번 금식하고 또 소득의 십일조를 드리나이다"** 이 기도에서 바리새인은 자신의 죄인 됨을 고하지 않고 자기의 의를 드러냅니다. 다만 다른 사람들과 다른 것을 자랑하고, 금식과 십일조 드리는 것을 자랑합니다. 그래서 예수님께서 이 사람이 이런 자랑의 기도를 하고 난 다음 어떤 것을 하나님께 구했는지에 대해서는 말씀하지 않으셨습니다. 그 의미는 이 바리새인이 어떤 것을 구했던지 간에 하나님께서 받지 않으셨다는 것을 깨닫게 해 줍니다. 이 바리새인은 율법을 지키고, 금식과 십일조를 함으로써 자신은 다른 사람과 달리 의인이라고 생각하는 오류에 빠져 있습니다. 바리새인인 자신이 얼마나 부패했는지에 대하여 전혀 생각하지 못하고 있습니다. 그래서 회개할 것이 참으로 많은 데도 불구하고 자랑만 늘어놓았습니다.

반면에 세리의 기도하는 모습은 우선 그 자세부터가 다릅니다. 세리는 ①멀리 서서 ②감히 눈을 들어 하늘을 우러러보지도 못하고 ③다만 가슴을 치며 기도합니다. 그의 기도하는 이런 모습에서 우리는 그가 하나님 앞에 어떤 위치에 있는지, 하나님께 무엇을 구하는지, 또 그것을 얼마나 간절히 구하는지를 금방 알 수 있습니다. 그래서 주님께서는 그가 구하는 내용을 소개하십니다. **"하나님이여, 불쌍히 여기시옵소서. 나는 죄인이로소이다"** 결국 의인이라 자부했던 바리새인보다 죄인임을 깨닫고 가슴 치며 고백했던 세리가 더 의롭다는 판결을 받고 집으로 가게 되었습니다. 주님의 결론은 자기를 높이는 자는 낮아지고, 자기를 낮추는 자는 높아진다는 것이었습니다. 우리의 회개가 바로 이것을 닮아야 하지 않겠습니까? 물두멍의 기도는 바로 이런 것입니다.

제4장

떡상
(陳設餅)

영생의 양식

† 요한복음 6, 7장 †

우리는 성막의 뜰에 있는 ①동문, ②번제단, ③물두멍을 지났습니다. 이제 우리는 오직 제사장들만 들어갈 수 있는 성소(聖所)로 들어갑니다. 성막 자체가 거룩한 곳이지만, 성소(聖所)는 성막의 뜰보다는 더 거룩하다고 보아야 합니다. 성소(聖所)라는 말 자체가 '거룩한 곳'이라는 의미를 갖고 있습니다. 그런가 하면, 오직 일 년에 하루, 선택된 제사장만 들어갈 수 있는 지성소(至聖所)는 '지극히 거룩한 곳'이라는 의미입니다. 그러니까 성막은 거룩하며, 성소는 더 거룩하며, 지성소는 가장 거룩한 곳입니다. 성소에는 세 가지의 기구가 있습니다. 성소 휘장을 열고 성소에 들어가서 오른쪽(북쪽)을 보면, 김이 모락모락 나는 떡이 두 줄로 쌓여 있는 ④떡상(陳設餠)이 있습니다. 그리고 왼쪽(남쪽)을 보면, 일곱 개의 불꽃을 가진 ⑤등잔이 있습니다. 그리고 정면(서쪽)에는 향기 나는 연기가 피어오르는 ⑥향단(香壇)이 보입니다. 좌우에는 금을

입힌 기둥이 벽이 되어 번쩍이고 있고, 정면에는 향단 뒤로 그룹 천사
가 새겨진 아름다운 지성소 휘장이 보입니다. 그리고 천장에는 아름답
게 수를 놓은 세마포 덮개가 보입니다. 그러나 바닥은 그냥 흙바닥 그대
로입니다. 이런 성소에는 오직 수족을 씻은 제사장들만 출입할 수 있습
니다. 이제 우리는 이 성소에서 먼저 오른쪽에 있는 떡상을 살펴보겠습
니다.

떡상(陳設餠)에 대한 설명: 떡(빵)의 기능과 특징

출 25:23-30

"23너는 조각목으로 상을 만들되 장이 이 규빗, 광이 일 규빗, 고가 일 규빗 반이 되게 하고 24 정금으로 싸고 주위에 금테를 두르고 25 그 사면에 손바닥 넓이 만한 턱을 만들고 그 턱 주위에 금으로 테를 만들고 26 그것을 위하여 금고리 넷을 만들어 그 네 발 위 네 모퉁이에 달되 27 턱 곁에 달라 이는 상 멜 채를 꿸 곳이며 28 또 조각목으로 그 채를 만들고 금으로 싸라 상을 이것으로 멜 것이니라 29 너는 대접과 숟가락과 병과 붓는 잔을 만들되 정금으로 만들찌며 30 상 위에 진설병을 두어 항상 내 앞에 있게 할찌니라"

레 24:5-8

"너는 고운가루를 취하여 떡 열둘을 굽되 매덩이를 에바 십분의 이로 하여 여호와 앞 순결한 상 위에 두 줄로 한 줄에 여섯씩 진설하고 너는 또 정결한 유향을 그 매 줄 위에 두어 기념물로 여호와께 화제를 삼을 것이며 항상 매 안식일에 이 떡을 여호와 앞에 진설할지니 이는 이스라엘 자손을 위한 것이요 영원한 언약이니라"

떡을 올려놓는 떡상은 조각목으로 만들어서 금으로 입혔습니다. 크기는 높이가 일 규빗 반(약 67.5cm)이고, 넓이는 2규빗(90cm)×1규빗

(45cm)입니다. 떡상은 떡을 진설(陳設)하기 위하여 만든 것입니다. 즉 떡상에서 중요한 것은 떡(餠 bread)이라는 말입니다. 그래서 이 떡상 위에는 끊이지 않고 떡을 진설해야 합니다. 떡은 매 안식일마다 진설하였는데 한 줄에 여섯 개씩 모두 12개의 떡을 두 줄로 진설하였습니다. 그래서 이 떡을 진설병이라고 부르며, 누룩을 넣지 않고 만들었기 때문에 무교병(無酵餠)이라고도 부릅니다. 떡상 위에 있는 떡들은 항상 신선하게 보존되어야 합니다. 그리고 그 위에는 유향(乳香)을 두어서 언제나 향기로운 냄새가 나도록 했습니다. 제사장들은 성소 안에 들어와서 언제나 이 떡을 신선하게 먹을 수 있었습니다. 이 떡을 통해서 그들은 영양을 공급받고, 새로운 힘을 얻고, 신령한 능력으로 하나님을 섬기며 제사하는 직분을 수행했습니다. 떡상에 올려진 떡은 왜 거기에 놓았는가, 그것이 무엇을 의미하는가에 따라서 우리는 몇 가지의 원리적 교훈을 얻을 수 있습니다.

1. 떡상의 떡(빵)은 하나님께 바쳐진 제물입니다

떡상의 떡은 무엇보다도 하나님께 바쳐진 제물입니다. 레 24:7-8에 보면 떡을 진설하라는 하나님의 명령 속에 이런 기록이 있습니다. **"너는 또 정결한 유향을 그 매 줄 위에 두어 기념물로 여호와께 화제를 삼을 것이며 항상 매안식일에 이 떡을 여호와 앞에 진설할지니 이는 이스라엘 자손을 위한 것이요 영원한 언약이니라"** 이 말씀에 따르면 떡 위에 유향을 두고 그것으로 화제를 삼으라고 하셨습니다. 그리고 여호와 앞에 진설하

라고 하셨습니다. 즉 여기 차려진 떡이 비록 이스라엘 자손을 위한 것이
요, 또 영원한 언약을 의미하지만, 우선은 하나님께 드려지는 화제 제물
로서의 성격을 갖는다는 것입니다. 그렇습니다. 여기 차려진 떡은 어린
양이신 그리스도의 몸을 의미하기 때문에 하나님께 바쳐진 제물입니다.

2. 떡(빵)은 제사장의 양식입니다

진설병은 또한 제사장들을 위한 특별한 양식이었습니다. 제사장들
은 업무를 수행하다가 이곳에 모여서 선 채로 이 떡을 나누어 먹었습니
다. "**이 떡은 아론과 그 자손에게 돌리고 그들은 그것을 거룩한 곳**(聖所)**에서
먹을지니 이는 여호와의 화제 중 그에게 돌리는 것으로서 지극히 거룩함이니
라 이는 영원한 규례니라**"(레 24:9) 제사장은 특정한 계층으로서 레위지파
의 아론의 자손만이 될 수 있었습니다. 그러나 신약에 들어와서는 구원받
은 모든 그리스도인들이 제사장입니다. 사도 베드로는 그의 편지에서 이
렇게 말합니다. "**오직 너희는 택하신 족속이요, 왕 같은 제사장들이요 거룩한
나라요 그의 소유된 백성이니 이는 너희를 어두운 데서 불러내어 그의 기이한
빛에 들어가게 하신 자의 아름다운 덕을 선전하게 하려 함이라**"(벧전 2:9) 이
말씀을 보면 성경은 특수한 계층만을 가리켜 제사장이라고 말하고 있지
않습니다. 예수 그리스도를 자신의 구세주와 주님으로 믿는 모든 성도들
을 가리켜서 왕 같은 제사장이라고 부르고 있습니다. 구약시대에 아론
의 자손 제사장들만이 성소에 들어가서 떡을 먹었지만 이제 신약시대에
들어와서는 성소의 휘장이 갈라지고 누구나 하나님을 만날 수 있게 되

면서 신구약의 모든 성도들이 제사장의 특권을 가지게 된 것입니다. 이 것은 처음 난 것(長子)은 모두 하나님의 소유라는 구약의 개념에서 비롯된 것인데, 결국 하나님의 소유된 구원받은 모든 사람이 장자(長子)들이요 제사장(祭司長)이라는 것입니다. 따라서 성도들은 누구나 이 떡을 먹을 수 있습니다. 아니, 안 먹으면 안 됩니다. 반드시 먹어야 삽니다. 즉 그리스도의 몸을 먹어야 영생하고, 그의 말씀을 먹어야 살 수 있습니다.

3. 이 떡(빵)은 예비된 떡입니다: 그리스도와의 교제

성소의 떡상에는 진설병이 항상 준비되어 있었습니다. 이것은 물론 하나님의 명령이었습니다. **"상 위에 진설병을 두어 항상 내 앞에 있게 할지니라"**(출 25:30) 하나님께서 이와 같은 명령을 하신 까닭은 그의 백성들이 언제나 양식을 얻을 수 있도록 하시기 위함이었습니다. 마치 출애굽한 이스라엘 백성들을 위하여 매일 같이 만나를 내려주신 것과 같습니다. 재미있는 것은 예수님이 떡집에서 태어나셨다는 사실입니다. 예수님은 베들레헴에서 나셨는데, 베들레헴이란 원래 『떡집』이라는 뜻입니다. 떡집에서 태어난 예수님께서 어느 날 제자들에게 이렇게 말씀하셨습니다. **"나는 하늘로서 내려온 산 떡이니 사람이 이 떡을 먹으면 영생하리라"**(요 6:51) 이 말씀은 우리가 예수 그리스도와 동거함을 말하고 있습니다. 즉 그와 함께 살면서 끊임없이 말씀 가운데서 교제함을 말하고 있습니다.

제사장들은 성소에 들어가 허리를 굽히고 자기를 살피며, 겸손하고 거룩한 마음으로 하나님이 예비하신 향기로운 떡을 먹었습니다. 그리고 하나님을 찬양하고 감사하며 배부름을 얻었습니다. 이것이 바로 하나님과의 교제요, 아울러 성도들 간의 교제입니다. 마찬가지로 오늘날 우리는 그리스도의 몸이요 생명의 떡이신 성경을 열어서 읽고 묵상함으로 그날그날 내게 깨닫게 하시는 말씀을 붙잡고 살아갑니다. 그 깨닫게 하시는 말씀을 통해 우리는 하나님께 감사하고 찬양하며 영적으로 배부름을 느끼고 그리스도와 항상 교제하게 되는 것입니다.

이처럼 생명의 떡은 그리스도의 몸이요, 하나님의 말씀이며, 항상 우리 앞에 준비되어 있습니다. 하나님께서 예비해놓으신 것입니다. 문제는 이것을 읽고 어떻게 깨닫느냐 하는 것입니다. 그러나 이것은 사실 별로 문제가 되지 않습니다. 왜냐하면 성소에 있는 떡은 제사장이면 누구나 들어가서 서슴지 않고 먹을 수 있었기 때문입니다. 마찬가지로 성경도 누구나 읽고 깨달을 수 있습니다. 이 말은 성경을 통해서 하나님과 교제하는 것을 두고 하는 말입니다. 목사나 무슨 교수만이 성경을 깨닫는 것은 아닙니다. 목사나 교수는 성경을 올바르게 해석해서 전해 주지만, 각자가 특별히 성경을 통해서 하나님과 교제하는 것은 각자가 성령을 통해서 하면 되는 것입니다. 성경의 저자는 성령님이시기 때문에 우리 안에 계신 성령을 통해서 우리는 누구나 성경을 읽고 깨달을 수 있습니다. 우리가 예수님을 구주로 영접하고 믿기로 작정하고 고백하면, 즉시 성령께서 우리를 성전 삼아서 우리 몸 안에 내주(內住) 하십니다. 그리고 이때부터 우리를 친히 인도하십니다. 여기에는 물론 성경을 읽고 묵상하는 가운데 성령께서 깨닫게 하시는 것을 포함합니다. 따라서 모든 그리스도인들은 그가 처음 믿은 사람이라 하더라도 성경을 통해서 즉시 하나님과 교제할 수 있습니다. 성경의 위대성은 이런 데서도 나타납니다. 한 번 예수님을 영접하고 구원에 이른 사람들은 누구나 이미 예비된 생명의 떡(성경 말씀)을 먹어야 하고 또 성령께서는 이렇게 말씀을 먹고자 하는 사람들에게 잘 먹고 소화되도록 도와주시는 것입니다. 다만 우리는 하나님의 말씀의 기이한 것을 생각하고, 성경을 읽을 때마다 시편의 기자처럼 이렇게 기도해야 할 것입니다. **"내 눈을 열어서 주의 법의 기이한 것을 보게 하소서"**(시 119:18) 아멘!

4. 이 떡은 고운가루(흰색)로 만들어야 합니다
: 죄 없으신 그리스도, 성결한 말씀

(레 24:5)**"너는 고운 가루를 취하여 떡 열 둘을 굽되…"**

떡상의 진설병은 오직 고운 가루로만 만들어야 합니다. 그런데 원어상으로 고운 가루는 **"흰 가루, 섞이지 않은 가루"**를 말합니다. 이것은 두 가지의 의미가 있습니다.

첫째는 흰 가루는 우리를 위하여 어린양으로 하나님 앞에 제물이 되신 그리스도가 어떤 흠이나 어떤 죄도 없으신 성결하신 분이라는 사실을 먼저 우리에게 가르친다는 사실입니다. 그리스도께서는 비록 우리와 똑같은 죄인의 모습으로 오셨지만, 성령으로 잉태하심으로 말미암아 전혀 죄와 상관없이 탄생하셨고, 또 그 안에 충만하신 신성으로 말미암아 이 땅에 사시는 동안 죄가 결코 범접할 수 없었습니다. 성경 고후 5:21, 요일 3:5, 히 4:15, 7:26, 벧전 2:22 등이 이런 그리스도의 무죄성(無罪性)을 증명합니다.

둘째는 흰 가루는 하나님의 말씀이 거룩하고 깨끗하다는 것을 의미한다는 것입니다. 하나님의 말씀은 그 어떤 것도 섞이지 않은 정결한 말씀이요, 하나님의 말씀이므로 거룩합니다. 그래서 이 말씀을 진실한 마음으로 날마다 읽으며 묵상하고, 실행하는 동안 성도들의 삶은 차츰 거룩하여집니다.

5. 이 떡(빵)은 누룩 없이 만들어야 합니다(무교병)
: 말씀의 순수성

진설병에는 절대로 효소를 넣어서는 안 됩니다. 레위기 말씀을 봅시다. (레 2:5)**"고운 가루에 누룩을 넣지 말고…"** 성경에서 누룩은 대부분 죄와 악의 상징입니다. 그래서 구약에서는 절기 때에 누룩을 넣지 않은 무교병을 먹도록 하였습니다. (출 12:15)**"너희는 칠일 동안 무교병을 먹을지니 그 첫날에 누룩을 너희 집에서 제하라 무릇 첫날부터 칠일까지 유교병을 먹는 자는 이스라엘에서 끊쳐지리라"**

바울도 고린도에 보낸 첫 번째 편지에서 이렇게 기록하고 있습니다. (고전 5:7-8)**"너희는 누룩 없는 자인데 새 덩어리가 되기 위하여 묵은 누룩을 내어 버리라 우리의 유월절 양 곧 그리스도께서 희생되셨느니라 그러**

므로 우리가 명절을 지키되 묵은 누룩도 말고 괴악하고 악독한 누룩도 말고 오직 순전함과 진실함의 누룩 없는 떡으로 하자" 누룩은 순수한 가루에 들어가서 그것을 부풀려서 구멍이 나게 합니다. 이것은 진실을 가리고 순전함을 잃게 한다는 의미를 갖습니다. 그래서 진설병은 누룩(효소)를 넣지 않고 만들어야 했습니다.

진설병은 하나님의 말씀이요 복음입니다. 이 말씀, 곧 복음은 진실하며 순수합니다. 그러므로 이런 진실하고 순수한 말씀을 우리는 있는 그대로 전해야 합니다. 여기에 무엇을 섞으면 이미 그것은 말씀도 아니요 복음도 아닙니다. 오늘날 얼마나 많은 사람들이 하나님의 말씀에 이상한 것들을 많이 섞는지 모릅니다. 자기들의 이름과 욕심을 섞어서 불순한 말씀, 왜곡된 복음을 전하는 사람들이 많이 있습니다. 이것은 그리스도를 심히 욕되게 하는 일입니다. 우리는 이것을 항상 경계해야 합니다.

6. 떡(빵)은 크고, 12개입니다: 모든 하나님의 백성의 풍성한 양식

떡상에는 모두 열두 개의 떡을 놓아야 합니다. 이것은 이스라엘 전체 백성, 곧 열두 지파를 상징합니다. 제사장은 이스라엘 백성들을 대표해서 성소 안에 들어온 것입니다. 그리고 그 대표자들이 이 거룩하고 깨끗한 떡을 항시 먹었습니다. 이것은 결국 대표자들을 통해서 이스라엘 모든 백성들이 하나님 앞에서 먹은 것을 의미합니다.

신약시대에도 예수님은 오직 열두 제자만 선택하셔서 사도로 삼으셨습니다. 이들은 신약시대의 모든 그리스도인들을 대표하는 사람들입니다. 예수님은 사실 더 많은 사람들을 사도로 삼으실 수도 있었습니다. 그러나 그렇게 하지 않으셨습니다. 즉 열두 사도로 모든 그리스도인들을 상징하고 대표하는데 충분하기 때문이었습니다. 구약의 개념이 신약에 그대로 적용된 것입니다.

이와 같이 구약에서나 신약에서나 "열둘(12)"이라는 숫자는 하나님의 백성 전체를 대표하는 숫자입니다. 이렇게 볼 때, 떡상에 진설된 열두 개의 떡은 모든 시대의 모든 그리스도인들을 위하여 하나님께서 미리 예비하신 정결하고 거룩한 떡이요, 향기롭고 풍성한 양식이요, 진실하고 순수한 말씀이요, 복음(福音)입니다. 그래서 그리스도를 나의 구주로 믿는 자라면 누구나 이 떡상 앞에 나와서 경건한 마음과 겸손한 마음과 감사한 마음으로 언제든지 이 떡을 먹을 수 있습니다. 그런데 이 진설병은 하나의 크기가 지름이 45cm, 무게가 3.375kg(부피 4.4리터)이나 되는 매우 큰 떡입니다. 이런 큰 떡이 열두 덩이나 있습니다. 이 얼마나 풍성합니까. 또 이런 떡을 일주일에 한 번씩 갈았습니다(안식일마다). 이런 열두 개의 큰 떡은 하나님의 백성들이 먹기에 충분하고 풍성했다는 것을 의미합니다. 마찬가지로 하나님의 말씀은 우리의 영혼 육을 살찌우기에 충분하고 풍성합니다. 예수님은 어느 날 제자들에게 이렇게 말씀하셨습니다. (요 10:10)**"도적이 오는 것은 도적질하고 죽이고 멸망시키려는 것뿐이요, 내가 온 것은 양으로 생명을 얻게 하고 더 풍성히 얻게 하려는 것이라"** 이제부터 하나님의 말씀인 성경을 이런 마음으로 열고 읽고 묵상합시다. 이런 성도는 참으로 능력 있고 활기차고 풍성한 성도로 살아갈 것이 틀림없습니다.

7. 이 떡(빵)은 나누어 먹는 떡입니다: 성도간의 교제

떡상 위에 있는 열두 개의 떡은 어느 제사장 혼자서 먹는 떡이 아닙니다. 거기서 섬기는 모든 제사장들이 이 떡상에 있는 열두 개의 떡을 빙 둘러서서 일주일 동안 나누어 먹었습니다. 이것은 성도의 교제를 의미합니다. 제사장들은 분주하게 성막의 일을 하다가 모두 물두멍에서 수족을 씻고는 성소로 들어와서 함께 이 떡을 먹었습니다. 이때 그들은 은혜를 베푸신 하나님께 감사하며, 찬양하고, 서로의 사랑을 나누며 떼어먹었습니다.

이것은 신약시대에서도 마찬가지였습니다. 초대교인들은 모여서 예배드리고 떡과 포도주를 나누어 먹으면서 성도의 교제를 가졌습니다. (행 2:46-47)**"날마다 마음을 같이하여 성전에 모이기를 힘쓰고 집에서 떡을 떼며 기쁨과 순전한 마음으로 음식을 먹고 하나님을 찬미하며 또 온 백성에게 칭송을 받으니 주께서 구원받는 사람을 날마다 더하게 하시니라"**

오늘날 우리는 물론 성찬을 통해서 그리스도와 신비한 연합을 하고 아울러 모든 성도가 그리스도 안에서 하나인 것을 확인합니다. 그리고 더러는 예배를 마치고 함께 식사하면서 성도의 교제를 가집니다. 모두 주안에서 나누는 사랑의 교제입니다. 이와 함께 생각해야 할 것은 떡이 하나님의 말씀이므로 제사장들이 떡을 나누어 먹었던 것처럼 우리는 말씀을 다른 성도와 함께 나누어야 합니다. 장성한 성도는 가르치는 일로, 어떤 성도는 배우는 일로 해서 서로 나누며, 또 성도들 간에 하나님께서 깨닫게 하신 것을 서로 나눌 때에 놀라운 사랑의 교제가 이루어집니다. 이런 영육 간의 교제를 통해서 우리의 영과 육이 함께 성장해 갈 것입니다.

8. 떡상에는 오직 한 가지 종류의 떡(빵)만 있습니다: 유일한 양식

떡상에는 오직 하나님께서 명령하여 만들게 하신 한 가지 종류의 떡만 올려놓아야 합니다. 다른 떡을 올려놓아서는 안 됩니다. 제사장들이 성소에 들어와서 먹는 양식은 오직 이 한 종류의 떡뿐입니다. 이것은 복음의 유일성(唯一性)을 의미합니다. 또 성도의 유일한 양식을 의미합니다. 이스라엘 백성들은 광야에서 만나만 먹었습니다. 그것은 세미한 가루였습니다. 그것으로 떡을 만들면 그대로 진설병이 됩니다. 그런데도 이스라엘 사람들은 여기에다 다른 것을 섞어 먹기를 원했습니다. 그들은 하늘에서 내리는 만나만 먹기 때문에 정력이 쇠약해졌다고 울면서 고기와 생선과 외와 수박과 부추와 파와 마늘을 섞어 먹기를 원했습니다. (민 11:4-7)"이스라엘 중에 섞여 사는 무리가 탐욕을 품으매 이스라엘 자손도 다시 울며 가로되 누가 우리에게 고기를 주어 먹게 할꼬 우리가 애굽에 있을 때에는 값없이 생선과 외와 수박과 부추와 파와 마늘들을 먹은 것이 생각나거늘 이제는 우리 정력이 쇠약하되 이 만나 외에는 보이는 것이 아무것도 없도다 하니 만나는 갓씨와 같고 모양은 진주와 같은 것이라"

이들의 요구는 결국 하늘에서 내려주는 것만 갖고는 자기들은 살 수가 없다는 것입니다. 그리고 그것으로는 자기들의 정력이 약해져서 큰일 났다는 것입니다. 그래서 애굽(세상을 상징)에서 먹던 것들을 거기에다가 섞어서 먹어야겠다는 것입니다. 여기서 그들의 요구는 하나님의 분노를 샀습니다. 하나님의 분노는 고기와 생선과 외와 부추와 파와 마늘을 주기 싫어서가 아닙니다. 하늘에서 하나님이 내려준 만나 곧 신본주의의 산물을 거부하고, 죄악의 땅 애굽의 인본주의 산물을 요구하기 때문입니다. 이들은 이와 같이 계속해서 신본주의를 거부하고 인본주의를 좇다가 광야에서 모두 죽고 말았습니다. 떡상에는 오직 하나님께서 지정하시고 명령하셔서 준비된 진설병만이 있습니다. 제사장들은 그것만을 감사한 마음으로 먹어야 합니다. 성소에서 결코 다른 것을 먹을 수는 없습니다.

이처럼 우리 그리스도인들은 하나님의 말씀만을 먹어야 합니다. 이것은 성경말씀만을 믿고 의지하고 따라야 한다는 것을 말합니다. 성경말씀 외에 다른 것을 하나님의 말씀보다 위에 두거나 혹은 똑같이 생각해서는 안 됩니다. 성경만이 유일하신 하나님의 말씀입니다. 성경만이 우리 영혼을 살찌우는 유일하고 진정한 양식입니다. 이 말을 오해해서는 안 됩니다. 즉 성경말씀만 읽고 다른 책들은 도무지 읽어서는 안 된다는 것을 말하는 것이 아닙니다. 성경 외에도 우리는 이 땅에서 살아가기 위하여 많은 책들을 읽어야 합니다. 다만 어떤 책이나 어떤 사상이나 어떤 강론도 하나님의 말씀에 저촉되어서는 안 되며, 하나님의 말씀보다 소중할 수는 없습니다. 이 세상에서 우리를 구원에 이르게 하고 우리의 영혼을 살찌우고 우리의 믿음을 자라게 하는 것은 오직 하나님의 말씀, 곧 성경뿐이기 때문입니다. 주의해야 할 것은 어떤 유사 기독교 단체에서는 창설자(교주)가 하나님께로부터 직접 받았다고 주장하는 계시들을 집대성해서 이 계시들을 성경보다도 더 소중히 여기거나 또는 성경과 동일한 하나님의 말씀으로 여기는 경우가 있는데, 이것은 바로 이단의 시작이며 크게 잘못된 것입니다.

9. 이 떡(빵)은 서서 먹는 떡(빵)입니다: 사명

진설병은 성소 안에서 먹되 서서 먹어야 합니다. 성소 안에는 그 어디에도 앉을 곳이 없습니다. 의자도 없지만 바닥은 그대로 맨땅이기 때문입니다. 제사장들은 거룩한 옷을 입고 있으므로 결코 바닥에 앉을 수가 없습니다. 그래서 제사장들은 성소 안에서 떡을 먹을 때, 서서 먹어야 합니다. 하나님께서 제사장들에게 서서 먹게 하신 것입니다. 즉 서서 먹는 것 자체가 사명이라는 것입니다. 왜 서서 먹게 하셨을까요? 이스라엘 백성들이 애굽을 떠날 때에 하나님께서는 양을 잡아서 이렇게 먹으라고 하셨습니다. (출 12:11)**"너희는 그것을 이렇게 먹을지니 허리**

에 띠를 띠고 발에 신을 신고 손에 지팡이를 잡고 급히 먹으라 이것이 여호와의 유월절이니라" 이 모습이 사단의 권세에서 벗어나 젖과 꿀이 흐르는 땅으로 출발하려는 하나님의 택한 백성들이 하나님 앞에서 그의 정하신 음식을 먹는 모습입니다. 여기 보면 허리에 띠를 띠고 발에 신을 신고 손에 지팡이를 잡고 급히 먹으라고 하십니다. 이렇게 먹으려면 어차피 서서 먹을 수밖에 없습니다. 그들은 이렇게 먹고 애굽을 떠나 광야로 나갔습니다.

이 세상은 우리의 본향이 아닙니다. 우리의 본향은 하나님께서 이미 예비하고 계십니다. 따라서 우리는 이 땅에서 나그네의 모습으로 살아가야 합니다. 우리는 떠날 사람들입니다. 그러나 아직 여기 있는 동안에는 그냥 있는 것이 아니라 오직 하나님께서 우리에게 맡기신 사명들을 충성되게 행하면서 살아가야 합니다. 어떤 사람들은 다섯 달란트, 어떤 사람들은 두 달란트, 어떤 사람들은 한 달란트의 사명을 맡아서 그것을 충성되게 해야 하는 사명이 있습니다. 이를 위해서 우리는 말씀을 날마다 먹어야 합니다. 말씀을 날마다 먹는 것은 다만 지식을 얻고자 하는 이유만도 아닙니다. 말씀을 먹는 것 자체가 사명이며, 그것으로 내 달란트를 충성되게 수행하는 것이 우리의 사명입니다. 제사장들은 물론 자기 집에서 식사를 하지만 성소에서 이와 같이 사명을 갖고 서서 진설병을 먹었습니다. 우리 그리스도인들의 삶은 이와 같아야 합니다.

10. 떡(빵) 위에 정결한 유향을 두어야 합니다: 향기로운 제물

(레 24:7)“너는 또 정결한 유향을 그 매 줄 위에 두어 기념물로 여호와께

화제를 삼을 것이며”

떡상 위에는 열두 개의 떡이 여섯 개씩 두 줄로 진설되어 있습니다. 그
리고 매 줄 위에는 금잔이 있고, 여기에 정결한 유향이 담겨 있습니다.
왜 그렇게 하라고 하셨을까요? 유향은 나무줄기에 상처를 내어 뽑아낸
우윳빛 향유입니다. 떡상 위에 이것을 두어 화제(火祭)의 기념물로 삼는
다는 것은 두 가지의 의미가 있습니다.

첫째는 떡으로 상징된 그리스도의 몸, 곧 십자가에서 찢겨진 예수님의
몸은 하나님께 바쳐진 향기로운 제물이라는 것입니다. 그리스도의 몸이
향기로운 제물로 하나님께 바쳐졌으므로 우리의 죄를 대속하는데 조금
도 부족함이 없게 된 것입니다. 아울러 우리도 이것을 매일 먹어야 우리
믿음이 향기로워진다는 것입니다.

둘째는 유향은 그리스도께서 흘리신 보혈을 의미합니다. 하나님은 애
굽 땅에서 치러진 첫 번째 유월절에서 백성들에게 고기와 함께 무교병

을 먹게 하셨는데, 이때 어린양의 피를 문설주와 인방에 우슬초로 바르라고 하셨습니다. 여기서 무교병과 고기는 떡이요 그리스도의 몸을 상징합니다. 아울러서 어린양의 피는 곧 그리스도의 십자가 보혈을 상징합니다. 이 상징을 역사적으로 살펴보면 다음과 같습니다.

①유월절 무교병과 어린양(출 12:8) ┈┈▶ ②광야의 만나와 메추라기(출 16:31) ┈┈▶ ③성막의 떡과 유향(레 24:5-8) ┈┈▶ ④오병(五瓶)과 이어(二魚)(요 6:11) ┈┈▶ ⑤최후의 만찬의 떡과 포도주(마 26:26) ┈┈▶ ⑥십자가 위의 그리스도의 몸과 피(요 19:18):실체(實體) ┈┈▶ ⑦성찬의 떡과 포도주(고전 11:23-26) ┈┈▶ [영생(永生)]

떡상에서 그 중심은 거기 차려진 떡입니다. 떡상 자체는 다만 떡을 담는 그릇에 불과합니다. 따라서 우리는 떡상에서 교훈을 얻되 무엇보다도 떡과 관련된 모든 면에서 하나님께서 우리에게 계시하시는 그리스도와의 관계를 찾아야 합니다. 다른 성물들에서 얻었던 그리스도와의 관계와 마찬가지로 우리는 떡상의 떡을 통해서 귀한 상징과 교훈을 얻을 수 있습니다. 이것은 하나님께서 모든 하나님의 백성들에게 주시는 은혜의 메시지입니다.

1. 떡의 의미에서 보는 그리스도와의 관계

첫째, 떡(빵)은 그리스도의 몸을 의미합니다.

예수님께서는 십자가에 달리시기 전날, 곧 최후의 만찬에서 제자들에게 떡을 떼어 주시면서 이렇게 말씀하셨습니다. (마 26:26)**"저희가 먹을 때에 예수께서 떡을 가지사 축복하시고 떼어 제자들을 주시며 가라사대 받아 먹으라 이것이 내 몸이니라 하시고"** 이처럼 성경에서 떡은 모든 사람을 위하여 제물로 바쳐질 그리스도의 몸을 상징합니다. 이러한 상징은 이미 광야에서부터 시작되었습니다. 그 상징의 연결은 다음과 같습니다.

유월절 무교병(출 12:8) ⋯ 광야의 만나(출 16:31) ⋯ 성막의 떡(레 24:5–8) ⋯ 오병이어(요 6:11) ⋯ 최후 만찬의 떡(빵)(마 26:26) ⋯ 십자가 위의 그리스도의 몸: 실체(요 19:18) ⋯ 성찬의 떡(빵)(고전 11:23–26) ⋯ [영생(永生)]

예수님께서는 어느 날 제자들에게 이렇게 말씀하셨습니다.

(요 6:47–51)**"진실로 진실로 너희에게 이르노니 믿는 자는 영생을 가졌나니 내가 곧 생명의 떡이로라 너희 조상들은 광야에서 만나를 먹었어도 죽었거니와 이는 하늘로서 내려오는 떡이니 사람으로 하여금 먹고 죽지 아니하게 하는 것이니라. 나는 하늘로서 내려온 산 떡이니 사람이 이 떡을 먹으면 영생하리라 나의 줄 떡은 곧 세상의 생명을 위한 내 살이로라 하시니라"**

예수님은 자신을 가리켜서 생명의 떡이라고 하셨습니다. 주께서 이렇게 말씀하실 때에 주님은 이미 십자가에 달려 우리를 위하여 죽으실 자기 몸을 생각하신 것입니다. 그리고 출애굽 하던 자기 백성들이 첫 유월절에 서서 먹던 무교병으로부터 시작해서 성소에 진설되어 있는 떡까지, 죽으실 자기 몸을 상징하던 모든 떡들을 생각하셨던 것입니다.

둘째, 떡(빵)은 그리스도의 말씀을 의미합니다.

요한복음 첫 장에서 사도 요한은 이렇게 증언하고 있습니다. (요 1:1,

14)"1 태초에 말씀이 계시니라 이 말씀이 하나님과 함께 계셨으니 이 말씀은 곧 하나님이시니라 … 14 말씀이 육신이 되어 우리 가운데 거하시매 우리가 그 영광을 보니 아버지의 독생자의 영광이요 은혜와 진리가 충만하더라"

위의 요 1:1의 **"이 말씀은 곧 하나님이시니라"**는 말씀과, 1:14의 **"말씀이 육신이 되어"**라는 말씀을, 요 6:51의 **"나의 줄 떡은 곧 세상의 생명을 위한 내 살이로라"**는 말씀과 연결하면 결국 떡은 그리스도의 말씀, 곧 말씀이신 그리스도를 상징한다는 것을 알 수 있습니다.

말씀에는 두 종류가 있습니다. 하나는 기록된 말씀(로고스)이고, 또 하나는 살아있는 말씀입니다. 성경은 기록된 말씀이며, 예수 그리스도는 살아계신 말씀입니다. 그러나 실상 우리는 기록된 말씀과 살아있는 말씀을 분리할 수는 없습니다. 왜냐하면 기록된 말씀은 살아있는 말씀인 예수 그리스도를 증거하고 가르치며, 살아있는 말씀인 예수 그리스도는 기록된 말씀을 증거하시기 때문입니다. 그래서 성경을 진실한 마음으로 바르게 읽는 사람은 누구나 성경을 통해서 예수 그리스도를 만날 수 있고, 또 경험할 수 있습니다. 역사 가운데 전해오는 사실은 그리스도를 부정하기 위하여 성경을 읽었던 사람들 중에 많은 사람들이 오히려 기록된 말씀인 성경 속에서 그리스도를 발견하고 회심했다는 것입니다.

이미 그리스도 예수를 믿고 영생의 복을 받은 사람들은 이제 날마다 이 떡을 먹어야 합니다. 왜냐하면 그들은 이미 왕 같은 제사장이기 때문입니다. 만약에 예수를 믿는다고 하면서도 생명이신 그리스도의 말씀을 날마다 먹지 않는다면 그는 생명력을 잃고 쓰러질 것입니다. 사람이 육신을 위하여 매일 밥(떡)을 먹지 않으면 죽어가듯이 만약에 예수님을 믿고 그 영이 살아난 사람이 영혼의 떡(빵)인 하나님의 말씀을 매일 먹지 않는다면 그는 쓰러지고 말 것입니다. 아이들이 밥을 부실하게 먹으면 제대로 자라지 못하는 것처럼 성도들도 매일 생명의 말씀을 제대로 받아먹지 못하면 결코 믿음이 성장하지 않습니다. 이에 대하여 사도 베드로는 이렇게 말합니다.

"갓난아이들같이 순전하고 신령한 젖을 사모하라 이는 이로 말미암아 너희로 구원에 이르도록 자라게 하려 함이라"(벧전 2:2)

2. 떡의 재료에서 보는 그리스도와의 관계

첫째, 고운가루(흰색)로 만든 떡(빵): 그리스도의 무죄성

(레 24:5)**"너는 고운 가루를 취하여 떡 열둘을 굽되…"**

떡상의 떡(빵)은 오직 고운 가루로만 만들어야 합니다. 그런데 고운 가루는 **"흰 가루, 섞이지 않은 가루"**를 말합니다. 떡은 그리스도의 육신을 의미하기 때문에 떡을 아무것도 섞이지 않은 흰 가루로 만들었다는 것은 우리를 위하여 어린양으로 하나님 앞에 제물이 되신 그리스도가 어떤 흠이나 어떤 죄도 없으신 성결하신 분이라는 사실을 우리에게 가르칩니다. 그리스도께서는 비록 우리와 똑같은 죄인의 모습으로 오셨지만,

남자와 상관없이 오직 처녀의 몸에서 성령으로 잉태하심으로 말미암아 무죄(無罪)한 상태로 탄생하셨습니다. 뿐만 아니라 그 안에 충만하신 신성(神性)으로 말미암아 이 땅에 사시는 동안 죄가 결코 범접할 수 없었고, 무죄한 상태를 그대로 유지하실 수 있었습니다. 그래서 성경은 곳곳에서(고후 5:21, 요일 3:5, 히 4:15, 7:26, 벧전 2:22) 그리스도의 무죄성(無罪性)을 증명합니다.

둘째, 누룩을 넣지 않은 떡(빵): 말씀(복음)의 순수성

떡상에 올리는 떡(빵)에는 절대로 효소를 넣어서는 안 됩니다. 하나님께서 아주 엄히 명령하셨기 때문입니다. (레 2:5)**"고운 가루에 누룩을 넣지 말고…"** 이것은 거룩한 절기인 무교절의 7일 동안 누룩을 넣지 않은 떡을 먹어야 하는 것과 같은 이치입니다. 성경에서 누룩은 긍정적인 의미로도 쓰이지만, 대부분 죄와 악의 상징입니다. 이것이 상징하는 것은 물론 그리스도의 육신이 순수하심을 의미하지만, 더 나아가 그리스도의 말씀의 순수성을 의미한다고 할 수 있습니다. 누룩은 순수한 가루에 들어가서 그것을 부풀려서 구멍이 나게 합니다. 이것은 본래의 모습을 버리고 순수했던 모습을 잃게 한다는 의미를 갖습니다. 그래서 진설병은 누룩(효소)을 넣지 않고 만들어야 했습니다.

떡상의 떡(빵)은 하나님의 말씀입니다. 곧 복음입니다. 주님께서 순전하시고 진실하신 것처럼 그의 말씀도 순수하며 진실합니다. 곧 우리에게 주신 복음은 처음부터 순수하고 진실합니다. 그러므로 이런 진실하고 순수한 말씀 곧 복음을 우리는 있는 그대로 전해야 합니다. 이렇게 복음을 전할 때 성령의 역사하심으로 말미암아 회심의 역사가 일어나고, 죽었던 영혼이 살아나는 구원의 기적이 일어납니다.

3. 두 줄의 떡 위에 있는 유향과 그리스도와의 관계: 보혈

떡상 위에는 열두 개의 떡이 여섯 개씩 두 줄로 진설되어 있습니다. 그리고 매 줄 위에는 금잔이 있고, 거기에 정결한 유향이 담겨 있습니다. 하나님께서는 **"너는 또 정결한 유향을 그 매 줄 위에 두어 기념물로 여호와께 화제를 삼을 것이며"**(레 24:7)라고 명령하셨습니다. 왜 떡 위에 유향을 두라고 하셨을까요? 유향은 나무줄기에 상처를 내어 뽑아낸 우윳빛 향유(香油)입니다. 떡상 위에 이것을 두어 화제(火祭)의 기념물로 삼는다는 것은 두 가지의 의미가 있습니다.

첫째, 그리스도의 몸은 향기로운 제물이라는 것입니다.

떡으로 상징된 십자가에서 찢겨진 그리스도의 몸은 하나님께 바쳐진 향기로운 제물이라는 의미를 갖고 있습니다. 그리스도의 몸이 향기로운 제물로 하나님께 바쳐졌으므로 하나님께서 그 제물을 만족하게 받으셨고, 그로 말미암아 우리의 죄를 대속하는데 조금도 부족함이 없게 된 것입니다. 아울러 우리도 이것을 매일 먹어야 우리 믿음이 향기로워진다는 것입니다.

둘째, 유향은 그리스도께서 흘리신 보혈을 의미합니다.

하나님은 애굽 땅에서 치러진 첫 번째 유월절에서 백성들에게 고기와 함께 무교병을 먹게 하셨는데, 이때 어린양의 피는 문설주와 인방에 우슬초로 바르라고 하셨습니다. 여기서 무교병과 고기는 떡이요 그리스도의 몸입니다. 아울러서 어린양의 피는 곧 그리스도의 십자가 보혈입니다. 따라서 지금 떡상에 있는 떡은 그리스도의 몸을 상징하고, 그 위에 얹혀 있는 유향은 그가 흘리신 보혈을 의미합니다. '몸과 피'에 대하여는 하나님께서 역사적으로 여러 형태로 그리스도께서 당하실 몸의 고난과 흘리실 보혈을 상징하도록 하셨습니다.

◦ [떡상]과 [요한복음 6, 7장]과의 관계

성막의 떡상의 떡(빵 bread)이 의미하는 모든 것이 요한복음 6장과 7장에 그대로 말씀으로 기록되어 있습니다. 성막의 떡상의 떡은 그림자요, 요한복음 6장과 7장에서 말씀하는 실체는 그리스도의 몸과 말씀입니다. 요한복음 6장에서는 그리스도에 대하여 '하늘로서 내려온 산 떡(the living bread)으로서의 그리스도의 몸'을 강조하고 있고, 요한복음 7장은 그리스도에 대하여 초막절을 통한 '말씀'(2절), 그리스도의 '교훈'(16절), 그리고 모세를 통한 '율법'을 강조하고 있습니다. 7장의 말씀, 교훈, 율법은 모두 '하나님의 말씀'을 의미합니다. 따라서 성막에서 떡상의 떡이 그리스도의 몸과 말씀을 강조했던 것처럼, 요한복음 6장과 7장도 그리스도의 몸과 말씀을 강조합니다.

1. 제사장의 양식 = 영생의 양식 = 요한복음 6장

성막의 떡상에 올려진 떡은 하나님께 바치는 화제(火祭)의 제물이지만, 그것은 무엇보다도 제사장들의 양식입니다. 그리고 이미 살펴보았듯이 이 떡은 그리스도의 몸을 의미합니다. 마찬가지로 요한복음 6장은 그리스도의 몸에 대하여 말씀하고 있습니다. 그의 몸이 떡이라는 것입니다. 특히 51절 하 반절에서 주님께서는 "…**세상의 생명을 위한 내 살이라**"는 말씀을 통해서 그리스도의 몸이 하나님께 화제(火祭)의 제물(祭物)로 바쳐지는 떡이라고 친히 강조하셨습니다.

요한복음의 특별한 기록 체계를 우리는 이미 알고 있습니다. 그것은 매장마다 어떤 예화를 하나씩 소개한 다음, 그 예화를 통해서 그리스도의 어떤 면을 강조한다는 독특한 체계입니다. 그런 체계를 사용한 요한복음 6장에서는 오병이어(五餅二魚)를 예화로 들면서 그리스도의 몸에 대하여 설명합니다. 즉 사도 요한은 오병이어를 통해서 그리스도의 몸은 하늘로서 내려온 산 떡(the living bread)임을 강조합니다. 이것은 곧 십자가에서 우리를 대속하기 위하여 찢기고 피 흘리실 그의 몸을 그렇게 비유한 것입니다. 요한복음 6장을 통해 예수님께서 "(35, 48절)**내가 곧 생명의 떡이로라**", "(51절)**나는 하늘로서 내려온 산 떡이니 사람이 이 떡을 먹으면 영생하리라 나의 줄 떡은 곧 세상의 생명을 위한 내 살(my flesh)이로라**", "(53절)**내가 진실로 진실로 너희에게 이르노니 인자의 살을 먹지 아니하고 인자의 피를 마시지 아니하면 너희 속에 생명이 없느니라**"고 말씀하심으로써 친히 그것을 증명하셨습니다.

예수님의 이 말씀은 자신의 몸을 희생하심으로써 얻게 될 대속(代贖)의 진리를 말씀한 것이지만, 당시의 사람들은 날마다 성전에서 제사를 드리면서도 어린양으로서의 그리스도의 대속의 진리를 깨닫지 못하고 이해할 수 없었습니다. 그래서 이 말씀을 듣고 많은 제자들, 그리고 따르던 사람들이 예수님 곁을 떠났습니다(6:66). 열두 제자만 남았을 때에 예수님께서 **"너희도 가려느냐"**고 하자, 다시금 베드로가 **"주여, 영생의 말씀이 계시매 우리가 뉘게로 가오리이까 우리가 주는 하나님의 거룩하신 자이신 줄 믿고 알았삽나이다"**라는 신앙고백을 합니다. 베드로조차도 당시에는 이 말씀이 이해하기 어려웠겠지만, 그럼에도 불구하고 베드로는 이미 고백한 신앙고백 속에서 이 말씀을 받아들인 것입니다. 그렇습니다. 여러분, 그때나 지금이나 많은 사람들이 그리스도의 희생, 곧 그의 찢기신 몸과 흘리신 보혈로 말미암아 그것을 믿는 사람들이 대속을 받아 영생을 얻게 된다는 진리를 받아들이기를 꺼려합니다. 이해하지 못하고 믿지 못하는 분들이 많이 있습니다. 그러면서도 예배를 드리고, 입으로 믿는다고는 말합니다. 그러나 온전히 믿지 못하면 영생을 얻을 수 없습니다. 비록 지금은 이해가 잘 안 된다고 하더라도 최소한 베드로처럼 온전한 신앙고백 속에서 계속 따라오다 보면, 언젠가는 성령께서 완전히 깨닫고 온전히 믿도록 인도해주실 것입니다.

벧전 2:9절의 말씀처럼 이제는 모든 성도들이 왕 같은 제사장의 반열에 있습니다. 그렇기 때문에 우리는 날마다 떡상 앞으로 나아가 겸손하고 감사한 마음으로 허리를 굽히고 떡상의 떡을 먹어야 합니다. 곧 그리스도의 살과 피를 먹어야 합니다. 대속의 진리를 온전히 믿어야 합니다. 이 신앙고백이 날마다 우리의 기도 가운데 찬송 가운데 드려져야 합니다. 날마다 우리 제사장들은 십자가(번제단)로 나아가서 우리를 위해서 단 위에서 태워지는 어린양의 살과 단 밑에 뿌려진 피를 보고 회개하고 믿고 의지해야 합니다. 십자가를 통하지 않고는 결코 대속을 받을 수 없습니다. 그의 몸과 피를 먹지 않고는 결코 영생을 얻을 수 없습니다. 십자가의 보혈을 통과하지 않고는 아버지 품에 들어갈 수 없습니다. 이 찬양이 생각납니다.

"보혈을 지나 하나님 품으로, 보혈을 지나 아버지 품으로,

보혈을 지나 하나님 품으로, 한 걸음씩 나-가네

존귀한 주 보혈이 내 영을 새롭게 하시네,

존귀한 주 보혈이 내 맘을 새롭게 하네"

2. 하나님의 말씀 = 매일의 양식 = 요한복음 7장

요 1:14절의 **'말씀이 육신이 되어'**라는 말씀은 곧 말씀이신 하나님이 세상에 오실 때에 사람의 몸을 입으셨다는 뜻입니다. 그리고 떡상의 떡(빵)이 그리스도의 몸을 의미한다는 것을 우리는 성경을 통해서 이미 알았습니다. 그러니까 이것을 연결해보면, '떡(빵)= 육신(몸) = 말씀'이 됩니다. 그렇습니다. 사도 요한은 이것을 깨닫고 요한복음 6장을 통해서 떡이 그리스도의 몸이라는 것을 설명했고, 이제 7장에서는 그 떡이 그리스도의 말씀이라는 것을 설명하고 있습니다.

그래서 요한복음 7장은 가버나움에서 초막절에 일어난 사건과 그때

하셨던 주님의 말씀을 기록하고 있습니다. 유대인이라면 '초막절'에 대하여 따로 설명할 필요가 없기 때문에 그냥 2절에서 '**초막절이 가까웠다**'고 기록하고, 14절에서는 '**명절(초막절)의 중간에 성전에 올라가 가르치셨다**'고 말합니다. 또 37절에서는 '**명절 끝날 곧 큰 날에 예수께서 서서 외쳐 가라사대**'라고 기록하고 있습니다. 그러니까 사도 요한은 7장에서 초막절을 통해 그리스도의 또 다른 한 면을 보여주고자 했던 것입니다. 초막절(장막절)은 수장절이라고도 하여 이때 가을 추수를 하지만, 이 추수와 연결하여 특별한 행사를 온 백성들이 가정마다 하게 됩니다.

이 날(초막절: 7월15–22일)이 되면 유대인들은 지붕이나 마당이나 혹은 공원이나 광야에 각 가정마다 초막을 짓고, 거기에 어른으로부터 유아에 이르기까지, 심지어는 타국인까지도 모아서 일주일 동안 함께 기거합니다. 이때 그 집안의 가장(家長)은 이스라엘이 애굽을 탈출하여 광야에서 생활하는 동안 하나님께서 어떻게 이스라엘을 이끄셨는지 성경을 통해서 읽고 설명합니다. 가장(家長)은 이렇게 율법의 모든 말씀을 일주일 내내 낭독하고 가르칩니다. 어린아이들까지도 이때 모두 듣고, 생각하고, 토론하고, 기도하고 회개하게 됩니다. 그러니까 초막절은 풍성한 수확을 주신 하나님께 감사하면서, 또 한 편으로는 광야에서 이스라엘이 하나님과 함께했음을 기억하고, 대대로 아이들에게 이것을 말씀으로 가르쳐서 하나님의 약속의 말씀을 항상 기억하도록 가르치는 절기입니다. 즉 초막절의 중심은 하나님의 말씀이라는 것입니다. 이것은 사실 하나님의 명령입니다. 신명기 31:10~12에 보면, "**10 그들에게 명하여 이르기를 매칠 년 끝 해 곧**

정기 면제년의 초막절에 11 온 이스라엘이 네 하나님 여호와 앞 그 택하신 곳에 모일 때에 이 율법을 낭독하여 온 이스라엘로 듣게 할지니 12 곧 백성의 남녀와 유치와 네 성안에 우거하는 타국인을 모으고 그들로 듣고 배우고 네 하나님 여호와를 경외

하며 이 율법의 모든 말씀을 지켜 행하게 하고"라고 나옵니다.

요한복음 7장에서 사도 요한은 바로 이 절기에 하나님의 아들 그리스도께서 백성들에게 성전에서 말씀을 가르치고 선포하시는 모습을 보여줍니다. 곧 성전의 떡이시오, 말씀이신 그리스도의 본 모습을 보여준 것입니다. 결국 구약 속의 성막의 떡상은 신약 속에서 요한복음 6장과 7장에 그대로 말씀으로 기록되어 있다는 것을 우리는 깨닫게 됩니다. 할렐루야 아멘.

◆

말씀(λόγος[로고스])이신 그리스도에 대하여

(그랜드종합주석에서 발췌)

우리는 여기서 하나님의 아들 그리스도에 대하여 성경에서 계속 '하나님의 말씀' 또는 '말씀'이라고 하는 부분에 대하여 알고 넘어가야 할 것 같습니다. 이 부분은 매우 중요합니다. 비록 신학적인 부분에 해당되기 때문에 이해하기 어려워도 성경을 읽으면서 계속 나오는 부분이요, 또 우리 스스로도

이것을 말해야 하기 때문에 어느 정도는 알고 있어야 한다고 생각합니다.

창세기 1:3절에 보면 "**하나님이 이르시되 빛이 있으라 하시니 빛이 있었고**(And God said, "Let there be light," and there was light.)"라고 기록하여 하나님께서 온 우주를 '말씀'으로 창조하셨다고 언급하고 있습니다. 그런가 하면, 요한복음 1:1-2절에서는 "**태초에 말씀이 계시니라 이 말씀이 하나님과 함께 계셨으니 이 말씀은 곧 하나님이시니라 그가 태초에 하나님과 함께 계셨고 만물이 그로 말미암아 지은 바 되었으니 지은 것이 하나도 그가 없이는 된 것이 없느니라**"라고 기록함으로써 말씀을 인격화하여 그 말씀이 곧 하나님이시며, 제2위의 하나님이신 성자 예수 그리스도이심을 강조합니다. 성자 예수님을 '말씀'이라고 특정 지었을 때, 우리는 그 의미에 대하여 사실상 얼른 이해하기가 어렵습니다.

'말씀'이라고 하면 신약 성경이 기록되던 당시의 중심 언어였던 '헬라어'를 제외하고 말할 수는 없습니다. 왜냐하면 성경에서 사용된 '말씀'에 해당하는 "λόγος[로고스]"가 헬라어이며, 또 이 말이 헬라어의 배경을 갖고 사용되었기 때문입니다. 그러나 이 용어가 비록 헬라어를 배경으로 사용되었지만, 70인역[LXX] 구약성경이나 신약성경의 저자들, 그리고 번역자들은 '말씀'에 해당하는 "λόγος[로고스]"라는 용어가 헬라어의 사전적 의미대로 사용된 것이 아니라, 성경 사상을 나타내는 특별한 용어로 사용되었다고 인정합니다.

그래서 성경에서의 "λόγος[말씀]"개념과 헬라어에서의 "λόγος[말씀]" 개념은 아예 처음부터 다르다고 말할 수 있습니다. 우선 그 근본 사상부터 다릅니다. 헬라적 개념에서의 "λόγος[로고스: 말씀]"는 '우주는 자연적으로 발생했다'는 근본사상에서 출발합니다. 그래서 헬라어에서의 'λόγος'는 자연적으로 발생한 우주에 내재하고 있는 원리(原理)나 정신

(情神)이나 법칙(法則)를 의미합니다. 그러나 성경적 개념에서의 "λόγος[로고스: 말씀]"는 '우주는 하나님께서 λόγος[말씀]로 창조하셨다'라는 사상에서 출발합니다. 이제 우리는 성경에서 말하는 '말씀(λόγος)'의 의미(意味)에 대하여 살펴보아야 하겠습니다.

성경에서의 λόγος의 일반적 개념

우주를 창조하시고 그것을 경영하시며 섭리하시는 하나님은 절대자(絕對者)이시며, 또 초월자(超越者)이십니다. 이런 절대자 하나님은 당신이 창조하신 우주에 대하여 특별한 의지(意志:뜻)를 갖고 계시며, 피조물에 대한 절대적인 주권(主權)을 갖고 계십니다. 이런 하나님의 의지와 주권에서 나오는 ①계시(啓示)의 말씀과 ②섭리(攝理:활동)의 원리를 우리는 보통 일반적인 개념으로서의 'λόγος[말씀]'라고 말합니다. 예를 들어서 성경의 기록 속에 있는 말씀들은 대부분 계시의 말씀에 해당합니다. 이런 계시의 말씀은 절대자의 계시이므로 선지자나 선견자가 제 마음대로 변개(變改)할 수가 없습니다. 그런가 하면 바닷물이 육지를 넘지 못하도록 하신 원리라든지, 별들의 운행 원칙이라든지, 죄인을 벌하시고 의인에게 복을 주신다는 원칙 등은 섭리의 원리라고 할 수 있습니다. 이런 것들은 우주에서 일반적으로 통용되는 하나님이 정하신 원리요, 법칙입니다. 우리는 이것을 일반적인 의미에서의 'λόγος[말씀]'라고 말합니다.

λόγος[말씀]로서의 그리스도

사도 요한은 요한복음 1:1에서 **"태초에 말씀이 계시니라 이 말씀이 하**

나님과 함께 계셨으니 이 말씀은 곧 하나님이시니라(εν αρχη ην ο λογος και ο λογος ην προς τον θεον και θεος ην ο λογος)”라고 말함으로써 직접적으로 예수 그리스도가 '하나님이시오, 또한 λόγος[로고스:말씀]'이심을 선포(宣布)합니다. 일반적인 의미에서의 λόγος[말씀]와 다른 의미입니다. 즉 ①λόγος이신 그리스도는 육신을 입고 세상에 오신 이후에 λόγος 가 되신 것이 아니라 (εν αρχη 곧 시간을 초월한 영원 전을 의미하는) 상고(上古)로부터, 태초로부터 λόγος[말씀]이셨습니다. 그래서 요한복음 1:14절은 “말씀[λόγος]이 육신이 되었다”라고 기록하고 있습니다. 반대로 ②그리스도께서는 태초에는 λόγος[말씀]의 형태로 존재하셨다가 육신을 입으신 후에야 온전하신 하나님이 되시고 그리스도가 되셨다는 의미도 아닙니다. 그리스도는 처음부터 영원하신 하나님이셨고, 그리스도이셨습니다. 사도 요한이 그리스도를 λόγος[말씀] 라고 말한 것은 제2위의 성자 하나님으로서 성육신하여 우리의 구세주가 되신 예수님의 지위와 사역을 드러내기 위한 표현입니다. 특히 예수님의 사역 중에서 가장 두드러진 사역은 그 어떤 사역보다도 '아버지 하나님을 계시(啓示:말씀) 하시는 사역'임을 볼 때에 예수 그리스도 성자 하나님을 'λόγος[말씀]' 라고 표현하는 것은 참으로 적절한 표현이라고 할 수 있습니다.

① λόγος[말씀]의 주체로서의 그리스도

예수님은 제2위의 하나님이시며 동시에 완전한 사람(人子)이시므로, 절대자요 초월자의 한 분이십니다. 그러므로 예수 그리스도는 우주를 창조하신 분이시며, 이 우주를 통치하는 원리를 입법하신 분이시므로 피조물에 대한 절대적 주권과 의지를 말씀으로 선포하시는 주체(主體)

의 한 분이 되십니다.

② λόγος[말씀]의 전달자[使者]로서의 그리스도

예수 그리스도는 성육신 이전에도 여호와의 사자로서 성부 하나님의 주요 계시를 전달하시는 사역을 하셨습니다(창 16:7-13, 출 3:2-12, 삿 6:11-24, 삿 2:1-5 등). 성육신 이후에는 성부 하나님의 구속의 섭리를 복음으로 계시하시는데 온 힘을 기울이셨습니다.

③ λόγος[말씀] 자체로서의 그리스도

예수 그리스도는 복음(福音)의 본체(本體)요 실체(實體)입니다. 예수님 자신이 곧 복음입니다. 이런 의미에서 예수 그리스도는 λόγος[말씀] 그 자체이십니다.

성막의 첫 번째 기구인 동문이 주는 믿음은 '신앙고백적인 믿음'이었습니다. 즉 구원에 이르는 믿음이 동문이 주는 믿음의 모습이었습니다. 두 번째 기구인 번제단이 주는 믿음은 사랑을 동반한 '섬기는 믿음'이었습니다. 이 믿음은 희생을 의미하는 '십자가를 지는 믿음'이라고 할 수 있습니다. 세 번째 기구인 물두멍이 주는 믿음은 '거룩한 백성으로서의 믿음'이었습니다. 이 믿음은 구속받은 하나님의 자녀로서의 거룩함에 대하여 숭고하고 겸손한 자부심을 갖는 믿음이라고 할 수 있습니다. 네 번째 기구인 떡(상)이 주는 믿음은 '하나님의 말씀을 믿는 믿음'입니다.

1. 성경을 하나님의 말씀으로 믿는 믿음

우리가 믿는 하나님은 성경을 통해서 세상에 자신을 드러내셨습니다. 이것을 우리는 계시(啓示)라고 말합니다. 그렇습니다. 하나님의 계시의 말씀인 성경 66권은 약 1,600년에 걸쳐서 40명의 기록자에 의하여 완성된 하나님의 말씀입니다. 각 성경마다

시대도 다르고 기록자도 다르지만, 성령 하나님의 감동으로 기록되었기 때문에 마치 한 사람이 일정한 주제를 가지고 기록한 것처럼 통일된 주제를 가지고 완성된 것입니다. 첫 번째 성경인 창세기에서부터 시작해서 마지막 성경인 요한계시록에 이르기까지 66권의 성경의 일관된 주제는 그리스도요, 그 그리스도를 통한 하나님의 구원과 심판입니다. 그리고 이 주제 속에서 하나님께서는 우주(세상)는 어떻게 존재하게 되었는지, 하나님이 어떤 분이신지, 인간과 천사는 어떤 존재인지, 천국과 지옥은 어떤 곳인지, 하나님께 나아가는 길은 어떤 것인지, 하나님의 자녀는 세상에서 어떻게 살아가야 하는지, 세상은 어떻게 종말을 고하는지, 그다음의 영원한 나라는 어떻게 전개되는지 등에 관해서 기록하게 하셨습니다. 그래서 우리는 성경을 통해서 하나님을 알고, 그리스도를 알고, 세상도 알고, 천사도 알고, 우리 자신도 알 수 있을뿐더러, 우리가 어떻게 하나님을 믿고 어떻게 살아가야 하는지를 알 수 있습니다. 성경의 모든 말씀이 하나님께서 우리를 위해서 계시하신 말씀이기 때문에 그 말씀대로 믿고 살아간다면 우리는 하나님의 나라에서 영원히 하나님과 함께 살게 될 것입니다.

우리가 이미 살펴본 대로 떡상의 떡은 그리스도의 몸을 의미함과 동시에 그의 말씀을 의미합니다. 요한복음 1:1절에서 계시하신 대로 그리스도는 하나님이시며 동시에 하나님의 말씀이시기 때문에 떡상의 떡이 우리에게 주는 믿음은 그의 말씀인 성경을 온전하고 거룩한 하나님의 말씀으로 믿고 그 말씀대로 따르는 믿음이 곧 그리스도를 믿고 그를 따르는 믿음임을 말해줍니다. 만약에 예수님을 믿는다고 하면서도, 그리고 교회도 다니고, 심지어 목사가 되고, 신학 박사가 되었다고 하더라도 성경을 하나님의 말씀으로 믿지 않거나, 혹은 일부만 믿거나 한다면 그 사람은 결코 그리스도인이 아니며, 구원받은 하나님의 백성도 아니며, 하나님을 알지도 못한 사람이라고 할 수 있습니다. 성경을 하나님의 말씀으로 믿는 믿음은 그만큼 중요합니다. 성경은 스스로 증거 합니다. (딤후 3:16)**"모든 성경은 하나님의 감동으로 된 것으로 교훈과 책망과 바르게 함과 의로 교육하기에 유익하니 이는 하나님의 사람으로 온전케 하며 모든 선한 일을 행하기에 온전케 하려 함이니라"** 성경을 하나님의 말씀으로 믿고 받아들이며 그 진리의 말씀을 의지하고 지켜 행하면 반드시 하나님께서 함께 하시며, 우리로 하여금 온전하게 만들어 주실 것입니다. 떡상의 떡이 주는 첫 번째 믿음이 바로 이것입니다.

2. 성경 말씀대로 살아가는 믿음

(딤후 3:15)**"네가 어려서부터 성경을 알았나니 성경은 능히 너로 하여금 그리스도 예수 안에 있는 믿음으로 말미암아 구원에 이르는 지혜가 있게 하느니라"** 이 말씀대로 성경은 예수 그리스도를 믿는 사람들로 하여금 구원에 이르는 지혜를 줍니다. 여기

서 구원에 이르는 지혜라는 것은 예수 그리스도가 어떤 분이시며, 그가 구원을 위해서 어떤 일을 하셨으며, 그가 구원을 위해서 우리에게 베푸신 것을 어떻게 믿어야 하며, 이 복음을 어떻게 전파하며, 그리스도인으로써 어떻게 살아야 하는가에 대하여 깨닫게 하는 것을 말합니다. 그런데 이런 모든 구원에 관한 진리와 지혜는 오직 하나님의 말씀인 성경에 기록되어 있습니다. 그래서 진짜 예수님을 온전히 믿는 사람들은 성경을 하나님의 말씀으로 믿는 것과 동시에 그때부터 성경에서 말씀하시는 대로 살아가기로 결심하고 그렇게 살기 위해서 부단히 애쓰고 힘쓰게 됩니다.

'성경 말씀대로 살아간다는 것'은 그리스도인들에게는 필수 요구사항입니다. 그리스도인이 된 이후부터 우리는 인생관(人生觀)과 세계관(世界觀)과 가치관(價値觀)부터 완전히 달라지게 됩니다. 천상천하유아독존(天上天下唯我獨尊)이라는 인생관이 하루아침에 변하여 이제부터 **'하나님의 자녀', '하나님의 사람', '천국 백성', '그리스도를 위하여 언제라도 죽을 수 있는 사람', '하나님의 나라와 그 의를 위해서 무엇이든지 희생하며 살 수 있는 사람'**으로 바뀌어 버립니다. 또 세상은 저절로 되어졌다거나 혹은 빅뱅이나 진화(進化)에 의해서 만들어졌다는 세계관이 오직 하나님께서 이 모든 것을 말씀으로 창조하시고, 또 그의 뜻대로 섭리해 나가신다는 세계관으로 바뀌게 됩니다. 뿐만 아니라 이 세상에서 나와 내 가족과 내 나라가 가장 중요하다는 가치관이 변하여 나보다는 하나님과 이웃을 더욱 사랑하게 되고, 내 나라도 사랑하지만 무엇보다도 하나님의 나라를 더 사랑하게 되는 변화가 일어납니다.

성경은 이렇게 말씀합니다. (요일 5:3)"하나님을 사랑하는 것은 이것이니 우리가 그의 계명들을 지키는 것이라 그의 계명들은 무거운 것이 아니로다", (요일 3:23)"그의 계명은 이것이니 곧 그 아들 예수 그리스도의 이름을 믿고 그가 우리에게 주신 계명대로 서로 사랑할 것이니라 24 그의 계명들을 지키는 자는 주 안에 거하고 주는 저 안에 거하시나니 우리에게 주신 성령으로 말미암아 그가 우리 안에 거하시는 줄을 우리가 아느니라" 이 말씀들은 성경 말씀대로 사는 것이 곧 하나님을 사랑하는 것이라고 강조합니다. 그러나 우리가 비록 하나님의 자녀가 되었지만, 우리는 모두 연약한 사람들입니다. 그래서 하나님의 말씀대로 살아가기로 결심하지만, 때로는 넘어질 때도 많습니다. 그러나 실망하지는 말아야 합니다. 그 반복되는 넘어짐의 아픔과 실패의 고통 속에서 결국은 주님께서 우리로 하여금 승리하게 하실 것입니다. 할렐루야 아멘!

。 떡상(진설병) 기도 : 말씀에 의지하는 기도

첫 번째 단계의 기도인 동문의 기도는 '구원에 이르는 신앙고백적인 기도'였습니다. 두 번째 단계인 번제단 기도는 그리스도의 희생을 믿고 구원에 이른 사람들이 이제는 그리스도를 위하여 자신을 희생하겠다고 작정하는 '나를 드리는 기도'였습니다. 세 번째 단계인 물두멍 기도는 '철저한 회개의 기도'였습니다. 네 번째 단계인 떡상의 기도는 '말씀에 의지하는 기도'입니다.

이제까지 우리가 살펴본 성막 뜰의 세 기구의 기도 곧 동문 기도, 번제단 기도, 물두멍 기도는 모두 **고백의 기도**라고 할 수 있습니다. 그러나 성소에 들어와서 드리는 떡상 기도부터는 하나님의 자녀들이 하나님께 무엇인가를 **구하는 기도**가 됩니다. 우리는 개인적인 신앙생활과 함께 또 주님께서 내게 원하시는 사역을 위해서 필요한 것이 있고, 아직 이 땅에서 살아가기 위해서 필요한 것들이 있습니다. 이럴 때 우리는 그것을 하나님께 구할 수 있습니다. 이렇게 하나님께 구할 때에 어린아이처럼 '그거 주세요, 저거 주세요'라고 막무가내로 구할 수도 있습니다. 그러나 좀 더 신앙이 성장한 분들은 말씀에 근거를 두고 하나님께 구해야 한다는 것을 알게 됩니다. 떡상의 기도는 바로 이렇게 말씀에 근거하여 하나님께 구하는 기도를 우리에게 가르칩니다. 말씀에 근거하여 구하는 기도에는 두 가지의 기도가 있다고 보여 집니다. 첫째는 말씀 자체를 구하는 기도와 둘째는 말씀을 근거로 다른 것을 구하는 기도입니다.

1. 말씀이신 그리스도 자체를 구하는 기도 = 주님과의 동행을 구하는 기도

마태복음의 끝(28:20)에 예수님께서는 제자들에게 "**내가 세상 끝날까지 너희와 항상 함께 있으리라**"고 약속하셨습니다. 이 약속을 따라서 예수님께서는 그의 자녀들과 언제나 함께하십니다. 그러나 문제는 내가 주님과 함께하고 있느냐 하는 고민이 있습니다. 좀 이상한 말 같지만, 다른 말로 하면 주님은 항상 내 편에 서 계신데도 불구하고 나는 항상 주님 편에 서 있지 않는 때가 있다는 것입니다. 이스라엘 사람들이 즐겨 부르는 히브리 찬양 가운데 시편 118편이 있습니다. 거기 6절부터 9절까지를 보면 이런 말씀이 있습니다. "**6 여호와는 내 편이시라 내게 두려움이 없나니 사람이 내게 어찌할꼬 7 여호와께서 내 편이 되사 나를 돕는 자 중에 계시니 그러므로 나를 미워하는 자에게 보응하시는 것을 내가 보리로다 8 여호와께 피함이 사람을 신뢰함보다 나으며 9 여호와께 피함이 방백들을 신뢰함보다 낫도다**"

우리는 여기에서 '**여호와는 내 편이시라**'는 약속의 말씀 곧 '**하나님께서 항상 나와 함께 하신다**'는 말씀만 마음에 담고 그냥 쉽게 넘어갑니다. 그러나 8절을 보면 이야기가 달라집니다. 여호와께서는 항상 내 편이시지만, 우리가 '**여호와께 피함**'이 있어야 한다는 것입니다. '**여호와께 피한다**'

는 것은 '**여호와의 편에 선다**'는 뜻입니다. 주님은 항상 내 편이시지만, 내가 주님 편에 서 있지 않으면 주의 뜻을 이루기 어렵습니다. 그래서 우리는 항상 '지금 내가 과연 주님 편에 서 있는가'에 대하여 우리 자신을 잘 살펴야 합니다. 우리는 미국 대통령 에이브러햄 링컨의 이야기를 많이 들었습니다. 남북 전쟁이 한창일 때에 한 장군이 이렇게 질문합니다. "각하, 하나님이 우리 편이시니 우리가 이기겠지요?" 그러자 링컨이 이렇게 답합니다. "하나님께서 우리 편이신 것은 맞지만, 우리가 하나님 편인지 그것이 걱정되는구만." 그렇습니다 여러분, 기도의 용사 링컨조차도 자신이 지금 하나님 편에 서 있는지, 자기 군대와 각료들이 과연 하나님 편에 서 있는지 그것이 걱정이었습니다. 링컨뿐만 아니라 시편 118편의 저자도 그것을 걱정했습니다. 마찬가지로 우리 모두 그것을 늘 생각하면서 언제 어디서든지 주님 편에 서 있도록 자신을 살펴야 하고 그렇게 서 있도록 기도해야 합니다. 주님 편에 서고자 하는 기도는 주님과 함께 하고자 하는 기도요, 말씀이신 주님을 구하는 기도입니다. 주님과의 동행을 구하는 기도, 주님 편에 늘 서 있도록 자신을 살피며 구하는 기도, 주님 자신을 구하는 기도, 그것이 바로 떡상의 기도입니다.

2. 말씀을 근거로 어떤 것을 구하는 기도

예수님께서 어느 날 게네사렛 호숫가에서 한 배에 오르셔서 말씀을 전하셨습니다. 말씀을 다 마치신 후에 예수님께서 베드로에게 **"깊은 데로 가서 그물을 내려 고기를 잡으라"**고 명하셨습니다. 그러자 베드로가 **"우리가 밤이 맞도록 수고를 하였으되 얻은 것이 없었지만, 말씀에 의지하여 내가 그물을 내리리이다"**(눅 5:5)하고는 주의 말씀대로 깊은 데 가서 그물을 내려 많은 고기를 잡았습니다. 여기서 우리가 눈여겨보아야 하는 것은 베드로가 **"(주의) 말씀에 의지하여"**라고 말한 부분입니다.

여러분, 하나님께서는 온 우주를 말씀으로 창조하셨습니다. 그 말씀에는 능력이 있습니다. 그런데 주님께서는 이런 능력의 말씀을 성경 속에 기록하심으로 말미암아 그 말씀들은 모두 우리에게 주시는 약속(約束)이 되었고, 우리가 그 약속들을 읽고 마음속에 넣어두고 언제든지 꺼내서 그 약속을 사용할 수 있도록 하셨습니다. 예를 들어, 우리가 어쩌다가 하나님께 죄를 저질렀습니다. 이때 우리는 주의 약속의 말씀을 생각해보아야 합니다. 즉 이런 말씀입니다. 시편 116:5의 **"여호와는 은혜로우시며 의로우시며 우리 하나님은 긍휼이 많으시도다"** 여기서 우리를 용서하시는 하나님의 성품은 긍휼입니다. 긍휼이란 비록 잘못을 저질렀지만 불쌍히 여겨서 용서하시고 벌하지 않는 성품을 말합니다. 우리가 하나님 앞에 죄를 지었을 때에 하나님께 호소하는 근거는 바로 하나님의 긍휼하심입니다. 다윗이 바로 이것을 사용했습니다. 다윗은 하나님의 뜻에 합한 사람이라는 놀라운 칭호를 받은 사람이지만, 어느 날 자기 부하의 아내를 불러서 간통하고 그것이 들통날까 봐 그 남편까지 죽이는 큰 죄를 저질렀습니다. 이때 나단 선지자의 지적을 받고 그는 즉시 엎드려서 하나님의 용서를 구합니다. 이때 용서를 구하는 다윗이 이렇게 기도합니다. (시편 51:1)**"하나님이여 주의 인자를 따라 내게 은혜를 베푸시며 주의 많은 긍휼을 따라 내 죄악을 지워주소서"** 다윗의 기도를 보면 항상 하나님의 말씀을 근거로 기도한다는 것을 알 수 있습니다. 여러분, 물고기를 잡는 것도 주의 말씀을 따라서 잡았습니다. 죄의 용서를 받는 것도 말씀을 근거로 해서 구했습니다. 우리의 필요한 모든 것을 주의 말씀을 근거로 구하십시오. 어떤 분들은 베드로처럼 친히 주시는 말씀을 따라 구하기도 하지만, 그러나 성경말씀이 항상 기도의 근거가 되어야 합니다. 이것이 말씀을 따라 구하는 떡상의 기도입니다. 아멘!

제5장

금등대
(금촛대)

세상의 빛

† 요한복음 8, 9장 †

출 25:31-40

"31 너는 정금으로 등대를 쳐서 만들되 그 밑판과 줄기와 잔과 꽃받침과 꽃을 한 덩이로 연하게 하고 32 가지 여섯을 등대 곁에서 나오게 하되 그 세 가지는 이편으로 나오고 그 세 가지는 저편으로 나오게 하며 …39 등대와 이 모든 기구를 정금 한 달란트로 만들되"

레 24:1-4

"여호와께서 모세에게 일러 가라사대 이스라엘 자손에게 명하여 감람을 찧어 낸 순결한 기름을 켜기 위하여 네게로 가져오게 하고 끊이지 말고 등잔불을 켤지며 아론은 회막안 증거궤 장 밖에서 저녁부터 아침까지 여호와 앞에 항상 등잔불을 정리할지니 너희 대대로 지킬 영원한 규례라"

　금촛대는 성소에 안에 있는 두 번째 성구(聖具)입니다. 성소 휘장을 지나서 성소 안을 바라보면서 왼쪽(남쪽)에 있으며, 떡상의 맞은편에 있습니다. 금 한 달란트(34kg=9,066돈중)를 쳐서 만든 금촛대는 중심의 줄기에서 좌우로 세 개씩의 가지가 나와서 모두 일곱 개의 촛대를 이루는 모양으로 만들어져 있습니다. 즉 일곱 개의 촛대인 동시에 하나의 촛대입니다. 이 촛대는 저녁 해가 질 때에 불을 켰다가 아침 해가 뜰 때에 불을 끄도록 하나님께서 명하셨습니다. 일곱 촛대 정면(북쪽)과 뒷면(남쪽)은 금(金)을 입힌 기둥 벽이 막고 있고, 천장과 좌우의 휘장은 정교하게 수를 놓은 세마포 장이 있어서 일곱 촛대에 불을 켰을 때에는 성소(聖所) 안이 전체적으로 휘황찬란하였을 것입니다. 다만 바닥은 그냥 흙바닥이었습니다. 이 촛대에서 사용하는 기름은 감람을 찧어 낸 순결한 감람유를 사용하도록 하셨습니다.

금촛대[금등대:金燈臺]에 대한 설명: 기능과 특징

금촛대는 그 기능과 특징에 있어서 여러 가지 측면으로 그리스도를 상징합니다. 또한 촛대라는 특징은 교회를 상징합니다. 이제 그 기능과 특징을 따라서 하나씩 살펴보겠습니다.

1. 금으로 만든 등대: 세상의 빛이신 그리스도

(출 25:31-33)"31 너는 정금으로 등대를 쳐서 만들되…"

정금(正金)으로 만든 촛대는 무엇보다도 해가 진 이후의 어두워진 성소 안에 빛을 비추기 위하여 만들게 하셨습니다. 그래서 촛대의 가장 큰 의미는 어두운 성소를 (빛을 비추어) 밝게 해준다는 것입니다. 금(金)에서 얻을 수 있는 교훈은 일반적으로 믿음을 의미합니다. 그러나 금(金)이 하나님에게 적용될 때에는 그의 영원성과 불변성을 의미합니다. 아울러서 모든 약속을 성실히 지키시는 하나님의 품성을 의미합니다. 성막의 모든 것은 그리스도와 관련되어 있습니다. 물론 촛대도 그리스도의 어떤 모습을 보여줍니다. 그것은 그리스도께서 세상에 오신 빛이시라는 것입니다. 세상의 빛이시되 영원하시며 변하시지 않는 온전하신 빛, 생명을 주시는 완전하신 빛이시라는 것입니다. 세상은 죄로 말미암아 어두워졌고, 세상을 비추는 빛은 없었습니다. 그러나 영원한 생명의 빛이신 그리스도께서 오심으로 말미암아 세상은 비로소 빛을 보게 되었습니다. 요한은 이것을 이렇게 기록하고 있습니다.

(요 1:4-5)"4 그 안에 생명이 있었으니 이 생명은 사람들의 빛이라 5 빛이 어두움에 비치되 어두움이 깨닫지 못하더라"

(요 1:9-10)"9 참 빛 곧 세상에 와서 각 사람에게 비치는 빛이 있었나니 10 그가 세상에 계셨으며 세상은 그로 말미암아 지은 바 되었으되 세상이 그를 알지 못하였고"

(요 8:12)"나는 세상의 빛이니 나를 따르는 자는 어두움에 다니지 아니하고 생명의 빛을 얻으리라"

(요 9:5)"내가 세상에 있는 동안에는 세상의 빛이로라"

사도 요한은 세상을 빛이 없는 어두운 곳이었다고 말했습니다. 즉 죄로 말미암아 아무 소망이 없는 죽음의 땅이었다는 것입니다. 그러나 이런 어두운 세상에 빛이신 하나님께서 육체를 입으시고 임하신 것입니다 (요 1:14). 그때부터 세상에는 빛이 있었지만, 사람들은 자기 죄로 말미암아 빛을 깨닫지 못했습니다. 그러나 누구든지 이 빛을 따르는 자, 곧 그를 믿고 영접하는 자들은 어두움에 다니지 않게 되었고, 그 생명의 빛으로 말미암아 영원한 생명을 얻게 되었습니다.

2. 일곱 촛대: 일곱 교회(모든 시대의 모든 교회)

(계 1:12-13)"몸을 돌이켜 나더러 말한 음성을 알아보려고 하여 돌이킬 때에 일곱 금촛대를 보았는데, 촛대 사이에 인자 같은 이가 발에 끌리는 옷을 입고 가슴에 금띠를 띠고"

(계 1:20)"네 본 것은 내 오른손에 일곱 별의 비밀과 일곱 금촛대라 일곱 별은 일곱 교회의 사자요 일곱 촛대는 일곱 교회니라"

성막의 금촛대는 단순한 한 줄기의 촛대가 아닙니다. 중앙에 한 줄기의 촛대가 있고 이 줄기에서 좌우로 세 개씩의 가지가 나와서 모두 일곱 개의 촛대가 된 모습입니다. 비록 일곱 개의 촛대이되 줄기와 가지들이 오직 하나로 되어 있는 형태입니다. 위에 기록한 계시록 말씀에서 보면 세상의 빛이신 예수님께서는 함께 세상의 빛이 되어야 할 교회를 일곱 촛대라고 말씀하고 있습니다. 즉 일곱 촛대는 그리스도 안에 있는 하나 된 모든 교회를 말합니다. 마치 하나님께서 모세에게 만들게 하신 이 금촛대가 일곱 개의 촛대를 갖고 있지만 실은 하나의 촛대인 것과 같습니다. 이것은 교회의 모습과 역할을 잘 말해주고 있습니다. 즉 나라마다 다르고, 교단마다 다르며, 교회마다 다르지만 주 안에서 **'교회는 하나'**라는 것입니다. 즉 그리스도 예수에 대한 믿음으로 하나로 연합(聯合)되어있다는 것이지요.

(엡 4:4-6)"몸이 하나이요 성령이 하나이니 이와 같이 너희가 부르심의 한 소망 안에서 부르심을 입었느니라 주도 하나이요 믿음도 하나이요 세례도

하나이요 하나님도 하나이시니 곧 만유의 아버지시라"

　어느 날 예수님께서는 제자들에게 **"너희는 세상의 빛이라"**고 말씀하셨습니다. 그리스도 안에 있는 모든 교회는 하나일 뿐만 아니라 함께 세상의 빛으로서 어두움에 헤매는 사람들에게 참 빛이신 그리스도를 전하여 그들이 그 빛을 보고 생명의 길로 나오도록 해야 한다는 의미의 말씀입니다. 우리의 빛 된 생활이 바로 이 일을 감당해야 합니다. 우리가 진실로 그리스도의 빛 가운데 있으면 우리는 누가 뭐라고 하더라도 빛을 발하게 되어있습니다. 우리는 처음부터 빛이었던 것은 아닙니다. 참 빛이신 그리스도를 우리 안에 영접한 이후부터 우리는 빛이 되었습니다. 그러나 우리는 스스로 빛을 발하는 그런 빛이 될 수는 없습니다. 오직 빛이신 그리스도께서 우리 안에 거하심으로 말미암아 비로소 내 속에서 빛이 비쳐질 뿐입니다. 즉 내 것이 아니라 믿음(金)으로 내 안에 들어오신 그리스도로 말미암아 내가 빛을 소유한 사람이 된 것입니다. 그래서 비로소 내 이웃에게 빛을 비출 수 있게 된 것입니다. 그러나 똑같은 생명의 빛을 자기 안에 갖고 있으면서도 각 자가 세상에 비추는 빛은 모두 다르다는 것에 우리는 주목할 필요가 있습니다. 빛이신 그리스도를 우리가

영접하였을 때, 영접한 빛의 광도(光度)는 모두 100%입니다. 그러나 어떤 분은 80%, 또 어떤 분은 50%, 또 어떤 분은 30%, 심지어 어떤 분은 5%의 빛도 제대로 비추지 못하는 분이 있습니다. 왜 그럴까요? 완전한 100%의 광도(光度)를 가진 빛을 똑같이 받았음에도 불구하고 왜 이렇게 세상에 비추는 광도(光度)가 다 다를까요? 이에 관하여 우리는 각자 깊이 생각해야 한다고 봅니다.

3. 줄기와 가지: 그리스도와 제자들

(출 25:32)"가지 여섯을 등대 곁에서 나오게 하되 그 세 가지는 이편으로 나오고 그 세 가지는 저편으로 나오게 하며"

일곱 개의 금촛대는 모두 같은 것이 아닙니다. 가운데에 꼿꼿하게 서 있는 하나는 줄기(나무)이고, 나머지 여섯은 가지입니다. 이 가지들은 좌우 양쪽으로 세 개씩 연결되어 있습니다. 이 줄기와 가지의 형상은 비록 살구꽃이지만, 이스라엘의 많은 역사 기록물에는 이스라엘 백성들이 포도나무 가지에 근거해서 금촛대의 모양을 만들었다고 전해지고 있습니다. 그리고 예수님께서도 이것에 근거해서 포도나무와 가지의 비유를 말씀하셨다고 합니다.

(요한복음 15:5)"나는 포도나무요 너희는 가지니 저가 내 안에 내가 저 안에 있으면 이 사람은 과실을 많이 맺나니 나를 떠나서는 너희가 아무것도 할 수 없음이라"

여기서 포도나무 곧 포도 줄기는 물론 예수 그리스도이시고, 이 줄기에 붙어 있는 가지들은 그리스도인들입니다. 가지는 줄기로부터 성장에 필요한 것들을 공급받습니다. 가지의 생명의 근원은 나무(줄기)에 있습니다. 거기서 떨어져 나오면 말라서 죽게 됩니다. 따라서 가지는 줄기에 붙어 있을 때 많은 열매를 맺을 수 있습니다.

4. 쳐서 만듦: 고난

(출 25:31)**"너는 정금으로 등대를 쳐서 만들되…"**

금촛대는 금을 불에다 녹여서 살구꽃 문양 틀에다가 부어서 만든 것이 아닙니다. 하나님께서는 이것을 만드는 방법까지도 세밀히 말씀하셨는데, 그것은 금 한 달란트 덩어리를 망치로 쳐서 이 모든 것을 만들라는 것입니다. 이것은 제2위의 하나님이시오, 또 하나님의 아들이신 고귀한 그리스도께서 태어나실 때부터 죽으실 때까지의 33년 동안 낮아질 대로 낮아지시고 많은 고난을 당하시다가 나중에는 가시관 쓰시고 채찍에 맞으시고 십자가에 달려 죽으실 것을 의미합니다. 이에 대하여 이사야 선지자는 이미 주님이 오시기 700년 전에 그리스도께서 당하실 고난에 대하여 이렇게 기록하고 있습니다.

(이사야 53장)**"그는 멸시를 받아서 사람에게 싫어버린 바 되었으며, 간고를 많이 겪었으며 질고를 아는 자라…", "그는 실로 우리의 질고를 지고 우리의 슬픔을 당하였거늘…", "그가 찔림은 우리의 허물을 인함이요, 그가 상**

함은 우리의 죄악을 인함이라, 그가 징계를 받음으로 우리가 평화를 누리고, 그가 채찍에 맞음으로 우리가 나음을 입었도다", "그가 곤욕과 심문을 당하고 끌려갔으니 그 세대 중에 누가 생각하기를 그가 산 자의 땅에서 끊어짐은 마땅히 형벌 받을 내 백성의 허물을 인함이라 하였으리요"

이와 같이 고난과 죽임을 당하신 그리스도께서 이번에는 그를 따르는 제자들에게 이렇게 말씀하셨습니다. **"너희가 나를 따르려거든 각기 자기 십자가를 지라"** 그리스도를 상징하는 금촛대를 망치로 쳐서 만들었듯이, 그리스도는 감당키 어려운 고난을 당하셨습니다. 마찬가지로 그리스도를 따르는 모든 성도들도 망치로 침을 당할 것입니다. 바울은 그리스도와 그를 믿고 따르는 그리스도인들이 받을 고난에 대하여 다음과 같이 말합니다. (롬 8:17)**"자녀이면 후사 곧 하나님의 후사요 그리스도와 함께 한 후사니 우리가 그와 함께 영광을 받기 위하여 고난도 함께 받아야 할 것이니라"** 그리스도인의 빛된 생활, 곧 경건하게 살고자 하는 삶은 결코 편하지 않습니다. 처음부터 비난이 쏟아지는 생활입니다. 고난 없이는 불가능한 생활입니다. 마치 그리스도께서 처음부터 고난을 당하셨던 것처럼, 그리고 금촛대의 줄기와 가지를 모두 두들겨 쳐서 만든 것처럼 그리스도와 함께 우리 모두는 고난을 당하게 되어 있습니다. 이것을 생각함으로 어려움을 오히려 감사할 줄 아는 성도가 되시기를 바랍니다. 이것이 바로 부활에 동참하는 과정이기 때문입니다. (딤후 3:12)**"무릇 그리스도 예수 안에서 경건하게 살**

고자 하는 자는 핍박을 받으리라" 금촛대는 쳐서 만들되 오직 한 달란트의 정금으로 만들었습니다. 여기서 한 달란트라는 것은 ①빛이신 그리스도는 오직 예수 그리스도 한 분뿐이라는 것과, ②모든 교회는 하나라는 것, ③ 온전한 믿음도 하나라는 것을 의미합니다.

5. 살구꽃: 부활

(출 25:33-34)"33 이편 가지에 살구꽃 형상의 잔 셋과 꽃받침과 꽃이 있게 하고 저편 가지에도 살구꽃 형상의 잔 셋과 꽃받침과 꽃이 있게 하여 등대에서 나온 여섯 가지를 같게 할지며 34 등대 줄기에는 살구꽃 형상의 잔 넷과 꽃받침과 꽃이 있게 하고"

금촛대는 온통 살구꽃 문양으로 만들어져 있습니다. 등잔도 살구꽃 모양이요, 등대 받침도 살구꽃 받침 모양입니다. 줄기뿐만 아니라 가지들도 모두 살구꽃 모양입니다. 살구꽃은 봄철에 가장 먼저 피는 꽃입니다. 그런데 성경에는 그리스도의 부활에 대하여 이렇게 기록하고 있습니다. (고전 15:20)"**그러나 이제 그리스도에서 죽은 자 가운데서 다시 살아 잠자는 자들의 첫 열매가 되셨도다**" 따라서 하나님께서 금촛대를 모두 살구꽃 모양으로 만들게 하신 것은 이 형상을 통해서 고난의 죽음 후에 부활하실 그리스도를 계시하시기 위함이었습니다. 역사 속에서 성경이 말씀하는 진정한 부활은 오직 예수님이 첫 번째이십니다. 그래서 예수님은 부활의 첫 열매이십니다. 그런데 금촛대를 보면, 여섯 가지가 또한 살구꽃 형상을 하고 있습니다. 이것은 그리스도 예수께서 부활의 첫 열매가 되셨으므로 그의 백성된 자들, 곧 그의 가지된 자들도 그리스도께서 다시 이 땅에 오실 때에 첫째 부활에 참여하여 모두 그리스도와 똑같이 영화로운 몸으로 부활할 것을 의미합니다.

사도 바울은 고린도에 보낸 첫 번째 편지에서 (고전15:21-23)**"사망이 사람으로 말미암았으니 죽은 자의 부활도 사람으로 말미암는도다. 아담 안에서 모든 사람이 죽은 것같이 그리스도 안에서 모든 사람이 삶을 얻으리라. 그러나 각각 자기 차례대로 되리니 먼저는 첫 열매인 그리스도요 다음에는 그리스도 강림하실 때에 그에게 붙은 자요"** 우리의 부활은 사도 바울이 기록한 대로 그리스도께서 재림하실 때에 한꺼번에 이루어질 것입니다. 이때에는 썩을 것이 썩지 아니할 것으로 다시 살며, 욕된 것으로 심고 영광스러운 것으로 다시 살며, 약한 것으로 심고 강한 것으로 다시 살며, 육의 몸으로 심고 신령한 몸으로 다시 살게 될 것입니다. 지금 우리의 몸은 썩어질 몸이요, 욕된 몸이요, 약한 몸이요, 육신의 몸이지만 주께서 다시 오시는 날 우리의 이 몸은 영화롭고 신령한 몸으로 부활하여 하나님의 영광 중에 들어가게 될 것입니다.

특히 살구나무는 이스라엘에서는 경성함과 소망을 상징하는 나무라고 합니다. 이것은 매우 의미 있는 상징입니다. 기독교에서 부활을 상징하는 살구나무의 나무 말이 **'경성함과 소망'**이라면, 이것은 그리스도의 부활에 동참하고 또 부활을 기다리는 그리스도인들은 항상 깨어 경성하고 어떤 고난과 역경이 있어도 소망을 갖고 살아야 한다는 것을 말해줍니다. 그래서 사도 바울은 이렇게 말합니다. (롬 8:23-25)**"이뿐 아니라 또한 우리 곧 성령의 처음 익은 열매를 받은 우리까지도 속으로 탄식하여 양자될 것 곧 우리 몸의 구속을 기다리느니라. 우리가 소망으로 구원을 얻었으매 보이는 소망이 소망이 아니니 보는 것을 누가 바라리요 만일 우리가 보지 못하는 것을 바라면 참음으로 기다릴지니라"** 경성하여 깨어 기도하는 자에게 영광스러운 부활의 아침은 반드시 오게 될 것을 믿습니다.

6. 하나, 여섯, 일곱: 완전함

금촛대는 줄기 하나, 가지 여섯, 촛대 일곱으로 구성되어 있는데, 이것을 금 한 달란트로 만들었습니다. 여기서 하나, 여섯, 일곱의 구성은 어떤 메시지를 우리에게 줍니다. 성경에서 일(一)이라는 숫자는 오직 한 분이신 하나님의 숫자입니다. 또 육(六)은 인간의 숫자이며, 칠(七)은 완전수입니다. 따라서 금촛대의 구조에 따른 이 세 가지 숫자는 사람(6의 숫자)이 온전한 믿음(= 금 한달트) 곧 그리스도(= 빛되신 그리스도)를 하나님의 아들과 부활의 구세주로 믿는 믿음으로 하나님(1의 숫자)과 함께 있게 되었을 때(즉 6+1), 비로소 완전해진다는 것입니다. 그렇습니다. 죄인인 인간은 하나님과 함께 할 때 비로소 완전해집니다. 여기서 하나님과 함께한다는 것은 하나님께서 보내신 세상의 빛 그리스도 예수님을 나의 영원한 구주로 믿고 영접하였을 때를 말합니다. 이때 하나님께서는 우리를 성전 삼아 우리 안에 오셔서 좌정하시고, 그때부터 우리를 친히 인도해 가십니다. 그때부터 비로소 우리와 함께하십니다.

7. 감람유와 간검(보살핌): 성령

(출 27:20-21)"너는 또 이스라엘 자손에게 명하여 감람으로 찧어낸 순결한 기름을 등불을 위하여 네게로 가져오게 하고 끊이지 말고 등불을 켜되 아론과 그 아들들로 회막안 증거궤 앞 휘장 밖에서 저녁부터 아침까지 항상 여호와 앞에 그 등불을 간검하게(보살피게) 하라 이는 이스라엘 자손의 대대로 영원한 규례니라"

금촛대의 불은 항상 켜 두는 것이 아닙니다. 이스라엘 사람들은 하루를 아침부터 저녁까지(낮), 그리고 저녁부터 아침까지(밤) 둘로 나누어서 생각했습니다. 즉 이스라엘 사람들의 하루는 항상 저녁 해질 때부터 시작해서 밤을 맞고 낮을 맞은 다음 날 해질 때까지입니다. 우리는 밤 0시(12시)부터 시작해서 다음날 밤 12시(0시)까지이지만, 이스라엘은 성경 창세기에서처럼 저녁 해질 때부터 하루가 시작됩니다. 성막에서의 금촛대도 이런 개념 속에서 하나님은 관리하도록 하셨습니다. 그래서 아침부터 저녁까지는 촛대의 불을 켜지 않습니다. 아마도 이렇게 한 이유는 낮에는 햇빛이 있기 때문일 것입니다. 그래서 낮에는 성소의 휘장(지성소 휘장이 아님)을 반쯤 열어놓고 일했을 것입니다. 그러나 해가 떨어지는 저녁이 되면 제사장들은 촛대의 불을 켜서 밤새 꺼지지 않도록 간검하다(보살피다)가 아침에 해가 뜨면 촛대의 불을 껐습니다.

(출 30:7, 8)"아론이 아침마다 그 위에 향기로운 향을 사르되 등불을 정리(손질=끌때)할 때에 사를지며 또 저녁 때 등불을 켤 때에 사를지니 이 향은 너희가 대대로 여호와 앞에 끊지 못할지며"

(삼상 3:3)"하나님의 등불은 아직 꺼지지 아니하였으며 사무엘은 하나님의 궤 있는 여호와의 전 안에 누웠더니"

그래서 제사장들은 저녁부터 아침까지 등불이 켜 있는 동안에는 항상 등불을 간검(看檢:자세히 보살피고 검사한다는 뜻)하였습니다. 이것이 금촛대 관리에 대한 하나님의 명령이었습니다. 여기서 간검한다는 것은 두 가지를 말합니다. 하나는 촛불 심지의 불똥을 제거해주는 일이고, 또 하나는 등불이 꺼지지 않도록 감람유를 충분히 부어주는 일입니다.

여기서 감람유는 성령을 의미합니다. 감람유가 없이는 결코 등대에 불을 켤 수 없습니다. 즉 아무리 금으로 번쩍번쩍하게 만들었어도 감람유가 없이는 절대로 빛을 발할 수가 없다는 것입니다. 이것은 우리의 신앙생활과도 일치합니다. 우리가 예수님을 믿는다고 하더라도 내 안에 성령의 부어주심이 없이는 결코 그리스도인의 믿음의 생활을 온전히 해 나갈 수가 없습니다. 그리고 이런 성령의 부으심은 한 번으로 그치는 것이 아니라 항상 충만히 부어져 있어야 합니다. 그래서 늘 스스로 우리를 간검해야 합니다. 성령의 기름은 기도와 말씀과 찬송, 그리고 경건한 삶을 통해서 우리에게 항상 충만하게 공급됩니다.

우리는 예수님께서 십자가에 달리시기 직전에 제자들에게 '열 처녀의 비유'를 들려주신 말씀을 잘 알고 있습니다. 이때 슬기로운 처녀들은 기름을 준비해두고 있었지만, 미련한 처녀들은 기름을 준비해두지 않았다가 신랑이 왔을 때 버림받고 말았습니다. 이 비유는 믿음으로 구원받는 모습을 성령을 받아 준비된 것으로 표현한 말씀입니다. 우리가 예수님을 온전하고 진실한 믿음으로 영접하게 되면 우리 안(몸과 마음)을 성전삼아 성령(기름)께서 우리 안에 내주하시게 됩니다. 즉 기름을 준비하게 됩니다. 그러나 비록 교회는 다녔지만, 온전하고 진실하게 주님을 따르지 않는 교인(?)들은 아직 성령(기름)께서 내주하시지 않는 상태에 그대로 있게 됩니다. 이들은 교회에 다니면서 헌신도 하고, 예배도 드리고 하니까 구원받았다고 생각했겠지만, 결국 기름을 준비하지 못한 미련한 사람들이었던 것입니다. 이들은 착각하고 있었던 것입니다. 주님의 비유로 본다면 교회에 나오는 사람들 중에 반은 기름을 준비한 성도들이고, 반은 기름을 준비하지 못한 교인들이라고 할 수도 있을 것입니다. 참으로 슬픈 일입니다.

금촛대와 그리스도의 관계

금촛대는 여러 가지 측면에서 그리스도를 상징합니다. 다른 모든 기구들이 그리스도의 어떤 부분을 상징하고 설명하고 있듯이 금촛대도 마찬가지입니다. 그 재료와 모양, 만드는 방법과 용도 등이 모두 그리스도의 어떤 중요한 부분을 상징합니다.

1. 세상의 빛이신 그리스도 = 등대의 빛

금등대는 성막에서 유일한 빛입니다. 이 촛대는 해가 지고 밤이 되면 성막을 밝게 비춰주었습니다. 어둠 속에서는 아무 것도 할 수 없습니다. 모든 것이 멈추고 죽어 있는 것과 같습니다. 그러나 비록 어두움이 엄습해도 금촛대에서 빛이 밝게 비추어 주면, 성막은 낮에와 같이 생명력이 넘치고, 더러워진 부분이나 잘못된 부분이 드러나서 고칠 수 있으며, 거기서 일하는 제사장들이 실족하지 않고 일할 수 있습니다.

요 1:4절에서 사도 요한은 그리스도에 대하여 **"그 안에 생명이 있었으니 이 생명은 사람들의 빛이라"**고 선포했습니다. 죄로 말미암아 어두워진 세상에서 빛이신 그리스도께서 오심으로 말미암아 세상은 드디어 생명력이 넘치는 곳이 되었습니다. 그리스도께서 빛이시기 때문에 그가 오심으로 말미암아 세상의 죄는 자연스럽게 드러나게 되었고, 그 죄가 드러남으로 말미암아 회개하는 자들은 그리스도의 빛 가운데로 들어가서 생명을 얻고 그리스도와 함께 빛을 발하게 되었습니다. 그러나 빛을 받아들이지 않고 거부한 사람들의 눈은 멀어 있기 때문에 아무것도 볼 수 없고, 생명도 얻을 수 없었습니다. 성막에 있는 금촛대는 이처럼 세상의 빛이신 그리스도를 그대로 드러내고 있습니다.

2. 완전하신 하나님이신 그리스도 = 금 한 달란트

금촛대는 오직 금(金) 한 달란트로만 만들라고 하나님께서 명하셨습니다. 하나님께서 그렇게 명하신 것은 그리스도께서 오직 한 분이신 하나님이시며, 오직 한 분이신 그리스도이시며, 완전하신 하나님이신 동시에 완전하신 사람이심을 드러내시려는 뜻이 거기에 담겨 있습니다.

그렇습니다. 하나님께서 보내시는 세상의 구주 그리스도께서는 완전하신 하나님이시며, 동시에 완전하신 사람이십니다. 그리스도께서 완전하신 하나님이시라는 것은 그가 우리에게 비록 사람으로만 보일지라도 그 안에는 영(靈)이신 하나님의 모든 신성(神性=稟性)이 충만하신 완전한 하나님이라는 의미입니다. 이에 대하여 사도 바울은 (골 2:9)**"그 안에는 신성(神性)의 모든 충만이 육체로 거하시고"**라고 증거합니다. 또 그리스도께서 완전하신 사람이라는 것은 그리스도께서 인간의 영(靈)과 혼(魂)과 육체(肉體)를 완전하게 갖고 계신 우리와 똑같은 분이라는 의미입니다.

그래서 그리스도께서는 그 육체 안에 신성과 인성, 곧 두 본성을 함께 갖고 계시는 영원하신 분입니다. 이것을 그리스도의 '본질적 연합'이라고 말합니다. 그 안에 함께 있는 그의 신성과 인성은 결코 혼합되거나 변질되지 않으며, 분리될 수도 없습니다. 비록 두 본성을 갖고 계실지라도 그리스도의 인격[또는 위격]은 오직 하나 곧 한 분이십니다. 그래서 그리스도의 인격을 말할 때 우리는 '신인적 위격(神人的位格)'이라고 말합니다. 이처럼 등대를 금 한 달란트로 만들게 하신 하나님의 뜻은 당신이 보내실 그리스도가 하나님이시며, 동시에 무죄하며 완전한 인간이심을 드러내고자 하신 것입니다.

3. 교회의 주인이신 그리스도 = 일곱 촛대

금등대는 일곱 개의 촛대가 가지런히 불을 밝히고 있습니다. 즉 일곱 촛대입니다. 이것은 교회와 그리스도의 관계를 우리에게 가르쳐주고 있습니다. 왜냐하면 일곱 촛대는 바로 교회를 말하고 있기 때문입니다. 이것은 계 1:20절의 말씀, 곧 **"네 본 것은 내 오른손에 일곱 별의 비밀과 일곱 금촛대라 일곱 별은 일곱 교회의 사자요 일곱 촛대는 일곱 교회니라"**는 말씀과 일치합니다. 계시록의 말씀은 모든 시대의 모든 교회를 완전수 일곱을 사용하여 '**일곱 교회**'로 표현하고 있습니다. 그런데 교회와 그리스도의 관계에 대하여 계 1:13에는 "**촛대 사이에 인자 같은 이가 발에 끌리는 옷을 입고 가슴에 금띠를 띠고**"라고 기록하고 있고, 엡 1:22에는 "**또 만물을 그의 발아래에 복종하게 하시고 그를 만물 위에 교회의 머리로 삼으셨느니라**"고 기록하고 있습니다. 이 말씀들은 그리스도께서 교회의 주인이시며, 아울러서 주인으로서 교회를 늘 다니시며 철저하게 관리하신다는 것입니다.

4. 제자들을 부르시는 그리스도 = 줄기와 가지

(출 25:32)"**가지 여섯을 등대 곁에서 나오게 하되 그 세 가지는 이편으로 나오고 그 세 가지는 저편으로 나오게 하며**"

금촛대는 위의 말씀과 같이 가운데의 줄기에서 좌우 양쪽으로 세 개씩의 가지가 나온 형상으로 만들어졌습니다. 즉 나무와 줄기의 모습으로 하나님께서 만들라고 하신 것입니다. 그렇게 만들게 하신 하나님의 뜻은 분명합니다. 그것은 나무(줄기)이신 그리스도와 그가 부르시고 가르치시고 함께 동역하실 가지인 제자들을 상징하도록 하시기 위한 것입니다. 사도 요한은 그리스도와 제자들의 관계에 대하여 요 15:5에서 "**나는 포도나무요 너희는 가지니**"라고 말씀하십니다. 그렇습니다. 예수님께서는 세상에서 사역을 시작하시면서 가장 먼저 자기와 함께 동역할 제자들을 부르셨습니다. 그리스도께서는 부르신 제자들을 3년 동안 가르치시고, 실습까지 시키신 다음, 승천하신 이후의 사역에 대하여 제자들에게 부탁하셨습니다.

그런데 중요한 것은 그리스도와 제자들은 한 나무에 하나로 묶여 있다는 것입니다. 즉 줄기에 가지가 붙어서 한 나무를 이룬 것입니다. 그래서 이 나무에 붙어있지 않으면 그 가지는 죽게 되어 있습니다. 반대로 지상교회에는 이렇게 줄기에 붙어있지도 않은 사람들이 그리스도의 가지인 척하는 사람들이 많이 있다는 것도 우리는 경험하고 있습니다. 가지라면 반드시 줄기인 그리스도에게서 나와야 하고, 거기에 끝까지 붙어 있어야 합니다.

5. 고난받는 그리스도와 제자들, 교회들 = 쳐서 만듦

(출 25:31)"너는 정금으로 등대를 쳐서 만들되…"

하나님께서는 금등대를 이상하게도 금 한 달란트를 갖고 (망치로)쳐서 만들라고 하셨습니다. 즉 금촛대를 만들어 가는 과정에서 줄기(그리스도)와 가지(제자들), 그리고 일곱 촛대(교회)는 수도 없이 망치로 얻어맞아야 완성된다는 것입니다. 이렇게 금을 망치로 수없이 두들겨서 등대를 만들었던 것처럼, 그리스도와 제자들, 그리고 교회는 세상에서 많은 고난(苦難)을 받을 것을 성경은 말씀하고 있습니다. (딤후 3:12)**"무릇 그리스도 예수 안에서 경건하게 살고자 하는 자는 핍박을 받으리라"** 그렇습니다. 부패한 죄성을 그대로 갖고 있는 우리는 천성적으로 편하게 살려 하고, 잘 먹고 잘 살려고 발버둥 치지만, 그리스도인은 근본적으로 고난을 받게 되어 있습니다. 특히 그리스도 안에서 살려고 애쓰고, 경건하게 살려고 하다 보면, 우리는 많은 사람과 제도와 사회 규범과 부딪치게 됩니다. 그래서 자연스럽게 고난과 고통을 받게 되어 있습니다. 그러나 이것을 회피하고 타협하는 사람들은 부패한 그리스도인이 되고, 결국은 교회를 떠나거나 배반하는 사람이 되고 맙니다.

6. 부활하신 그리스도 = 살구꽃

(출 25:33-34)**"33 이편 가지에 살구꽃 형상의 잔 셋과 꽃받침과 꽃이 있게 하고 저편 가지에도 살구꽃 형상의 잔 셋과 꽃받침과 꽃이 있게 하여 등대에서 나온 여섯 가지를 같게 할지며"**

살구꽃은 봄철에 가장 먼저 피는 꽃으로서의 상징성이 있습니다. 그런데 하나님께서는 금촛대를 이런 상징성을 갖고 있는 살구꽃 모양으로 만들라고 명하셨습니다. 하나님께서 그렇게 명하신 것은 금등대가 갖는 그리스도의 상징성 때문입니다. 이처럼 그리스도께서는 고난받으신 이후에 반드시 부활하셔야 했습니다. 그런데 줄기만 살구꽃 모양이 아니라, 여섯 가지와 일곱 촛대 모두 살구꽃 모양입니다. 즉 그리스도께서 부활하신 것과 같이 제자들과 모든 성도들이 부활한다는 것을 상징한 것입니다.

(고전 15:20)"그리스도께서 죽은 자 가운데서 다시 살아 잠자는 자들의 첫 열매가 되셨도다", (고전 15:52)"나팔 소리가 나매 죽은 자들이 썩지 아니할 것으로 다시 살고 우리도 변화하리니"

7. 성령을 보내시는 그리스도 = 감람유

(출 27:20-21)"너는 또 이스라엘 자손에게 명하여 감람으로 찧어낸 순결한 기름을 등불을 위하여 네게로 가져오게 하고 끊이지 말고 등불을 켜되"

등대의 불을 켜기 위해서는 오직 순전한 감람유만 연료로 사용해야 합니다. 다른 것은 사용할 수 없습니다. 마찬가지로 그리스도께서 태어나실 때에도 오직 성령으로 태어나셨고, 우리 모든 그리스도인들도 오직 성령으로 말미암아 '중생(거듭남)'하였습니다. 뿐만 아니라 우리가 성도로서 살아가거나 또는 제자로서 사역하는 모든 것에 오직 성령의 나타나심과 그 능력으로 해야 합니다(고전2:4). 아멘!

。 [금촛대]와 [요한복음 8, 9장]과의 관계

　성막의 금촛대는 세상의 빛으로 오신 그리스도를 의미합니다. 빛이신 하나님의 아들 그리스도께서 세상에 오셔서 각 사람에게 그 빛을 비추셨지만, 사람들은 자기 죄로 말미암아 그를 알아보지 못하였습니다. 그러나 영접하는 자 곧 그 이름을 믿는 자들에게는 하나님의 자녀가 되는 권세를 주셨습니다(요1:9-12).

　사도 요한은 세상의 빛으로 오신 하나님의 아들 예수 그리스도를 요한복음 8장과 9장을 통하여 실제적인 사건으로 보여주고 있습니다. 요한복음 8장에서는 '**간음하다 현장에서 붙잡힌 여자**'의 사건을 통해서 그리스도께서 세상의 빛으로 오셨음을 증거합니다. 또 요한복음 9장에서는 '**날 때부터 소경된 사람**'을 고치시는 사건을 통해서 그리스도께서 세상의 빛으로 오셨음을 증거합니다. 각각 다른 두 사건은 빛으로 오셔서 어떤 사역을 하시는가에 대하여 차이를 두었을 뿐입니다.

1. 죄를 드러내고, 생명을 주시는 빛(그리스도) = 요한복음 8장

요한복음 8장에는 '**간음하다가 현장에서 붙잡힌 여인**'에 대한 이야기가 나옵니다. 오직 요한복음에만 기록된 이 특별한 사건의 전말을 간략히 말하면 다음과 같습니다. 예수님께서는 아침에 성전으로 올라가셨습니다. 많은 백성들이 예수님 앞으로 다가왔고 다시 말씀을 가르치셨습니다. 바로 이때에 서기관들과 바리새인들이 간음 중에 잡힌 여자를 끌고 와서는 군중 가운데 세우고 이렇게 말합니다. "**선생이여 이 여자가 간음하다가 현장에서 잡혔습니다. 모세는 율법으로 이런 여자를 돌로 치라고 명령했는데 선생은 어떻게 말하시겠습니까?**" 이때 사도 요한은 바리새인들의 이 행위를 '**고소(告訴)할 조건을 얻고자**' 예수님을 시험하는 것이라고 설명합니다. 즉 이 여자를 모세 율법대로 돌로 쳐서 죽이라고 하면 예수님께서 3년 동안 사역하시면서 회개를 통해서 죄를 사하시는 하나님의 사랑에 대한 설교가 모두 무너지게 되고, 반대로 용서하라고 하면 모세의 율법을 어기는 것이 되어 예수님은 처벌받게 됩니다. 바리새인들은

예수님이 피하기 어려운 이런 상황을 만들기 위해서 간음하는 현장을 만들어서 남자는 도망가게 놔두고 여자만 끌고 온 것으로 추정됩니다. 왜냐하면 율법(레 20:10, 신 22:22)에는 유부녀와 간통한 남녀는 '**함께 죽이라**'고 했기 때문입니다. 그런데도 불구하고 이 사람들은 남자는 놔두고 여자만 끌고 와서 예수님을 시험한 것입니다.

이들이 함정을 파놓고 이렇게 추궁하자, 예수님은 이에 대한 대답은 하지 않으시고 갑자기 그들 앞에 몸을 굽히시고 땅바닥에 손가락으로 무언가를 쓰시기 시작했습니다. 아무 대답도 없이 예수님께서 계속 땅바닥에 무언가 쓰고 계시니까 답답해진 바리새인들이 자꾸 다그칩니다. 한참을 그렇게 쓰시던 예수님께서 드디어 일어나시더니 돌을 들고 그 현장에 있던 모든 사람들을 향하여 이렇게 말씀하십니다. "**너희 중에 죄 없는 자가 먼저 돌로 치라**" 이렇게 말씀하시고는 다시 몸을 굽히시고 계속 무언가를 땅바닥에 쓰셨습니다. 이 말씀 한마디에 어른으로부터 시작하여 젊은이에 이르기까지 한 사람씩 돌아가고(도망가고) 나중에는 여자와 예수님만 남았습니다. 상황이 이렇게 되자 예수님께서는 떨고 있던 여자에게 "**고소하던 자들이 다 어디 있느냐, 너를 정죄하는 자가 없느냐?**" 하시고는 "**나도 너를 정죄하지 아니하노니 가서 다시는 죄를 범치 말라**" 하셨습니다. 여기서 우리가 주목해야 하는 부분은 바로 이 사건을 마무리하시면서 예수님께서 스스로 이렇게 말씀하시는 부분입니다. "**예수께서 또 일러 가라사대 나는 세상의 빛이니 나를 따르는 자는 어두움에 다니지 아니하고 생명의 빛을 얻으리라**" 즉 '간음하다가 현장에서 붙잡힌 여인'의 사건은 그리스도께서 **'세상의 빛'**이심을 드러내는 사건이라는 것입니다. 즉 성막의 금 촛대가 하나님께서 보내시는 메시아께서 '세상을 비추는 빛'이시라는 것을 드러내듯이 요한복음 8장의 이 사건도 그리스도께서 '세상의 빛'이심을 드러내는 사건이라는 것입니다. 그렇다면 그리스도께서 세상의 빛이라는 것이 이 사건을 통해서 우리에게 어떤 의미를 갖는 것일까요?

첫째는 세상의 죄를 드러내는 분이라는 뜻입니다.

이 사건이 어떻게 예수님께서 세상의 빛이심을 증거하는 사건일까요? 어두움은 모든 것을 가립니다. 좋은 것도 가리지만, 무엇보다도 세상의 더러운 것들을 가리고 감춥니다. 그러나 이런 곳에 빛이 비취면 모든 것이 있는 그대로 다 드러나게 됩니다. 간음한 여인의 사건에서 여인의 죄는 그리스도 앞에 처음부터 다 드러났습니다. 그렇다면 여인의 죄만 드러났을까요? 아닙니다. 예수님과 여인을 둘러싼 모든 사람들의 죄도 다

드러났습니다. 바리새인들뿐만 아니라 거기 있던 모든 백성들이 간음한 여인을 어떻게 처리할 것인지 예수님을 독촉하고 있었습니다. 모세 율법 대로 이 여인을 돌로 쳐서 죽일 것인지 아니면 예수님의 평소 말씀대로 사랑으로 용서하고 놓아 줄 것인지를 결정하라는 재촉이었습니다. 이때 예수님께서는 **"너희 중에 죄 없는 자가 먼저 돌로 치라"**고 하셨습니다. 손에 돌을 들고 있던 사람들은 이 말씀 한마디에 큰 충격을 받았습니다. 그래서 어른으로부터 시작해서 젊은이에 이르기까지 한 사람씩 돌을 땅에 놓고 그 자리를 속히 빠져나갔습니다. 쉽게 말하면 이 한마디 말씀에 모두 도망쳤다는 뜻입니다. 이것은 거기 있던 모든 사람들이 나도 죄인이라는 사실을 스스로 인정했다는 뜻입니다. 간음한 여인이나 그를 죽이려고 여인을 잡아 왔던 바리새인들이나 돌을 들고 있던 백성들이나 모두가 그리스도의 빛 앞에서 죄인으로 드러난 것입니다. 다만 같은 죄인이라도 간음한 여인과 그 자리에서 도망간 사람들의 차이가 있다면, 간음한 여인은 자기의 모든 죄를 그리스도께 고백한 죄인이요, 그 외의 사람들은 자기의 죄가 그리스도 앞에 드러났음에도 불구하고 어느 누구도 자기 죄를 고백하지 않고 돌아섰다는 점입니다. 이것은 엄청난 결과를 가져옵니다. 그리스도 앞에 죄를 고백한 사람은 여인처럼 용서를 받고 정죄를 받지 않지만, 고백하지 않고 그리스도 앞에서 돌아선 사람들은 정죄를 받고 영원히 불 속에 들어가게 되기 때문입니다. 예수님께서 어느 날 이렇게 말씀하셨습니다. **"악을 행하는 자마다 빛을 미워하여 빛으로 오지 아니하나니 이는 그 행위가 드러날까 함이요 진리를 좇는 자는 빛으로 오나니 이는 그 행위가 하나님 안에서 행한 것임을 나타내려 함이라"**(요 3:20,21)

예수 그리스도는 세상의 빛이십니다. 그러므로 그 앞에서는 모든 죄가 드러납니다. 누구든 그리스도 앞에서 자기의 드러난 죄를 고백하고 회개하면 정죄(定罪)를 면하고, 구원을 받아 그리스도의 나라에서 함께 영원한 삶을 살게 됩니다. 그러나 드러난 죄를 감추고 그냥 살던 대로 살다보면 정죄(定罪) 판결을 받고 영원한 형벌을 받게 됩니다. 이것은 하나님의 약속이요 영원한 진리입니다.

둘째는 생명을 주시는 분이라는 뜻입니다.

예수님은 하나님의 아들이십니다. 이 말은 예수님께서도 하나님이시라는 뜻입니다. 요일 1:5에 보면 "…**하나님은 빛이시라 그에게는 어두움이 조금도 없으시니라**"고 말씀합니다. 예수님은 하나님이시므로 빛이십니다. 이 빛에는 사람들을 살리는 생명이 있습니다. (요 1:4-5)"**그 안에 생명이 있었으니 이 생명은 사람들의 빛이라 빛이 어두움에 비취되 어두움이 깨달지 못하더라**" 오직 예수님만이 참 빛이고, 그 빛 안에만 생명이 있으므로 예수님을 자기 주님으로 영접하고 자기 죄를 고백하고 회개하는 사람들만이 그 안에 생명을 얻게 됩니다. 그동안 인류 역사 속에서 수많은 사람들이 자기가 세상의 빛이라고 주장하였지만 그들은 참 빛이 아니었습니다. 왜냐하면 그들의 주장은 단지 도덕적 또는 윤리적이거나 아니면 잘못된 구원 논리에 불과하기 때문입니다. 지금도 세상에는 예수 그리스도를 제외해 놓고 자기가 세상의 빛이라고 떠벌리는 사람들이 많습니다. 그러나 그들은 참 빛이 아닙니다. 오직 사람들을 미혹하는 사단의 도구요, 거짓 구원자요, 생명이 없는 자일뿐입니다. 그들에게는 생명이 없고, 오직 사망이 있을 뿐이요, 어두움에 갇힌 사람들일 뿐입니다.

'간음하다가 현장에서 붙잡힌 여인'에 대하여 예수님께서는 **"고소하던 자들이 다 어디 있느냐, 너를 정죄하는 자가 없느냐?"** 하시고는 **"나도 너를 정죄하지 아니하노니 가서 다시는 죄를 범치 말라"** 하셨습니다. 예수님 앞에 죄가 드러난(고백한) 이 여인은 주님으로부터 직접 **'정죄(定罪)를 받지 않았습니다.'** 이 여자는 **'생명을 얻은 것'**입니다. 빛으로 오신 그리스도로 말미암아 생명을 얻은 것입니다. 그러나 자기의 죄가 드러날까 두려워서 그 현장을 떠나 도망친 사람들은 모두 아직 정죄 상태에 있게 된 것입니다. 햇빛이 쨍쨍 내리쬐는 더운 여름날, 푸른 풀밭에 있던 널빤지를 들추면 거기 숨어 있던 각종 벌레들이 이리저리 도망치는 것을 볼 수 있습니다. 이와 똑같이, 어두움에 속해 있는 바리새인들과 서기관들 그리고 거기 있다가 도망친 모든 군중들은 그리스도의 빛을 본 순간 저절로 어두움을 찾아 숨게 되는 것입니다. 그러나 명심할 것은 각자의 인생의 마지막이 되거나, 그리스도께서 다시 오시는 날에는 숨을 곳이 한 곳도 없다는 것입니다.

2. 죄인들의 눈을 열고, 실족치 않게 하시는 빛 = 요한복음 9장

요한복음 9장에도 한 사건이 소개됩니다. 사도 요한은 이 사건을 통해서 그리스도께서 또한 '세상의 빛'이심을 다시 한 번 증거합니다. 앞 장인

8장에서 이미 그리스도께서 '세상의 빛'이심을 증거 했으면서도 다시 9장에서 똑같이 그리스도께서 '세상의 빛'이심을 증거합니다. 그렇다면 사도 요한은 앞장의 '**간음하다 현**

장에서 붙잡힌 여인'의 사건으로 증거하려던 '**세상의 빛**'에 대하여 무엇인가 또 다른 빛의 역할을 증거하고 싶은 것이 있었음에 틀림없습니다.

9장에 나오는 사건은 '**날 때부터 소경된 사람**'을 고치시는 사건입니다. 그리고 중요한 것은 이 사건을 증거하면서 예수님께서 소경을 고치시기 직전에 친히 "**내가 세상에 있을 동안에는 세상의 빛이로라**"고 하신 말씀을 사도 요한이 그대로 기록했다는 사실입니다. 즉 '**날 때부터 소경된 사람**'을 고치시는 사건도 역시 예수님께서 세상의 빛이심을 드러내는 사건이라는 것입니다. 또 하나 잊지 말아야 할 것은 사도 요한의 기록 순서로 보아서 이 사건도 성막의 다섯 번째 기구인 '금촛대'와 관련이 있다는 것입니다.

이 사건을 간략히 소개하면 대략 다음과 같습니다. 예수님께서 제자들과 함께 길을 가시다가 '**날 때부터 소경된 사람**'을 보셨습니다. 이때 제자들이 그동안 궁금하던 것을 여쭙게 됩니다. 아마도 이 소경은 제자들도 잘 알고 있던 사람이었던 것 같습니다. 제자들은 "**랍비여 이 사람이 소경으로 난 것이 뉘 죄로 인함이오니까 그 부모오니이까**"라고 묻습니다. 이 질문에 대하여 예수님께서는 제자들이 상상도 못 했던 대답을 하셨습니다. **"이 사람이나 그 부모가 죄를 범한 것이 아니라 그에게서 하나님의 하시는 일을 나타내고자 함이니라"** 그동안 제자들이나 유대인들 모두가 장애를 입은 사람들은 본인이나 부모가 어떤 알려지지 않은 죄를 지었기 때문에 장애자가 되었다는 생각을 갖고 있었습니다. 그래서 이들을 죄인으로 취급했기 때문에 예수님의 답변은 제자들 모두를 깜짝 놀라게 했을 것입니다. 이렇게 답변하신 후에 예수님께서는 **"내가 세상에 있을 동안에는 세상의 빛이라"**는 말씀을 하셨습니다. 즉 이 소경을 고치시는 사건은 곧 그리스도께서 세상의 빛이시라는 것을 드러내는 일이라는 것을 스스로 증거하신 것입니다. 이렇게 말씀하시고는 즉시 땅에 침을 뱉어 진흙을 이겨서 소경의 눈에 바르셨습니다. 그리신 다음 **"실로암 물에 가서 씻으라"**고 하셨습니다. 소경이 말씀에 순종하여 실로암에 가서 씻자 즉시로 눈이 밝아져서 모든 것을 볼 수 있게 되었습니다. 즉 자신을 고쳐주신 그리스도를 볼 수 있게 된 것입니다. 세상에 오신 메시아를 볼 수 있게 된 것입니다.

이렇게 예수님께서 소경을 고쳐주셨음에도 불구하고 바리새인들은 이 일에 시비를 걸고 안식일 논쟁을 벌였고, 또 이 사람과 그 부모까지도 불러서 어떻게 고쳐졌는지를 따지고 들었습니다. 결국 예수님께서는 이 모든 것을 보시고 결론적으로 이렇게 말씀하셨습니

다. "39 예수께서 가라사대 내가 심판하러 세상에 왔으니 보지 못하는 자들은 보게 하고 보는 자들은 소경되게 하려 함이라 하시니 … 41 너희가 소경되었더라면 죄가 없으려니와 본다고 하니 너희 죄가 그저 있느니라" 이 말씀은 요한복음 1:9-12 말씀을 이렇게 또 다른 말씀으로 표현한 것입니다. 거기 보면, "9 참빛 곧 세상에 와서 각 사람에게 비취는 빛이 있었나니 10 그가 세상에 계셨으며 세상은 그로 말미암아 지은바 되었으되 세상이 그를 알지 못하였고 11 자기 땅에 오매 자기 백성이 영접지 아니하였으나 12 영접하는 자 곧 그 이름을 믿는 자들에게는 하나님의 자녀가 되는 권세를 주셨으니"라고 사도 요한은 기록했습니다. 즉 보지 못하는 소경은 그리스도를 받아들이고 빛으로 오신 메시야를 보게 되었으나, 본다고 하는 바리새인들은 자신들이 수천 년을 기다리던 메시아께서 자신들 앞에 계신데도 불구하고 보지 못하는 소경이 되어 버렸다는 것입니다. 이것은 오늘날도 마찬가지입니다. 그렇다면 9장의 이 사건은 빛이신 그리스도의 어떤 면을 드러내는 것일까요?

첫째는 죄인들의 눈을 열어 자신을 알게 하신다는 뜻입니다.

예수님께서는 진흙을 이겨 눈에 발라 주시고는 실로암에 가서 씻으라고 하셨고, 소경은 실로암에서 씻고 눈을 뜨게 되었습니다. 그런데 공교롭게도 이렇게 눈을 뜬 사람을 다른 사람들이 바리새인들에게 데리고 갔습니다. 바리새인들은 이 사람과 그 아버지까지 불러서 하루 종일 심문을 했습니다. 바리새인들의 심문 목적은 예수님께서 이 사람을 고치신 것을 감추고 입막음하려는데 있었습니다. 그러나 이 사람은 결국 새롭게 된 자기 눈으로 환하게 비취시는 그리스도를 만나보고 믿게 되었습니다. (9:35-39)"예수께서 저희가 그 사람을 쫓아냈다 하는 말을 들으셨더니 그를 만나사 가라사대 네가 인자를 믿느냐 대답하여 가로되 그가 누구시오니이까 내가 믿고자 하나이다 예수께서 가라사대 네가 그를 보았거니와 지금 너와 말하는 자가 그이니라 가로되 주여 내가 믿나이다 하고 절하는지라 예수께서 가라사대 내가 심판하러 이 세상에 왔으니 보지 못하는 자들은 보게 하고 보는 자들은 소경이 되게 하려 함이라 하시니" 이 말씀대로 자신의 보지 못함을 그리스도 앞에 드러내고 고쳐주시기를 간구한 사람은 고침을 받고 보게 되어 그리스도가 누구인지를 보고 알고 믿게 되었습니다. 즉 자신뿐만 아니라 유대의 모든 사람들이 죄인이라고 칭한 이 사람은 그리스도로 말미암아 소경이었던 것을 고침 받고 자신을 고쳐주신 그리스도를 만나서 보고 믿게 되었습니다. 그러나 자신의 소경됨(곧 죄인됨)을 인정하지 않고 자신들은 모든 것을 보고 있다고 생각하던 바리새인들은 자기들 앞에서 다니시는 빛 되신 그리스도를 결코 보지 못했습니다. 즉 죄가 없다던 바리새인들은 자기 죄를 깨닫지 못하고 소경이 되었던 것입니다. 왜냐하면 그들의 눈은 그 행하는 악으로 말미암아 빛에 대하여 감겨져 있었기 때문입니다. 그들은 그 악으로 말미암아 소경으로 살다가 소경으로 죽게 된 것입니다.

둘째는 실족하지 않게 하시는 분이라는 뜻입니다.

요 11:9, 10에 보면 예수님께서 스스로 이렇게 말씀하십니다 "예수께서 대답하시되 낮이 열두 시가 아니냐 사람이 낮에 다니면 이 세상의 빛을 보므로 실족하지 아니하고 밤에 다니면 빛이 그 사람 안에 없는 고로 실족하느니라" 12:35에도 같은 말씀을 하십니다. "예수께서 가라사대 아직 잠시 동안 빛이 있을 동안에 다녀 어두움에 붙잡히지 않게 하라 어두움에 다니는 자는 그 가는 바를 알지 못하느니라" 날 때부터 소경이 되어 죄인 취급을 받으며 평생 더듬거리며 어두움 속을 다녔던 사람은 빛으로 말미암아 밝은 낮을 맞아 더 이상 실족(失足)하지 않게 되었습니다. 그가 예수님을 세상의 빛으로 오신 그리스도로 받아들였기 때문입니다. 그러나 유감스럽게도 바리새인들은 자신들은 모든 것을 밝게 보기 때문에 죄인이 아니라고 강변하는 바람에 스스로 소경이 되어 그리스도를 지나치게 되었고, 인생 최대의 실족(失足)하는 죄인들이 된 것입니다. 그리스도는 빛이십니다. 그러므로 그 안에서 행하는 자는 결코 실족하지 않게 됩니다. 빛 안에서 다니는 자는 모든 것이 보이므로 결코 넘어지지 않습니다. 마치 어두운 밤에도 성막 안에서는 금촛대의 빛으로 말미암아 제사장들이 실족하지 않고 자신들의 사역을 계속할 수 있었던 것과 같습니다. 여러분은 빛 가운데 다니십니까?

성막의 첫 번째 기구인 동문이 주는 믿음은 '**신앙고백적인 믿음**'이었습니다. 즉 구원에 이르는 믿음이 동문이 주는 믿음의 모습이었습니다. 두 번째 기구인 번제단이 주는 믿음은 사랑을 동반한 '**섬기는 믿음**'이었습니다. 이 믿음은 희생을 의미하는 '**십자가를 지는 믿음**'이라고 할 수 있습니다. 세 번째 기구인 물두멍이 주는 믿음은 '**거룩한 백성으로서의 믿음**'이었습니다. 이 믿음은 구속받은 하나님의 자녀로서의 거룩함에 대하여 숭고하고 겸손한 자부심을 갖는 믿음이라고 할 수 있습니다. 네 번째 기구인 떡(상)이 주는 믿음은 '**하나님의 말씀을 믿는 믿음**'이었습니다. 성경 자체를 하나님의 말씀으로 믿는 믿음과 함께 그 말씀대로 살기로 작정하는 믿음이라고 할 수 있습니다. 다섯 번째 기구인 금촛대가 주는 믿음은 '**그리스도께서 세상의 유일하신 빛이라**'는 것을 믿는 믿음과 함께, '**우리도 세상의 빛**'이라는 믿음을 말합니다.

1. 그리스도는 세상의 유일하신 빛이라는 믿음

이미 우리가 살펴본 대로 그리스도께서는 스스로를 제자들에게 '**나는**

세상의 빛이라'고 말씀하셨습니다. 그렇습니다. 오직 하나님께서 보내신 그리스도만이 유일하신 빛이십니다. 그리스도께서 '빛'이라고 말씀하셨을 때, 그 빛은 죄를 드러내고 생명을 주시는 분이십니다. 또 죄인들의 눈을 뜨게 하고 자녀들이 실족치 않도록 보호하시는 분입니다. 그렇다면 창세 이후의 세상에 이런 빛이 또 있었을까요? 없었습니다. 과거에도 없었고, 지금도 없으며, 앞으로도 없을 것입니다. 오직 하나님께서 보내신 어린양, 그 분만이 유일하신 세상의 빛이십니다. 이것을 굳게 믿어야 합니다.

창세 이래로 스스로 세상의 빛이라고 사람들을 미혹한 인간 영웅들이 많이 있었습니다. 최초의 미혹자는 사단의 영에 사로잡혀서 세상을 정복하면서 하나님을 대적했던 니므롯입니다. 그는 스스로 태양신으로 자처했습니다. 세상에 빛을 비추는 구원자라는 뜻입니다. 그러나 그는 완전한 사기꾼이요 가짜였습니다. 그저 인간 사냥을 통해서 제국을 이룬 탐욕에 미쳐있던 악한 사람에 불과했습니다. 오직 극악한 거짓의 영 사단의 도구에 불과했을 뿐입니다. 그 후에 많은 종교의 창시자들이 이런 가짜의 대열에 섰습니다. 뿐만 아니라, 세상의 군사력을 가지고 세상의 구원자, 세상의 빛이라고 떠벌이던 많은 영웅이라고 하는 자들이 있었습니다. 그러나 이런 자들은 그 육체의 생명이 끝나고 나면 그걸로 모든 것이 끝나고 말았습니다.

그러나 하나님께서 보내신 어린양 예수 그리스도는 하나님의 본체이시며, 하나님께서 택하시고 보내신 유일하신 구원자이시며, 세상을 심판하실 심판주로서 온 세상의 유일한 빛이십니다. 이 분은 영원 전부터 빛이셨으며, 세상에 오셨을 때에는 세상의 빛으로 사셨으며, 지금도 세상의 빛으로 역사하시고, 앞으로도 영원히 빛으로 존재하실 것입니다. 그렇기 때문에 예수님을 유일하신 빛으로 믿고 그를 따르는 사람들은 자신들의 죄를 알고 회개하게 되며, 이로 말미암아 영원한 생명을 얻고, 실족치 않고 영원히 빛 가운데 살게 될 것입니다. 할렐루야

2. 우리도 세상의 빛이라는 믿음

하나님께서 성막에 두게 하신 금촛대의 특징은 큰 촛대가 하나만 있는 그런 단순한 촛대가 아니라, 줄기에 해당하는 가운데의 촛대 좌우로 세 개씩의 똑같은 촛대가 있어서 모두 일곱 개의 촛대가 하나로 묶여 있는 특별한 촛대입니다. 이것을 줄기와 가지로 나누면서, 이것은 그리스도와 그의 제자들을 의미한다고 우리는 이미 알게 되었습니다. 그런데 가운데의 줄기에 좌우로 붙어있는 가지들은 다만 가지로만 그냥 붙어있는 것이 아닙니다. 줄기의 꼭대기에 등(燈)이 붙어있는 것과 똑같이 여섯 개의 각 가지의 꼭대기에도 등(燈)이 붙어있어서 줄기와 함께 빛을 비추고 있습니다. 즉 그리스도와 함께 세상에 빛을 비추고 있는 것입니다.

그렇습니다. 우리 주님께서는 제자들에게 이렇게 말씀하셨습니다. (마 5:14-16)"**14 너희는 세상의 빛이라 산 위에 있는 동네가 숨기우지 못할 것이요 15 사람이 등불을 켜서 말 아래 두지 아니하고 등경 위에 두나니 그러므로 집안 모든 사람에게 비취느니라 16 이같이 너희 빛을 사람 앞에 비취게 하여 저희로 착한 행실을 보고 하늘에 계신 너희 아버지께 영광을 돌리게 하라**" 그리스도께서는 스스로 세상의 빛이라고 하심과 동시에 그리스도의 사역을 함께 이어 나가야 할 제자들에게 똑같이 '**너희는 세상의 빛**'이라고 하신 것입니다. 즉 제자들은 그리스도께서 하셨던 사역을 언제나 함께 해나가야 한다는 것입니다. 주님께서 세상의 빛으로서 사람들의 죄를 드러내셨던 것처럼, 우리도 세상 사람들의 죄를 드러내어 스스로 탄식하고 회개에 이르도록 이끌어야 합니다. 또한 그리스도께서 이렇게 회개한 사람들에게 빛의 생명을 부어주셨던 것처럼 우리도 회개한 사람들에게 그리스도의 생명을 말씀을 통해서 풍성하게 부어주어야 합니다. 이 모든 일은 물론 성령께서 하실 것입니다. 우리는 다만 사람들이 생명을 부여받도록 안내자의 역할을 할 따름입니다. 뿐만 아니라 그리스도께서 항상 사람들의 빛이 되시어 실족치 않게 하셨던 것처럼, 우리도 성도들이 실족치 않도록 늘 말씀으로 갈 길을 알려주어야 합니다. 이것이 세상의 빛이 하는 역할입니다.

여기서 우리가 반드시 알고 넘어가야 할 것은 우리가 세상의 빛이라는 것은 맞지만, 예수님께서 세상의 빛이라는 사실과 우리가 세상의 빛이라는 사

실은 그 근본(根本)에 있어서 다르다는 사실입니다. 예수님은 빛의 근본으로서 스스로 빛을 발하시는 분이지만, 우리는 결코 빛의 근본이 아닙니다. 우리는 오직 그리스도의 빛을 받아서 비춰주는 호롱불의 껍데기에 불과하다는 것입니다. 즉 우리는 우리 안에 계신 그리스도의 빛을 통과시켜주는 호롱의 유리 껍데기라는 것입니다. 이것을 잊지 말아야 합니다. 그렇기 때문에 만약에 이 호롱불의 유리가 더러워지면 비록 내 안에 빛이 밝게 비추고 있어도 그 빛이 제대로 세상에 비치지 못한다는 사실을 늘 걱정해야 합니다. 내가 더러움에 처해 있으면 그리스도의 사역을 방해하는 것이 됩니다. 내가 그리스도의 보혈로 날마다 씻음 받아 정결하면 내 안에서 비추는 그리스도의 밝은 빛은 세상을 환하게 비출 것입니다. 이것을 결코 잊지 말아야 합니다. 아멘!

금촛대 기도 : 성령의 충만을 구하는 기도

첫 번째 단계의 기도인 동문의 기도는 '구원에 이르는 신앙고백적인 기도'였습니다. 두 번째 단계인 번제단 기도는 그리스도의 희생을 믿고 구원에 이른 사람들이 이제는 그리스도를 위하여 자신을 희생하겠다고 작정하는 '나를 드리는 기도'였습니다. 세 번째 단계인 물두멍 기도는 '철저한 회개의 기도'였습니다. 여기까지 우리가 살펴본 성막 뜰에 있는 세 기구의 기도, 곧 동문 기도, 번제단 기도, 물두멍 기도는 모두 고백의 기도라고 할 수 있습니다. 그러나 이제 성소에 들어와서 드리는 떡상 기도부터는 하나님의 자녀들이 하나님께 무엇인가를 구하는 기도가 됩니다. 그래서 네 번째 단계인 떡상의 기도는 '말씀에 의지하는 기도'가 되었습니다. 그렇다면, 다섯 번째 기구인 금촛대는 우리에게 어떤 기도를 가르치고 있을까요?

1. 성령의 충만을 구하는 기도

금촛대의 기도는 **'성령의 충만을 구하는 기도'**입니다. 금촛대에서는 그 재료인 금도 중요하고, 촛대도 중요합니다. 그러나 무엇보다도 가장 중요한 것은 금촛대에서 발해야 하는 빛입니다. 그런데 촛대에서 빛을 발하기 위해서는 반드시 '**감람유**'가 있어야 합니다. 하나님께서는 성막의 금촛대에서 사용할 기름에 대하여 오직 '**순결한 감람유**'만을 허용하셨습니다. (출 27:20-21)"**너는 또 이스라엘 자손에게 명하여 감람으로 찧어낸 순결한 기름을 등불을 위하여 네게로 가져오게 하고 끊이지 말고 등불을 켜되**"

성경에서 기름이라고 하면 대부분 이 '감람유'를 의미합니다. 성경 속의 대표적인 기름이지요. 그리고 감람유가 의미하는 것은 '**성령**'이십니다. 우리는 주님께서 말씀하신 대로 '세상의 빛'입니다. 우리가 세상에 빛을 발하기 위해서는 반드시 '기름부음', 곧 '성령'이 부어져야 합니다. 성령께서 우리에게 부어지는 모습은 두 가지인데, 첫 번째는 성령 세례요, 두 번째는 성령의 충만입니다.

우리가 처음 예수님을 믿기로 작정하고 고백을 하며 주님을 영접할 때에 하나님께서는 우리에게 성령의 인을 치시고 아울러 성령의 세례를 베푸시고, 우리 몸과 마음을 성전 삼아 우리 안에 좌정하십니다. 이렇게 성령의 세례를 받은 후에 모든 성도들은 온전하고 거룩하며 충성된 믿음의 생활을 위하여 날마다 성령의 충만하심을 받아야 합니다. 순교를 할 정도의 믿음은 성령의 충만하심이 없으면 불가능합니다. 성령의 세례는 믿을 때에 한 번으로 끝나지만, 성령의 충만은 죽을 때까지 이어져야 합니다. 그래서 위에 소개한 출애굽기 27:21에 보면, 하나님께서는 "**끊이지 말고 등불을 켜되**"라고 말씀하시면서 제사장들이 밤새도록 촛대에 감람유를 충분하게 채워주는 일을 하게 하셨습니다. 세상에 빛을 발해야 할 성도들이 성령으로 항상 충만해야 한다는 하나님의 가르침이십니다. 우리가 성령으로 항상 충만한 상태에 있어야 하는 이유는 그래야만 담대하게 복음을 전할 수 있고, 죽음도 불사할 수 있고, 무슨 사역이든지 기쁨과 감사함으로 할 수 있게 되기 때문입니다. 또 무슨 일이든지 주님의 뜻대로 할 수가 있기 때문입니다.

마가의 다락방에서 120명의 제자들은 혀의 갈라짐 같은 성령이 불같이 각자에게 임하심으로 충만함을 얻게 되었습니다. 이 당시는 성령께서 보내심을 받아 처음 임재하시는 때였기 때문에 성령 세례와 성령 충만이 동시에 일어났다고 대부분의 성경학자들은 말합니다. 120명의 제자들은 이렇게 충만하심을 받은 후에 완전히 달라져서 담대히 복음을 전하고 순교까지 했습니다. 그렇습니다. 금촛대로 상징되는 그리스도의 제자들이 제대로 세상에 빛을 발하기 위해서는 반드시 감람유(성령)로 충만히 채워져야 합니다. 우리가 날마다 기도하고, 찬양하고, 성경을 연구하는 이런 모든 일은 성령으로 충만함을 받기 위해서라고 해도 과언이 아닙니다. 성령으로 충만하게 채워지기 위해서는 기도하지 않으면 안 됩니다. 찬송하지 않으면 안 됩니다. 말씀이 우리 안에 채워지지 않으면 안 됩니다. 이것을 명심해야 합니다.

2. 성령의 은사를 구하는 기도

세상의 빛으로 오신 예수님은 모든 병자를 고치셨습니다. 모든 약한 것을 고쳐주셨습니다. 눈먼 자, 귀신 들린 자, 약한 자, 중풍병자, 귀가 먹은 자, 손이 뒤틀린 자, 문둥병자, 심지어 죽은 자까지 살려주셨습니다. 이것은 예수님께서 생명의 빛으로 오셨기 때문입니다. 그런데 예수님께서 우리에게도 **'너희는 세상의 빛이라'**고 하셨습니다. 그렇다면 우리도 주님께서 하셨던 사역을 그대로 이어가야 합니다. 제자들은 선생님께서 남겨주신 일을 마땅히 이어가야 합니다. 그런데 우리는 이런 사역을 해야 하는데도 불구하고, 우리 스스로는 아무런 능력이 없습니다. 오직 주님께서 보내신 성령의 도우심이 반드시 있어야 합니다. 그래서 성경은 성령께서 각자에게 필요한 대로 여러 은사들을 나누어주신다고 기록하고 있습니다.

사랑하는 여러분, 주저하지 말고 여러분이 필요하다고 생각하는 은사를 구하십시오. 바울은 이렇게 말합니다. (고전 14:1)**"사랑을 따라 구하라 신령한 것을 사모하되 특별히 예언하려고 하라"** 또 이렇게 말합니다. (고전 14:5)**"나는 너희가 다 방언 말하기를 원하나 특별히 예언하기를 원하노라"** 또 이렇게 말합니다. (고전 14:15)**"그러면 어떻게 할꼬 내가 영으로 기도하고 또 마음으로 기도하며 내가 영으로 찬미하고 또 마음으로 찬미하리라"** 바울의 권고는 예언이나 방언이나 필요한 은사를 구하라는 것입니다. 다만 사랑하는 마음의 바탕 위에서 구해야 한다는 것입니다. 사랑이 없으면 이런 은사가 나타나지도 않지만, 설령 은사가 나타난다고 하더라도 하나님께서 영광을 받지 못하게 됩니다. 즉 자기의 자랑이 되고, 자기의 영광이 됩니다. 믿음의 진전과 사랑하는 이웃을 위해서, 교회의 덕을 세우기 위해서 은사를 구하십시오. 아멘!

제6장

분향단

중보자, 대제사장, 선한 목자

† 요한복음 10장 †

출 30:1-10

"1 너는 분향할 단을 만들지니 곧 조각목으로 만들되 2 장이 일 규빗, 광이 일 규빗으로 네모 반듯하게 하고 고는 이 규빗으로 하며 그 뿔을 그것과 연하게 하고 3 단 상면과 전후좌우 면과 뿔을 정금으로 싸고 주위에 금테를 두를찌며 4 금테 아래 양편에 금고리 둘을 만들되 곧 그 양편에 만들찌니 이는 단을 메는 채를 꿸 곳이며 5 그 채를 조각목으로 만들고 금으로 싸고 6 그 단을 증거궤 위 속죄소 맞은편 곧 증거궤 앞에 있는 장 밖에 두라 그 속죄소는 내가 너와 만날 곳이며 7 아론이 아침마다 그 위에 향기로운 향을 사르되 등불을 정리할 때에 사를찌며 8 또 저녁때 등불을 켤 때에 사를찌니 이 향은 너희가 대대로 여호와 앞에 끊지 못할찌며 9 너희는 그 위에 다른 향을 사르지 말며 번제나 소제를 드리지 말며 전제의 술을 붓지 말며 10 아론이 일년 일차씩 이 향단 뿔을 위하여 속죄하되 속죄제의 피로 일년 일차씩 대대로 속죄할찌니라 이 단은 여호와께 지극히 거룩하니라"

　　성막의 6번째 기구인 분향단(향단)은 높이 90cm(2규빗), 가로와 세로가 45cm(1규빗) 크기의 반듯하고 작은 단(壇)인데, 단 위에 향로가 있어서 거기에 있는 불에 향을 부어서 그 향을 사르는 단입니다. 향단은 성소(聖所)의 가장 깊은 안쪽이면서 지성소 휘장 바로 앞에 자리 잡고 있습니다. 그래서 모든 기구 가운데 법궤와 휘장을 사이에 두고 가장 가까이 있는 기구입니다. 이 분향단에서는 하루에 두 번 향을 사르는데, 아침 해가 떠서 금촛대의 등불을 끌 때와 저녁 해가 져서 등불을 켤 때에 제사장들이 향을 살랐습니다. 여기에 사르는 향은 하나님께서 향의 재료와 제조법을 모두 지정하셔서 그 재료와 그 방법대로 만든 향만을 살랐습니다. 향단에는 번제단과 마찬가지로 네 모서리에 뿔이 하나씩 곧 네 뿔이 있습니다.

분향단[焚香壇]에 대한 설명

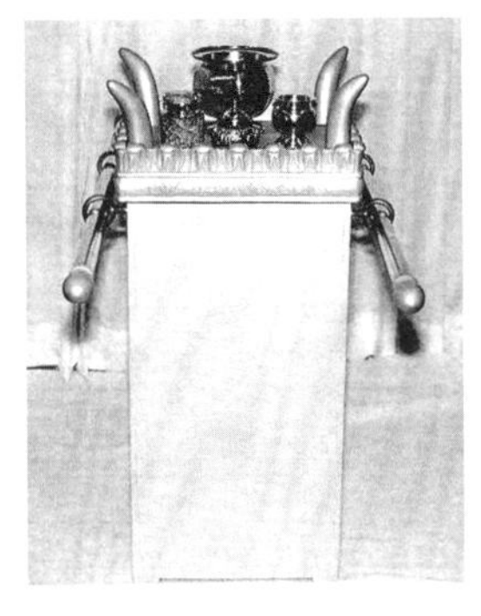

분향단은 아침저녁으로 향을 불에 살라서 향내와 연기를 내어 성소와 지성소에서 그 역할을 수행합니다. 특히 매년 7월 10일, 대 속죄일에는 여기에 있는 금향로를 지성소 안에 미리 넣어두게 되는데, 그렇게 함으로써 나중에 대제사장이 속죄를 위하여 염소의 피를 갖고 들어갈 때에 짙게 덮인 연기로 인하여 하나님께서 임재하여 계신 속죄소를 보지 않게 되어 죽음을 면할 수 있게 됩니다.

1. 분향단(焚香壇)

(출 30:1-3)"1 너는 분향할 단을 만들찌니 곧 조각목으로 만들되 2 장이 일 규빗, 광이 일 규빗으로 네모 반듯하게 하고 고는 이 규빗으로 하며 그 뿔을 그것과 연하게 하고 3 단 상면과 전후좌우 면과 뿔을 정금으로 싸고 주위에 금테를 두를찌며"

분향단은 조각목으로 만들어서 그 위에 금으로 입혔습니다. 그 크기는 높이 2규빗(90cm), 가로 1규빗(45cm), 세로 1규빗(45cm)인 직육면

체인데, 그 위에 있는 향로가 떨어지지 않도록 가로 세로의 4면에 턱을 만들었습니다. 그리고 모서리마다 뿔을 만들어서 네 뿔이 하늘로 솟아 있도록 했습니다. 분향단의 역할은 그 위에 있는 향로를 떠받치고 거기서 향을 피우도록 하는데 있습니다. 이미 우리가 알고 있는 것처럼 조각목은 고난과 고통의 나무요, 저주를 상징하는 나무입니다. 또 금은 왕을 상징하는 금속입니다. 그래서 분향단이 조각목에 금을 입힌 것으로 만들었다는 것은 고난당하신 그리스도를 상징합니다. 분향단은 전체적으로 기도를 상징합니다. 떡상이 하나님의 말씀을 의미하듯이 분향단은 하나님께 양떼들을 중보하시는 그리스도의 기도, 하나님께 드리는 성도들의 기도를 의미합니다. 여러 기도의 모습 중에서도 특히 중보의 기도를 상징합니다. 분향단은 아무나 향을 피우거나 접근할 수 없습니다. 남유다의 10번째 왕이었던 웃시야는 나라가 강성해지자 한껏 교만해져서 스스로 성전에 들어가 분향하려 하다가 문둥병이 발해서 별궁으로 구금되어 죽을 때까지 홀로 살았습니다(왕하 16:1-20).

2. 향로(香爐)와 불

분향단 위에는 금향로가 놓여 있습니다. 향로에서는 향내 나는 연기가 성소 안에 짙게 퍼집니다. 향로에는 두 종류가 있습니다. 하나는 분향단 위에 놓는 금향로이고, 다른 하나는 번제단에서 24시간 타오르고 있는 여호와의 불을 담아서 분향단까지 나르는 놋향로입니다.

놋향로

금향로

먼저 번제단에서 놋향로에 담아서 가져온 여호와의 불을 금향로에 담은 후에, 하루 두 번 특별히 조제한 향을 피웁니다. 제사장은 아침 해가 떠서 금촛대의 불을 끌 때에 향을 피우고, 저녁에 해가 져서 금촛대의 불을 켤 때에 다시 한 번 향을 피웁니다.

매년 한 번, 속죄일에는 분향단에 놓여 있던 향로에 대제사장이 불을 옮겨 피우고 향을 부어서 짙은 향연이 피어오르도록 하여 지성소 안에 미리 갖다가 놓아야 합니다. 그런 다음 여호와를 위한 염소를 속죄양으로 잡아서 그 피를 가지고 지성소에 들어가 백성들의 죄를 속하게 됩니다.

* 잘못 피운 향로의 불: 레 10:1-11

성막을 처음 완공하여 하나님께 드린 이후, 대제사장 아론의 아들 나답과 아비후는 여호와의 명하지 않으신 다른 불, 곧 번제단의 불이 아닌 다른 불을 저희 마음대로 각자 (놋)향로에 담아 옮기다가 분향단에서 불이 나와 그 자리에서 타죽고 말았습니다. 하나님의 말씀을 어기고 소홀히 한 이들에 의하여 하나님의 거룩함이 손상되었기 때문(3절)에 이들은 죽임을 당한 것입니다. 이들은 아마도 술에 취하여 이런 망령된 행동을 한 것 같습니다. 왜냐하면 이들이 죽은 직후에 하나님께서 모세와 아론에게 (레 10:9)**"너나 네 자손들이 회막에 들어갈 때에는 포도주나 독주를 마시지 말아서 너희 사망을 면하라 이는 너희 대대로 영영한 규례라"**고 말씀하셨기 때문입니다.

* 저주받은 향로: 민 16:31-40

광야 생활을 하던 이스라엘 백성들이 시내 광야에서 있을 때에, 레위 자손 중의 고라와 르우벤 자손 중의 다단과 아비람과 온이 당을 만들고 모세와 아론에게 반역을 일으켰습니다. 그리고 이들을 따라서 무려 250명에 이르는 족장들이 반역에 가담하게 되었습니다. 이스라엘이 행로 중에 두 쪽으로 갈라지는 참담한 일이 벌어진 것입니다. 이때 하나님께서 친히 간섭하셔서 250명의 족장들에게 각각 향로에 불을 담아오게 하시고, 주모자 네 사람과 그를 따르는 가족들에게는 서 있던 땅이 벌어져서 모두 땅속 음부로 떨어짐과 동시에 땅이 다시 합쳐지는 놀라운 심판을 내리셨습니다. 주모자와 그 가족들이 산 채로 지옥에 떨어진 것입니다. 이어서 반역에 가담한 250명의 족장들에게는 여호와로부터 불이 나와서 그들을 모두 그 자리에서 소멸시켜버렸습니다. 하나님께서 정하신 질서(秩序)를 무시하고 스스로 제사장이 되려고 했던 무례한 이 사람들은 결국 불에 소멸되고 만 것입니다. 그리고 이들이 갖고 있던 (놋)향로는 모두 거두어서 번제단을 만들었습니다.

3. 향(香): 향연(香煙), 향(香)을 피우다

하나님께서는 향로에 피우는 향을 특별히 조
제하도록 명하셨습니다. 모두 5가지의 재료인
데, 소합향, 나감향, 풍자향, 유향, 소금입니다.
향은 그것을 피울 때 향내와 함께 연기가 오릅
니다. 향내를 풍기며 하늘로 오르고 온 사방으
로 퍼지는 연기는 기도 그 자체입니다. 향은 성
경 속에서 그리스도와 성도의 기도를 의미합니
다. (계 8:3-5)"3 또 다른 천사가 와서 제단 곁에 서서 금향로를 가지고 많은
향을 받았으니 이는 모든 성도의 기도들과 합하여 보좌 앞 금단에 드리고자
함이라 4 향연이 성도의 기도와 함께 천사의 손으로부터 하나님 앞으로 올라
가는지라 5 천사가 향로를 가지고 단 위의 불을 담아다가 땅에 쏟으매 뇌성
과 음성과 번개와 지진이 나더라" 특히 향을 만드는 재료들을 보면 모두가
기도의 유형을 느낄 수 있는 재료들입니다.

① 소합향(蘇合香 stacte: 나타프 נטף) – 眞心에서 우러나오는 기도

소합향은 조록나무과에 속하고,
주로 소아시아에 분포되어 있으며
낙엽교목으로 높이는 10m 정도
된다고 합니다. 잎의 모양은 손바
닥을 편듯한 모양인데, "나타프"라
는 말은 '액체가 떨어지다'라는 뜻

의 히브리어 원어에서 유래된 것으로 이 나무에서 자연적으로 스며 나온 나무진의 방울을 가리킵니다. 소합향은 바로 이 나무진을 의미합니다. 따라서 소합향이 분향단에 살라지는 향 재료로 사용되었다는 것은 자연적으로 나온 나무진의 형성과정에 그 상징적 의미가 있다고 볼 수 있습니다.

소합향이 나무에서 자연적으로 스며 나오는 나무진인 것처럼 기도는 우리 마음속에서 자연적으로 스며 나와야 합니다. 기도는 아무에게서나 자연적으로 나오는 것이 아닙니다. 또 기도는 아무 때나 자연적으로 흘러나오는 것도 아닙니다. 그런데도 하니님께서는 분향단에 사용할 향을 자연적으로 스며 나온 나무진인 소합향을 사용하게 하셨습니다. 그렇다면 기도가 우리 마음속에서 자연적으로, 또는 저절로 솟아 나오려면 우리의 마음이 어떤 상태에 있어야 할까요? 그것은 우리의 마음이 그리스도를 향하여 가난한 상태에 있어야 합니다. 애통한 상태에 있어야 합니다. 온유한 상태에 있어야 합니다. 그리고 겸손하면서도 뜨겁게 사모하는 상태에 있어야 합니다. 이런 상태가 아니면 우리에게서 어떻게 저절로 자연스럽게 기도가 스며 나올 수가 있겠습니까? 하나님께서는 우리의 기도가 이런 상태에서 진득하게 계속 스며 나오기를 바라십니다. 우리는 복음서 속에 있는 한 세리의 기도(눅 18:13,14)를 기억합니다. 한 바리새인이 거룩한 모습으로 하늘을 바라보면서 큰 소리를 내어 십일조와 금식을 자랑하는 기도를 하는 저쪽 한구석에서 감히 얼굴을 들지도 못하고 눈물 흘리며 죄를 자복하고 탄식하는 세리의 기도가 있었습니다. 하나님은 이 세리의 기도를 들으셨습니다. 그의 기도는 마음 깊은 곳에서 우러나오는 진실한 기도, 곧 소합향의 기도였던 것입니다.

② 나감향(螺龕香 onycha: 쉐헬레트 שְׁחֵלֶת) – 깨어지는 기도

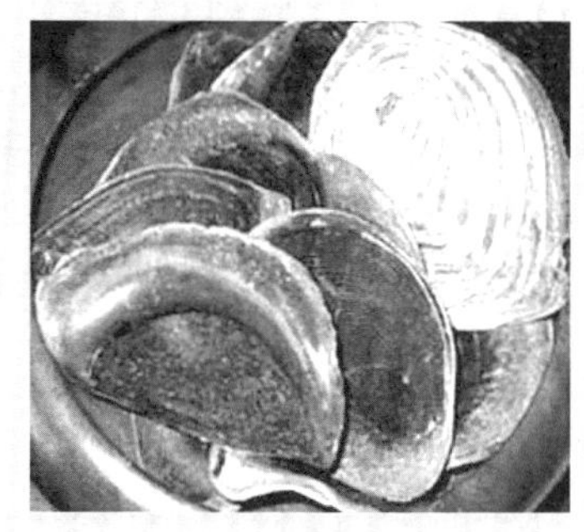

나감향은 인도에서 발견되는 섭조개의 껍데기를 빻아서 만든 향료입니다. 이 조개는 자기의 껍데기를 곱게 깨어서 하나님이 기뻐하시는 향기를 냅니다. 그래서 하나님께서는 이런 향료를 분향단에 사용하게 하셨습니다. 즉 기도는 먼저 내 속의 진실을 가리고 있는 모든 껍데기(假飾)들을 깨뜨려야 한다는 것입니다. 그 후에 모든 진실한 기도가 가능하게 됩니다. 이것이 하나님이 받으실 만한 향기로운 기도입니다. 내 자존심을 깨뜨리고, 내 교만을 깨뜨리고, 내 죄를 깨뜨리고, 내가 하나님 앞에 나가는 데 있어서 방해되는 모든 것을 깨뜨려야 합니다. 우리의 기도가 이렇게 시작되어야 합니다. 우리는 우리 자신을 먼저 하나님께 드리도록 잘못된 모든 것을 깨뜨려야 합니다. 그다음에야 구할 것을 구하고, 그리스도처럼 남을 위하여서 기도할 수 있게 됩니다.

③ 풍자향(楓子香 galbanum: 헬베나 הַלְבְּנָה) – 회개의 기도

풍자향

풍자향은 고무나무에서 나오는 향으로서 소독제로 쓰인다고 합니다. 무엇이든 오래 쓰다 보면 자연히 때가 묻고, 더러운 균이나 독이 묻게 됩니다. 기도할 때에 우리는 이와같이 우리 영혼에 묻

어 있는 더러운 요소들, 괴악한 요소들, 독한 요소들을 모두 소독해야
합니다. 이것은 날마다 있어야 하는 회개의 기도를 말합니다. 아울러 특
별한 죄로 인한 회개의 기도를 말하기도 합니다.

다윗의 기도가 시편에 나옵니다. 그는 왕이 된 후에, 우리아 장군의
아내 밧세바를 불러 간통하고 그의 남편까지도 죽이는 파렴치한 죄를
범했습니다. 그리고는 하나님으로부터 엄중한 문책을 받았습니다. 이때
그는 즉시 눈물 흘리며 철두철미하게 회개합니다(시편 51편). 그것이 바
로 풍자향의 기도입니다.

(시 51:9-12)"주의 얼굴을 내 죄에서 돌이키시고 내 모든 죄악을 도말하소
서 하나님이여 내 속에 정한 마음을 창조하시고 내 안에 정직한 영을 새롭게 하
소서 나를 주 앞에서 쫓아내지 마시며 주의 성신을 내게서 거두지 마소서 주의
구원의 즐거움을 내게 회복시키시고 자원하는 심령을 주사 나를 붙드소서"

④ 유향(乳香 balm: 레보나 לבנה) - 희생의 기도

유향나무와 유향

유향은 감람과의 상록교목이며 아프리카 소말리아 지방이 원산으로

높이는 약 6m 정도라고 합니다. 나뭇잎은 깃 모양의 겹잎이고 잎의 가장자리는 톱니 모양을 하고 있다고 합니다. 이 나무의 줄기에 상처를 내어 뽑아낸 우윳빛의 수지(樹脂)를 유향(乳香)이라고 합니다. 유향은 특별히 악취를 제거하기 위하여 시체에 바르는 향입니다. 따라서 분향단에 이 향을 사용하였다는 것은 이웃에게 닥친 불행이나 어려움을 하나님께 호소하는 희생 기도의 모습을 생각하게 합니다.

출애굽기 32장에 보면, 모세가 자기 백성이 금송아지를 만들어서 하나님을 배반했기 때문에 자기 백성을 살리려고 희생의 기도를 드립니다. 이 반역사건으로 하나님은 백성들을 모두 멸하고 모세를 통해서 다시 하나님의 뜻을 이루겠다고 말씀하셨지만, 이때 모세는 자기를 찢고 희생하는 기도를 드립니다. 즉 백성들을 위하여 오히려 자신이 하나님께 회개하고 아울러 자신을 멸하고 백성들을 살려달라고 애원하며 기도합니다. 이것이 바로 유향과 같은 희생의 기도입니다. 예수님의 게세마네 기도와 같다고 할 수 있습니다. (출 32:31-32)**"여호와께 다시 나아가 여짜오되 슬프도소이다 이 백성이 자기들을 위하여 금신을 만들었사오니 큰 죄를 범하였나이다 그러나 합의하시면 이제 그들의 죄를 사하시옵소서 그렇지 않사오면 원컨대 주의 기록하신 책에서 내 이름을 지워버려 주옵소서"**

⑤ 소금

분향단에서 사용하는 향에는 반드시 소금을 넣어야 합니다. 그것은 **성결을 위해서라고** 성경은 말합니다. 이 소금은 성결을 위해서 다른 향들에 뿌려졌지만 사실 소금은 언약을 상징합니다. 이스라엘 사람들은 다른 사람과 약속을 할 때 소금을 뿌렸다고 합니다. 레 2:13을 봅시다. **"네 모든 소제에 소금을 치라. 네 하나님의 언약의 소금을 네 소제에 빼지 못할지니 네 모든 예물에 소금을 드릴지니라"** 이와 같이 분향단에 사용하는 모든 향에 소금을 치라고 하신 것은 모든 기도에 약속의 말씀을 붙잡고 기도하라는 것입니다. 즉 약속의 말씀을 믿고, 그 말씀으로 자기를 성결하게 하고, 그 약속의 말씀을 붙잡고 기도하라는 것입니다.

역대하 20장에 보면, 남 유다의 네 번째 왕 여호사밧의 기도가 나옵니다. 당시 유다는 모압과 암몬과 그 주변의 연합군에 의하여 큰 위기에 봉착해 있었습니다. 이때 여호사밧은 전국에 금식기도를 선포하고 성전에서 회중 가운데 일어서서 하늘을 향하여 이렇게 기도합니다. (대하 20:9)**"만일 재앙이나 난리나 견책이나 온역이나 기근이 우리에게 임하면 주의 이름이 이 전(殿)에 있으니 우리가 이 전 앞과 주의 앞에 서서 부르짖은 즉 들으시고 구원하시리라 하셨나이다"** 여호사밧이 이렇게 기도하는 이유는 역대하 6장에서 솔로몬 왕이 하나님께 약속받은 기도가 있었기 때문입니다. 거기 6:21에 보면 **"종과 주의 백성 이스라엘이 이곳을 향하여 기도할 때에 주는 그 간구함을 들으시되 주의 계신 곳 하늘에서 들으시고 들으시사 사하여 주옵소서"** 여호사밧은 약속의 말씀을 붙잡고 기도하여 응답을 받았습니다. 그리고는 찬양대를 앞세워 감사 찬송을 부르며 진군하여 대승리를 거두었습니다. 여호사밧의 기도는 약속의 말씀을 붙잡고 드리는 소금 기도였습니다.

4. 뿔: 기도의 권세

(출 30:2하–3상)"그 뿔을 그것과 연하게 하고 단 상면과 전후 좌우 면과
뿔을 정금으로 싸고"

성막에는 두 개의 제단이 있습
니다. 먼저는 동문 안에 위치한
번제단이고, 두 번째는 성소 안
에 있는 분향단입니다. 그런데 이
두 제단에는 모두 네 개의 뿔들

향단의 네 뿔

이 있습니다. 우리는 번제단을 배울 때 거기에 있는 뿔에 대하여 "구원의
능력"이라는 의미로 이해하였습니다. 그렇다면 분향단의 뿔은 무엇을 의
미할까요? 그것은 분명 "기도의 능력"을 의미한다고 할 수 있습니다. 뿔
은 성경 속에서 능력과 권세를 나타냅니다. 그래서 죽을죄를 범한 사람
도 번제단의 뿔을 붙들면 살 수 있었습니다. 분향단에 네 개의 뿔이 사
방으로 나와 있다는 것은 어디에서 누가 하는 기도이건 하나님의 능력이
나타날 수 있다는 것을 의미합니다. 우리가 신앙 생활하는데 있어서 능
력을 얻기 위해서는 무엇보다도 기도해야 함을 우리는 분향단의 모습을
통해서 깨닫게 됩니다. 그리스도인으로서 능력 있는 삶을 살려면 다른
도리가 없습니다. 무엇보다도 기도해야 합니다. 기도를 하되 하나님이 받
으실 만한 기도를 해야 합니다. 분향단은 우리로 하여금 기도를 통한 그
리스도인의 적극적인 신앙생활을 가르칩니다. 기도를 통해서 비로소 하
나님이 우리를 만나 주시는 지성소로 나아갈 수 있게 됩니다. 아멘.

∘ 분향단과 그리스도의 관계

성막의 모든 기구는 그것이 작든 크든 상관없이 모두 그리스도에 대한 예표입니다. 그래서 분향단도 그리스도의 어떤 모습을 우리에게 상징적으로 보여줍니다. 그렇다면 분향단은 그리스도와 어떤 관계에 있을까요? 과연 분향단은 그리스도의 어떤 면을 보여주는 기구일까요?

1. 분향단, 향, 향연

첫째, 그리스도의 '중보기도'를 상징

그리스도께서 세상에 오신 첫 번째 이유는 당신의 희생을 통해서 우리를 죄에서 구원하여 하나님의 나라 (영원한) 천국으로 인도하여 영원토록 삼위일체 하나님과 영광 가운데 교제하는 것입니다. 이때의 예수 그리스도를 '어린양'이라고 표현합니다. 그리스도를 어린양으로 묘사하려고 기록된 복음서는 마가복음입니다. 이 복음서는 사도 베드로가 마가로 하여금 대필케 하였다는 전설이 전해지고 있습니다. 사도 베드로가 세상에 전하고 싶은 그리스도의 첫 번째 모습은 우리를 위해 피 흘려 죽으셔야 했던 어린양이었습니다. 그리스도의 우리를 위한 희생은 결코 몸만 죽는 것이 아니었습니다. 예수님께서는 당신의 몸을 죽이시기까지 끊임없이 우리를 위하여 희생의 기도, 곧 중보의 기도를 드리셨습니다. 분향단은 그것을 먼저 상징합니다.

먼저 예수님께서는 날마다 일정 시간에 감람산에서 우리를 위하여 중보의 기도를 드리셨습니다. 눅 22:39에 보면, "**39 예수께서 나가사 습관을 좇아 감람산에 가시매 제자들도 좇았더니 40 그곳에 이르러 저희에게 이르시되 시험에 들지 않기를 기도하라 하시고… 41 저희를 떠나 돌 던질 만큼 가서 무릎을 꿇고 기도하여… 42 가라사대 아버지여 만일 아버지의 뜻이어든 이 잔을 내게서 옳기시옵소서 그러나 내 원대로 마옵시고 아버지의 원대로 되기를 원하나이다**"라고 기록되어 있습니다. 그리고는 거기서 기도하시는 모습이 "**44 예수께서 힘쓰고 애써 더욱 간절히 기도하시니 땀이 땅에 떨어지는 피방울 같더라**"고 전합니다. 어떤 신학자는 예수님의 이 겟세마네 기도를 십자가에 대한 고통 외에 혹시 인간을 구원할 하나님의 다른 길이 있다면 그 뜻대로 해달라는 예수님의 인간적인 측면에서 자신을 위한 기도였다고 말하기도 합니다. 기록된 대로 보면, 그런 면을 느낄 수도 있겠지만, 그러나 결코 겟세마네 기도는 예수님 자신을 위한 기도라고 할 수 없습니다. 그 겟세마네 기도는 자신의 고통을 면해보려는 자신을 위한 기도가 아니라 끝까지 아버지의 뜻을 이루시려는 아버지를 위한 기도, 그리고 또 한편으로는 우리를 위한 희생의 기도였습니다. 분향단은 이처럼 그리스도께서 우리를 위한 아버지의 뜻을 이루기 위한 중보의 기도였습니다. 예수님께서는 이처럼 처음부터 끝까지 십자가를 통해 우리를 구원하시려는 중보의 기도를 습관처럼 드리셨던 것입니다. 이것이 분향단이 상징하는 그리스도의 중보기도입니다.

둘째, 예수님 이름으로 하는 성도의 기도에 대한 상징: 성도들의 중보기도

분향단은 무엇보다도 기도를 상징하는데, 우리를 위한 그리스도의 중보기도 외에 하나님께 향기로운 기도를 드리는 성도의 기도를 상징하기도 합니다. 성도의 기도를 상징하되 우리에게 오직 예수 그리스도의 이름으로 기도해야 한다는 것을 가르칩니다. 만약에 우리의 기도가 예수의 이름과 상관없이 드려진다든가 혹은 다른 이름으로 드려진다면 그것은 결코 그리스도인의 기도가 아닙니다. 즉 분향단의 기도가 아니라는 말입니다. 이런 예수님 이름으로 하지 않는 기도는 하나님께서 결코 받으실 수 없습니다. 왜냐하면 분향단 자체가 예수님을 상징하기 때문입니다. 그래서 모든 기도는 예수 그리스도의 이름으로만 드려져야 합니다. 성경을 보면, (요 14:13)**"너희가 내 이름으로 무엇을 구하든지 내가 시행하리니 이는 아버지로 하여금 아들을 인하여 영광을 얻으시게 하려 함이라"**, (약 5:14)**"너희 중에 병든 자가 있느냐 저는 교회의 장로들을 청할 것이요 그들은 주의 이름으로 기름을 바르며 위하여 기도할지니라"**고 나옵니다.

그렇다면, 예수님 이름으로 기도한다는 것이 과연 무엇을 의미할까요?

그것은 첫째, 예수님에게 속한 성도가 기도한다는 것을 말합니다. 이것은 기도하는 자가 예수 그리스도는 하나님의 아들이시요, 우리를 구원하러 이 땅에 오신 분이며, 나를 구원하시기 위하여 십자가에서 죽으셨다가 부활하셨으며, 다시 재림하실 것을 믿는 성도만이 예수님 이름으로 기도할 수 있기 때문입니다.

두 번째는, 예수님에 대한 믿음으로 기도한다는 것을 말합니다. 이것은 그의 이름으로 무엇을 구하면 하나님께서 반드시 응답하신다는 믿음으로 기도하기 때문입니다. 이 믿음이 없이는 응답받기를 바랄 수조차 없습니다.

세 번째는, 그리스도의 능력과 권세로 기도한다는 것을 말합니다. 예수님께서는 제자들을 둘 씩 짝 지어 파송하시면서 자신(예수님)의 이름으로 기도하게 하셨습니다. 이때 병들이 낫고, 귀신들이 쫓겨나갔습니다. 그리스도를 믿는 믿음을 가지고 그의 이름으로 기도하면 이처럼 그리스도의 권세와 능력이 나타납니다.

분향단이 그리스도의 이름으로 드리는 성도의 기도를 상징하기도 하지만, 때로는 향기 또는 향연(香煙 향기로운 연기)도 성도의 기도를 상징합니다. (계 8:3-5)**"3 또 다른 천사가 와서 제단 곁에 서서 금향로를 가지고 많은 향을 받았으니 이는 모든 성도의 기도들과 합하여 보좌 앞 금단에 드리고자 함이라 4 향연이 성도의 기도와 함께 천사의 손**

으로부터 하나님 앞으로 올라가는지라 5 천사가 향로를 가지고 단 위의불을
담아다가 땅에 쏟으매 뇌성과 음성과 번개와 지진이 나더라”

　　분향단은 성도들의 모든 기도를 상징하지만, 특별히 성도들이 다른 사
람을 위하여 자신의 시간을 드리는 중보의 기도를 대표적으로 상징합니
다. 그것은 우리가 기도하는 것조차도 예수님을 따라 하는 기도가 되어야
하기 때문입니다. 이처럼 분향단의 기도는 항상 이웃을 위한 기도, 이웃
을 위한 하나님의 뜻이 이루어지게 해달라는 중보의 기도를 상징합니다.

2. 재료에 대한 상징: 조각목, 금, 향

　　조각목은 우선 우리의 죄를 속하시기 위하여 저주받고 버림받고 죽임
당하시는 그리스도를 상징합니다. 아울러 조각목을 감싼 금(金)은 이렇
게 죽임당하시는 분이 우리의 왕(王)이심을 상징합니다.

　　아울러서 조각목은 자신의 죄로 말미암아 영원히 저주받고 버림받고
죽어야 할 죄인들을 상징하기도 합니다. 그런데 이것을 금으로 온통 입
혔습니다. 이것은 영원히 저주받고 버림받고 죽임당할 죄인들이 죽지 않
기 위해서는 무엇보다도 십자가에서 죽으신 그리스도를 믿어야 함을 상
징합니다. 금(金)은 그리스도에게는 그가 왕(王)이심을 상징하지만, 우리
에게는 믿음을 상징합니다.

그리고 이렇게 금을 입힌 조각목의 분향단에서 제사장은 항상 향을 피워야 합니다. 이것은 믿음으로 구원받은 성도는 쉬지 말고 항상 믿음으로 기도해야 함을 의미합니다. (약 1:6)**"오직 믿음으로 구하고 조금도 의심하지 말라 의심하는 자는 마치 바람에 밀려 요동하는 바다 물결 같으니"**, (약 5:15)**"믿음의 기도는 병든 자를 구원하리니 주께서 저를 일으키시리라 혹시 죄를 범하였을지라도 사하심을 얻으리라"** 이렇게 기도할 때에 하나님의 응답이 떨어집니다.

3. 네 뿔에 대한 상징: 성도의 기도의 모습과 능력

분향단에는 네 개의 뿔이 달려 있습니다. 네 뿔은 분향단의 사면 모서리에 나와 있는데 이것 역시 조각목으로 분향단의 상면과 연하게 만들고 금으로 모두 싼 것입니다. 이에 대한 상징성은 아래와 같습니다.

첫째, 언제 어디에서든지 누구나 기도해야 함을 의미합니다.

성경에서 넷이라는 숫자는 동서남북을 지칭하는 세상을 의미합니다. 아울러 사시사철을 의미합니다. 또 모든 인종과 다양한 신분을 상징하기도 합니다. 즉 모든 사람을 의미한다는 말입니다. 이러한 것을 상징하는 네 뿔은 성도는 누구나 언제 어디서든지 기도를 드려야 함을 의미합니다. 즉 기도는 모든 성도에게 차별이 없다는 것입니다. 또 언제 어디서

나 드리는 필수적인 것이라는 뜻입니다. 그래서 성경은 **"쉬지 말고 기도
하라"**(살전 5:17)고 하셨습니다.

둘째, 기도는 희생의 피를 근거로 드려져야 함을 의미합니다.

(출 30:10)**"아론이 일년 일차씩 이 향단 뿔을 위하여 속죄하되 속죄제의
피로 일년 일차씩 대대로 속죄할지니라 이 단은 여호와께 지극히 거룩하니
라"** 이 뿔에는 일 년에 한 차례씩(7월 10일 대속죄일) 대제사장이 속죄
제를 드린 짐승의 피를 바르게 되어 있습니다. 왜 하나님께서 이렇게 하
도록 하셨을까요? 그리스도와 우리는 그리스도의 피로써 연결되어 있기
때문입니다. 이것은 하나님과 우리 사이를 연결하는 가장 중요한 통로인
기도가 그리스도의 희생의 피를 근거로 해야 한다는 것을 말해줍니다.
왜냐하면 하나님께서는 그리스도의 피로써 정결케 된 성도들에게서 그
의 피를 믿음의 근거로 기도가 드려지기를 원하시기 때문입니다. 또 이
런 기도만이 하나님의 응답을 받을 수 있기 때문입니다. 따라서 예수 그
리스도의 희생의 피를 근거로 하지 않는 기도는 그 어떤 멋있는 기도라
하더라도 이미 기도가 아닙니다. 다른 희생이나 다른 피를 갖고는 결단
코 하나님 앞에 나아갈 수가 없기 때문입니다. 항상 십자가 다음에 기도
가 있습니다. 십자가 앞에서 그 흘리신 피로 죄 사함을 받은 연후에야 하
나님을 아버지로 부를 수 있고, 예수님을 나의 주님으로 부를 수 있으며,
성령께서 내 안에 임재하시므로 이때부터 우리는 기도할 수가 있게 됩니
다. 그리고 십자가의 보혈을 근거로 계속해서 우리는 기도해야 합니다.

4. 분향단의 불(火)

날마다 아침저녁으로 향을 피우려면 반드시 불이 필요합니다. 그러나 제사장들은 아무 불로나 향을 사를 수는 없었습니다. 하나님께서 반드시 번제단의 여호와의 불로 향을 사르라고 하셨기 때문입니다. 레 16:12, 13에 보면, **"향로를 취하여 여호와 앞 단 위에서 피운 불을 그것에 채우고 또 두 손에 곱게 간 향기로운 향을 채워가지고 장 안에 들어가서 여호와 앞에서 분향하여 향연으로 증거궤 위 속죄소를 가리우게 할찌니 그리하면 그가 죽음을 면할 것이며"**라고 기록하고 있습니다. 만일 이 명령을 어기면 죽음을 면치 못합니다. 아론의 두 아들 나답과 아비후가 분향단에 여호와의 불이 아닌 다른 불로 향로에 채우다가 죽은 사건에 대하여 우리는 이미 살펴보았습니다.

그렇다면 분향단의 여호와의 불은 무엇을 의미할까요? 그것은 불로써 임하시는 성령, 곧 성령으로 기도해야 함을 의미합니다. 성경은 우리에게 성령으로 기도할 것을 요구하십니다. 성령께서는 우리가 성령께 의탁할 때 우리를 위하여 친히 간구해주시는 분이십니다. 우리의 모든 기도는 성령의 도우심이 없이는 결코 드려질 수 없습니다. 그리고 성령으로 기도할 수 있는 자는 오직 그리스도에 대한 온전한 믿음을 가진 자입니다. (엡 6:18)**"모든 기도와 간구로 하되 무시로 성령 안에서 기도하고 이를 위하여 깨어 구하기를 항상 힘쓰며 여러 성도를 위하여 구하고"** 특히 여러 성도를 위한 중보기도를 바울은 말하고 있습니다. (유 1:20)**"사랑하는 자들아 너희는 너희의 지극히 거룩한 믿음 위에 자기를 건축하며 성령으**

로 기도하며”, (롬 8:26)“이와 같이 성령도 우리 연약함을 도우시나니 우리가 마땅히 빌 바를 알지 못하나 오직 성령이 말할 수 없는 탄식으로 우리를 위하여 친히 간구하시느니라”

분향단의 불은 결국 성령으로 기도해야 함을 우리에게 가르칩니다. 그렇다면 성령으로 기도한다는 것은 어떻게 기도하는 것일까요? 첫째는 성령의 충만하신 상태에서 기도해야 함을 의미합니다. 둘째는 성령의 인도하심을 받아 그의 뜻대로 기도하는 것을 의미합니다. 셋째는 성령의 능력으로, 또는 성령의 능력을 받아서 기도해야 한다는 것을 의미합니다. 이처럼 분향단의 불은 우리가 기도할 때에 성령으로 기도해야 함을 가르칩니다.

여기서 우리는 하나님이 받으실만한 기도에 대하여 살펴봅니다.

우리는 분향단을 통해서 기도하시는 그리스도의 모습을 보았습니다. 그리스도의 기도는 모든 면에서 우리 기도의 모범이 됩니다. 또 우리는 우리가 어떻게 기도를 드려야 함도 살펴보았습니다. 기도에 대한 교훈을 주는 이 분향단에서 우리는 하나님이 받으실 만한 기도는 어떤 기도일까에 대하여 몇 가지를 배우게 됩니다.

첫째, 기도의 초점을 하나님께 맞추어야 합니다.

(출 30:37, 38)“네가 만들 향은 여호와를 위하여 거룩한 것이니 그 방법

대로 너희를 위하여 만들지 말라 무릇 맡으려고 이 같은 것을 만드는 자는 그 백성 중에서 끊쳐지리라" 분향단의 향은 철저하게 하나님을 위한 것입니다. 만약에 사람이 자기를 위하여 이 향을 만들어서 냄새를 맡는다면 그는 하나님의 백성 중에서 끊어지게 됩니다. 마찬가지로 기도는 철저하게 하나님에게 초점을 맞추어야 합니다. 이것은 기도가 내 소원을 강조하는 것이 아니라 철저하게 하나님의 뜻을 이루기 위한 것임을 의미합니다. 따라서 우리는 기도하면서 자꾸 나를 들여다보지 말고 그리스도를 통하여 하나님을 바라보아야 합니다. 그래서 나를 향하신 하나님의 뜻이 무엇인가를 알아내고 그것이 이루어지기를 위하여 간구해야 합니다. 이것이 기도하는 자의 첫 번째 가져야할 자세이며 기도 정신의 핵심입니다. 하나님께서는 단호하게 "이것을 너희를 위하여 만들지 말라"고 하셨습니다. 즉 너희를 위한 것이 아니라 오직 하나님을 위한 것이라는 뜻입니다. 이렇게 볼 때, 우리 주님의 겟세마네 기도는 철저하게 하나님에게 초점을 맞춘 기도였습니다. (마 26:39)"조금 나아가사 얼굴을 땅에 대시고 엎드려 기도하여 가라사대 내 아버지여 만일 할 만하시거든 이 잔을 내게서 지나가게 하옵소서 그러나 내 뜻대로 마옵시고 아버지의 뜻대로 하옵소서" 예수님은 저주의 십자가를 지기 위하여 피땀 흘려 기도하시되 철저하게 하나님의 뜻에 맞추어 기도하신 것입니다.

우리는 많은 기도를 합니다. 특히 우리의 수많은 소원을 위하여 기도하게 됩니다. 그러나 우리가 고민하고 소원하고 있는 이런 문제에 대하여 기도하면서 우리는 이 문제에 대한 하나님의 뜻이 무엇인가를 구해야 합니다. 불교도도 기도하고 미신을 섬기는 사람들도 정한수를 떠놓고 기도합니다. 그리고 그리스도인들도 기도합니다. 도대체 이런 기도들이 어떤 차이가 있습니까? 기도할 때에 다만 **"주시옵소서"** 하고 끝나고 만다면 그것은 성경적 기도가 아니며, 예수님을 본받는 기도도 아니고 마치 불교도나 미신을 믿는 사람들의 기도와 다를 바가 없는 기복적 기도라고 할 수 있습니다. 그러나 불교도나 미신을 믿는 사람들의 기도와 우리의 기도가 다른 점은 기도의 초점이 하나님께 있고, 기도를 통해서 하나님의 뜻을 깨달아 그 뜻에 맞게 드려진다는 것입니다. 우리는 우리의 소원을 하나님께 아뢸 수 있습니다. 오히려 나를 위하여, 자녀를 위하여, 남편과 아내를 위하여, 물질을 위하여, 또 사업을 위하여 간절히 기도해야 합니다. 그러나 이런 많은 소원을 위하여 기도할지라도 거기에 대한 하나님의 뜻을 면밀히 살피고 구하고 그 뜻에 맞추어 기도해야 합니다. 이것이 하나님 중심의 기도이며 하나님이 받으실 만한 기도입니다.

둘째, 믿음으로 기도해야 합니다.

(출 30:3)**"단 상면과 전후좌우 면과 뿔을 정금으로 싸고 주위에 금테를 두를지며"**

분향단은 조각목을 금으로 싸서 만들었습니다. 조각목 같은 버림받은 인간은 오직 믿음으로 하나님께 나아갈 수 있습니다. 그리고 그것으로 기도해야 합니다. 믿음으로 하지 않는 기도는 하나님이 받으실 수가 없습니다. (약 1:6, 7)**"오직 믿음으로 구하고 조금도 의심하지 말라. 의심하는 자는 마치 바람에 밀려 요동하는 바다 물결 같으니 이런 사람은 무엇이든지**

주께 얻기를 생각하지 말라", (막 11:24)"그러므로 내가 너희에게 말하노니 무엇이든지 기도하고 구한 것은 받은 줄로 믿으라 그리하면 너희에게 그대로 되리라" 모든 기도는 이처럼 믿음으로 구해야 합니다. 믿음의 기도라야 하나님이 받으시기 때문입니다.

셋째, 성령으로 기도해야 합니다.

(레 16:12, 13)"향로를 취하여 여호와 앞 단 위에서 피운 불을 그것에 채우고 또 두 손에 곱게 간 향기로운 향을 채워가지고 장 안에 들어가서 여호와 앞에서 분향하여 향연으로 증거궤 위 속죄소를 가리우게 할찌니 그리하면 그가 죽음을 면할 것이며"

분향단의 향은 반드시 번제단에서 피운 불(곧 여호와의 불)을 향로에 담아서 가져다가 분향단에 넣고 그 불로 향을 살라야 합니다. 이것은 이미 우리가 위에서 살펴본 대로 그리스도의 이름으로 오시는 성령으로 기도해야 함을 가르칩니다. 성령께서는 우리의 연약함을 위하여 말할 수 없는 탄식으로 간구하십니다. 우리의 기도 또한 무시로 성령 안에서 드려져야 합니다. 유다서 20절에서는 **"성령으로 기도하라"**고 하셨고, 에베소서 6:18에서는 **"성령 안에서 기도하라"**고 하셨습니다. 성령으로 기도하는 것이나 성령 안에서 기도한다는 것은 성령의 도우심을 힘입어 기도하되, 첫째는 성령의 충만하신 상태에서 기도해야 하며, 둘째는 성령의 인도하심을 받아 그의 뜻대로 기도하며, 셋째는 성령의 능력으로, 또는 성령의 능력을 받아서 기도하는 것을 의미합니다. 이것은 부활 승천하신 그리스도 대신 우리를 위하여 오신 또 다른 보혜사로서의 성령 하나님을 먼저 인정하는 것과, 우리의 연약함을 도우시는 그분에게 우리가 기도할 수 있도록 전적으로 도우심을 의뢰하는 것에서부터 시작됩니다. 주님께서 승천하시면서 제자들에게 몇 날이 못 되어 성령께서 강림하실 것을 말씀하셨는데 이것을 기다리며 기도에 힘쓰던 제자들에게 불의 혀같이 갈라지는 성령이 각 사람에게 임하셨던 일을 우리는 기억합니다. 성령으로 하는 기도라야 하나님이 받으십니다.

넷째, 정한 시간에 드리는 기도가 좋습니다.

(출 30:7, 8)**"아론이 아침마다 그 위에 향기로운 향을 사르되 등불을 정리할 때에 사를찌며 또 저녁때 등불을 켤 때에 사를찌니…"**

향은 아무 때나 사르지 않았습니다. 하루에 두 번, 즉 아침에 금촛대의 등잔을 끌 때에 향을 살랐고, 또 저녁에 등잔을 켤 때에 향을 살랐습니다. 이것이 또한 기도의 시간과 관련하여 우리에게 교훈을 줍니다. 이 말씀을 보면 하루가 시작될 때에 등불을 정리하고 향을 살랐고, 하루가 마칠 때에 등불을 켜고 향을 살랐는데, 이것은 하루를 기도로 시작하고 기도로 마칠 것을 교훈하기도 하고, 또 매사를 기도로 시작하고 기도로 마무리하는 것을 교훈합니다. 즉 모든 일이 기도로 이어져야 한다는 것입니다. 쉬지 않고 기도하는 것입니다.

다니엘은 사자 밥이 되는 것을 뻔히 알면서도 평소와 조금도 다름없이 하루에 세 번, 시간을 정하여 예루살렘으로 향한 창문을 열고 소리 높여 기도했습니다. 주님께서도 항상 새벽 미명과 밤에 기도하셨습니다. 주님께서는 하나님과 지속적인 교통을 하기 위해서 이렇게 기도하셨습니다. 다니엘도 하나님과의 지속적인 교제를 위하여 매일 정기적으로 기도했습니다.

우리의 기도가 또한 이와 같이 주님과의 지속적인 교통, 끊임없는 교제를 위하여 매일 같이 정한 때에 드려져야 합니다. 이렇게 기도할 때 우리의 삶은 하나님의 능력과 향기로 가득 채워지고, 내 속에 항상 소망이 넘치게 됩니다. 이처럼 분향단은 기도를 통해 하나님과 교제함으로 우리의 삶을 향기롭게 하는 비결을 가르쳐 줍니다.

다섯째, 우리가 지금 위치한 현장에서 기도해야 합니다.

(출 30:4, 5)**"금테 아래 양편에 금고리 둘을 만들되 곧 그 양편에 만들찌니 이는 단을 메는 채를 꿸 곳이며 그 채를 조각목으로 만들고 금으로 싸고"**

분향단은 하나님의 명령이 떨어지기만 하면 어느 때나 어느 곳으로나 이동할 수 있도록 만들어졌습니다. 그래서 사면에 금으로 고리를 만들고 또 채를 만들었습니다. 이것은 사람이 마치 가마를 메고 가듯이 언제나 메고 이동할 수 있도록 하기 위해서입니다. 이것이 또한 기도하는 장소와 관련하여 우리에게 교훈을 줍니다. 우리는 분향단의 이런 모습 속에서 우리의 삶의 어떤 자리에서도 기도가 드려져야 한다는 교훈을 얻게 됩니다. 이것은 무엇보다도 우리가 현재 있는 현장에서 기도해야 함을 말합니다. 교회에서만 기도하는 것도 아니고, 가정에서만 기도하는 것도 아닙니다. 하나님이 우리에게 허락하신 모든 곳, 그 현장에서 우리의 기도가 드려져야 합니다. 그리고 거기에 있는 사람들을 위하여 드려져야 합니다. 거기에서 이루어질 하나님의 사역을 위하여 기도가 드려져야 합니다. 그러나 사실 가장 중요한 기도의 장소는 무엇보다도 가정입니다. 가정은 교회의 시작이며, 모든 사람의 보금자리입니다. 생활의 근거이며 삶의 기초입니다. 삶의 현장이지요. 그래서 가정에서 진정으로 끊임없이 기도가 드려져야 합니다. 아멘.

[분향단]과 [요한복음 10장]과의 관계

성막의 분향단은 하나님과 사람 사이의 유일한 중보자이신 그리스도를 의미합니다. 구약 속에서 하나님과 사람 사이의 중보자는 (대)제사장이었습니다. (대)제사장은 우선 사람이어야 합니다. 그리고 하나님의 임명(선택)이 있어야 합니다. 히브리서 5:1에도 보면, **"대제사장마다 사람 가운데서 취한 자이므로"**라고 기록하여 하나님과 사람 사이의 중보자인 대제사장은 반드시 사람이어야 한다고 증거합니다. 또 제사장은 하나님의 임명(선택)이 있어야 합니다. 아론과 그의 자손들은 아론을 제사장으로 세우라는 하나님의 명령과 그의 자손 중에서 제사장을 임명하라는 하나님의 선택으로 되었습니다. 출애굽기 28:1에 보면, **"너는 이스라엘 자손 중 네 형 아론과 그 아들들 곧 나답과 아비후와 엘르아살과 이다말을 그와 함께 네게로 나오게 하여 나를 섬기는 제사장 직분을 행하게 하되"**라고 하여 제사장은 하나님의 임명(선택) 있어야 함을 증거합니다.

그러므로 우리의 대제사장이신 그리스도 예수님도 반드시 대제사장이 갖추어야 할 두 가지 조건을 갖추셔야 합니다. 우선 그리스도께서는 완전하신 사람이셨습니다. 디모데전서 2:5에 보면, **"하나님은 한 분이시오 또 하나님과 사람 사이에 중보도 한 분이시니 곧 사람이신 그리스도 예수라"**라고 기록하심으로써 중보자이시며 대제사장이신 그리스도께서 첫 번째 조건을 충분히 채우신 것을 증거합니다. 또 그리스도께서는 하나님의 임명을 받으셨습니다. 시 110:4에 보면, **"4 여호와는 맹세하고 변하지 아니하시리라 이르시기를 너는 멜기세덱의 서열을 따라 영원한 제사장이라 하셨도다"**라고 기록하고 있습니다. 이 시편은 다윗의 시(詩)인데, 다윗은 성령으로 말미암아 이 시를 쓰면서 장차 오실 그리스도(본문에서는 '**너는**')에 대하여 영원한 제사장이라고 증거합니다. 그런데 그 앞부분에 보면, 그리스도께서 제사장이 되신 것은 **"여호와의 맹세"**로 되었다고 말합니다. 그래서 그리스도의 제사장직은 하나님의 선택이나 임명보다 더 강력한 행위인 '하나님의 맹세'로 수여된 것입니다. 두 번째 조건도 충분히 채우신 것입니다.

어떤 사람들은 성령님도 그리스도와 마찬가지로 우리를 위한 보혜사이시므로 중보자라고 생각합니다. 그러나 성령님은 사람이 아니시므로 우리를 위해서 기도하시며(롬8:26), 인도하시며, 도와주시지만 우리의 중보자는 아니십니다. 또 캐톨릭 교회에서 중보자로 받드는 성모 마리아도 중보자로 하나님의 선택을 받은 사람이 아니므로 중보자가 될 수 없습니다. 요한복음 10장은 우리의 중보자이시며 대제사장이신 그리스도를 '선한 목자', '양의 목자', '양의 문'으로 표현합니다. 이에 대하여 살펴보겠습니다.

요한복음 10장은 하나님과 인간 사이의 유일한 중보자이신 그리스도에 대하여 '양의 목자(2절)'라는 말과, '양의 문(7절)'이라는 말로 표현하면서 결론적으로 이 둘을 합하여 '선한 목자(11절)'라고 말합니다. 우선 우리는 예수 그리스도를 하나님과 사람 사이의 유일한 중보자로 증거하는 요한복음 10장의 구조를 살펴볼 필요가 있습니다. 10장에서 우리는 예수님께서 두 개의 '양의 우리'를 소개하시는 것을 볼 수 있습니다. 그것은 마을에 있는 양의 우리와 산지에 있는 양의 우리입니다. 먼저 1절부터 6절까지는 마을에 있는 양의 우리를 소개하시는데, 이것은 여러 목자들이 자기들의 양을 공동으로 수용하는 우리로서 잠겨지는 문이 있고 그 문을 지키는 문지기가 따로 있습니다. 또 하나는 7절로부터 10절까지에서 소개하는 우리인데, 이것은 산중이나 또는 광야에 있는 굴이나 또는 바위로 둘러쳐진 자연적인 요새의 양의 우리를 말합니다. 특히 이스라엘 광야에는 야간에 임시로 사용할 수 있는 이런 종류의 자연적인 우리가 많이 있습니다. 이런 우리에서는 자연스럽게 목자가 양의 문이 되어야 합니다.

1. 양의 목자로 표현된 중보자 그리스도(1-6절)

요한복음 10장의 첫 부분 곧 1절부터 6절까지의 부분에서 예수님은 양의 우리(1절)에 대하여 말씀하십니다. 여기서 예수님께서는 양의 목자(牧者)와 양의 강도(強盜)에 대하여 구별하시는데, 우리가 주목하고자 하는 것은 양의 우리의 모습과 거기에서의 목자의 모습입니다. 유목하는 목자들은 들판이나 광야에서 양을 먹이다가 어느 때인가는 마을에 내려와서 하룻밤을 보내야 하는 경우가 있는데, 이때 목자들은 양을 마을에 있는 공동 우리에 넣어두었다가 이튿날 아침에 찾아가게 됩니다. 이 우리에는 여러 목자들의 양이 섞여 있기 때문에 사실 아침에 양을 찾아갈 때에 문제가 생기지 않을까 걱정하는 분들이 있을 것입니다. 그러나 걱정하지 않아도 됩니다. 우선 양의 숫자는 문지기와 함께 미리 세어 놓았기 때문에 문제가 될 수 없고, 또 남의 양을 끌고 갈 수도 없다는 것입니다. 왜냐하면 양들은 자기 목자의 음성을 알고 정확하게 구별하기 때문에 다른 목자가 부르면 절대로 따라가지 않기 때문입니다. 반대로 자기 목자가 와서 이름을 부르면 금방 알아듣고 목자를 따라서 나온다는 것입니다. 그래서 걱정할 필요가 하나도 없다는 것입니다. 여기서 목자는 자기 양을 알고, 양은 자기 목자를 압니다. 서로 알고 있다는 것입니다. 하룻밤을 쉬고 찾아온 양 우리에서 목자는 문

마을에 있는 공동 양우리

지기가 열어준 문에 서서 자기 양의 이름을 하나씩 부릅니다. 기다리던 목자가 와서 자기 이름을 부르는 소리를 듣고 양들은 응답하며 목자를 따라 나옵니다. 이때 다른 사람의 양들은 결코 따라 나오지 않습니다.

예수님께서는 14, 15절에서 이렇게 말씀하십니다. **"나는 선한 목자라 내가 내 양을 알고 양도 나를 아는 것이 아버지께서 나를 아시고 내가 아버지를 아는 것 같으니 나는 양을 위하여 목숨을 버리노라"** 이 말씀의 요지는 이 양들이 사실은 모두 아버지의 양으로서 그리스도께서는 이 양들을 선한 목자로서 자기 양으로 돌보며, 또 아버지의 양들을 위하여 목숨까지도 버리신다는 것입니다. 29절이 그리스도의 양들이 곧 아버지의 양들임을 증거합니다. **"저희를 주신 내 아버지는 만유보다 크시매 아무도 아버지 손에서 빼앗을 수 없느니라"**

대제사장은 하나님과 백성 사이의 중보자로서 일 년에 한 번 어린양의 피를 갖고 지성소에 들어갑니다. 그는 사실 지성소에 들어갈 때에 백성들의 죄를 갖고 지성소에 들어가기 때문에 죽으러 가는 것입니다. 만약에 어린양의 피가 없으면 그는 거기서 죄로 말미암아 죽게 됩니다. 또 피를 드리는 절차에 무슨 흠이 있거나 또는 제사장 본인이 제대로 성결함을 얻지 못했으면 거기서 죽게 됩니다. 그러니까 대제사장이 지성소에 들어가는 것은 사실상 죽음을 각오한 결단과 행위가 필요한 중대한 일입니다. 그러나 하나님의 양들인 백성을 위하여 중보자인 대제사장은 이 일을 반드시 해야 합니다.

마찬가지로 우리의 선한 목자이시며 하나님의 택하신 양들의 목자이신 그리스도께서는 대제사장으로서 어린양이신 자신의 피를 가지고 하늘의 지성소에 들어가셔서 우리의 모든 죄를 사함 받고 승리의 부활을 하신 것입니다. '양의 목자', 곧 '선한 목자'는 우리와 하나님 사이의 중보자의 또 다른 이름입니다. 예수님께서는 이처럼 우리의 목자로서 우리를 날마다 돌보시며, 좋은 꼴을 먹이시며, 쉴만한 물가로 인도하시며, 악한 짐승들로부터 우리를 보호하시는 선한 목자이십니다. 선한 목자는 항상 우리를 위하여 간구하시며, 종국에는 우리를 위하여 목숨까지도 아끼지 아니하시는 유일한 중보자 이십니다. 이것을 우리는 날마다 감사하며 찬양해야 합니다. 아멘.

2. 양의 문으로서 표현된 중보자 그리스도(7-10절)

요한복음 10장의 두 번째 부분은 우리와 하나님 사이의 유일한 중보자이신 그리스도를 '양의 문'으로 표현합니다. 이 표현은 광야나 산 중에 있는 자연적인 양 우리나 혹은 광야에 얼기설기 돌로 축조한 우리에서 사용할 수 있는 매우 적절한 중보자의 표현입니다. 왜냐하면 이런 자연적인 바위나 굴에 형성된 우리나 혹은 광야에 적당히 돌로 둘러친 우리에는 문(門)이 따로 없기 때문입니다. 그래서 해가 떨어지는 저녁이 되면 목자는 이런 굴이나 바위나 적당히 만든 우리의 입구에 서서 양들의 이름을 부르게 됩니다. 낯선 곳에 들어가기를 꺼리는 양들을 위하여 굴 입구에 서서 스스로 문이 되어 양들의 이름을 부르면 양들은 안심하고 목자를 문 삼아서 굴로 들어가게 됩니다. 양들을 다 들여놓은 후에 목자는 아예 그 문에 앉거나 누어서 스스로 문이 되어서 밤을 보내게 됩니다. 목자가 문이 되어 거기에 버티고 있기 때문에 양들은 안심하고 잠을 잘 수 있습니다. 비록 짐승들의 울음소리가 들려도 양들은 목자가 불러주는 노래와 그의 목소리에 안심하고 편히 쉬게 됩니다. 이튿날 해가 뜰 때에 목자는 다시 굴 입구에 서서 양들의 이름을 하나씩 부릅니다. 그러면 양들은 들어갈 때와 같이 목자를 문 삼아서 안심하고 굴에서 나옵니다. 그래서 다시 일상이 시작됩니다.

광야에서 스스로 양문이 되신 그리스도

양의 문은 아버지의 양들을 아버지께도 인도하는 문입니다. 이렇게 양들을 안심하고 쉬게 하는 목자가 참 목자요 선한 목자입니다. 선한 목자는 양들을 아버지께로 인도합니다. 거기에 가기까지 목자는 양들을 좋은 꼴로 먹이고 편히 쉬게 하고 끝까지 지켜줍니다. 또 양들을 위하여 아버지께 구하며, 양들을 위하여 목숨까지도 아끼지 않습니다. 참 중보자의 모습입니다.

그런데 이 중보자에게는 이 우리에 들지 아니한 다른 양들이 있다고 스스로 말씀하십니다. 16절에 보면, **"또 이 우리에 들지 아니한 다른 양들이 내게 있어 내가 인도하여야 할 터이니 저희도 내 음성을 듣고 한 무리가 되어 한 목자에게 있으리라"** 주의 음성을 들어야 할 또 다른 무리의 양들은 아직 형성되지 않은 이방인의 무리를 말합니다. 주님께서 부활 승천하신 이후, 바울과 베드로에 의하여 모아진 하나님의 양들, 곧 이방인 양들도 유일하신 선한 목자의 음성을 듣고 그에게로 나오고, 오직 그분만을 따라가게 됩니다. 참 목자요, 참 중보자이신 그리스도는 유대인의 그리스도임과 동시에 이방인의 그리스도이십니다. 그리스도께서는 유대인과 이방인의 유일하신 중보자이시며, 유일하신 선한 목자이십니다. 그래서 유대인이나 헬라인(이방인)이나 모두 한 무리가 되어 오직 한 목자에게 속하게 될 것입니다.

(27-30절)**"내 양은 내 음성을 들으며 나는 저희를 알며 저희는 나를 따르느니라 28내가 저희에게 영생을 주노니 영원히 멸망치 아니할 것이요 또 저희를 내 손에서 빼앗을 자가 없느니라 29 저희를 주신 내 아버지는 만유보다 크시매 아무도 아버지 손에서 빼앗을 수 없느니라 30 나와 아버지는 하나이니라"**

사랑하는 여러분, 이 말씀들을 유심히 깊이 있게 살펴보시기 바랍니다. 지금 예수님께서 무엇을 말씀하고 있습니까? 주의 음성을 듣고 그를 따라 나온 자들에게는 영생을 주셔서 결코 멸망하지 않는다고 말씀합니다. 그리고 그것(영생의 약속)을 또한 보장하시는데, 선한 목자의 손과 만유보다 크신 아버지의 손이 양쪽에서 우리를 꽉 붙들고 계시기 때문에 아무도 우리를 빼앗아 갈 수 없다고 말합니다. 즉 우리에게 주신 영생을 결단코 누구도 빼앗아 갈 수 없다는 말씀입니다.

여기서 우리는 그리스도의 대제사장직이 우리에게 어떤 의미를 가지는가에 대하여 살펴보고 아울러 그리스도와 멜기세덱과의 관계도 살펴보는 것이 마땅하다고 생각합니다. 그럼 먼저 "우리에게 있는 대제사장"에 대하여 살펴보겠습니다.

✦ 우리에게 있는 큰 대제사장 ✦
(이 부분은 그랜드 종합주석을 참고함)

(히 4:14-15)"**14 그러므로 우리에게 큰 대제사장이 있으니 승천하신 자 곧 하나님의 아들 예수시라 우리가 믿는 도리를 굳게 잡을지어다 15 우리에게 있는 대제사장은 우리 연약함을 체휼하지 아니하는 자가 아니요 모든 일에 우리와 한결같이 시험을 받은 자로되 죄는 없으시니라**"

구약시대에 있어서 대제사장은 백성들을 대신해서 속죄제를 드리는 중보자로서 없어서는 안 되는 중요한 사람이었습니다. 대제사장들은 하나님을 섬기고 그 앞에 나아가는 자 곧 백성들의 중보자이기 때문에 특별히 성별된 자만이 그 직책을 감당할 수 있었습니다. 또 그들은 항상 성결하고 거룩한 생활을 해야만 하는 자들이었습니다. 그러나 구약시대의 대제사장들은 한 인간에 불과하기 때문에 완전히 의로울 수가 없었으며, 이로 말미암아 완전한 중보사역도 이루어질 수가 없었던 것입니다.

그들은 자신의 죄에 대하여 별도로 속죄제를 드려야 했고, 백성들을 위한 속죄제 역시 일시적인 효력만을 가질 뿐 완전한 것이 못되었기에 정해진 때마다 계속해서 속죄제를 드려야 했습니다. 그러나 신약시대에 이르러서 우리에게 있는 대제사장은 결코 이들과 같지 않았습니다. 우리에게 있는 대제사장 예수 그리스도는 구약시대의 대제사장과는 비교할 수 없을 정도로 위대하시고 완전하시고 영원하신 중보자였습니다. 그렇다면 과연 우리 안에 있는 대제사장은 어떤 면에서 이전의 대제사장들과 다른지 구체적으로 살펴보겠습니다.

대제사장

첫째, 예수님은 가장 의로우신 대제사장이십니다.

하나님을 섬기고 그 앞에 나아가며, 백성들을 위해 대신 속죄제를 드려야 하는 대제사장은 무엇보다도 성별된 자라야 한다는 것입니다. 이에 그들에게는 특별히 거룩하고 성결한 삶이 요구되었고, 하나님에 의해 성별된 자만이 그 일을 감당할 수가 있었습니다. 그러나 그들 역시 연약하고 죄 많은 인간에 불과했기 때문에 하나님 앞에서 백성들의 죄의 문제를 중재하고 해결하는 중보자로서의 자격이 완전할 수가 없었습니다(히 7:28). 그들 역시 죄와 흠을 가진 자들이었기 때문에 자신을 위한 번제와 속죄제와 화목제를 늘 드릴 수밖에 없었습니다.

그러나 우리에게 있는 대제사장, 하나님께서 맹세로 세우신 큰 대제사장, 하나님의 아들이신 대제사장 예수님은 죄인으로 나지 아니하셨을 뿐만 아니라 세상에서 사시는 동안 죄를 짓지 않으셨기 때문에 자기를 위한 번제나 속죄제를 드릴 필요가 없으신 완전한 의의 대제사장이시며, 거룩하신 분이셨습니다(눅1:35). 그렇기 때문에 오직 예수 그리스도만이 하나님 앞에 나아가 우리의 죄의 문제를 해결하고 우리의 소원을 온전히 해결하실 수 있는 충분한 자격이 있는 분이십니다. 그러므로 우리는 이것을 믿고 예수님께서 우리를 위하여 중보해 주실 것을 마땅히 구해야 할 것입니다.

둘째, 예수님은 가장 능력있는 대제사장이십니다.

구약시대의 대제사장들은 매년마다 백성들의 모든 죄를 가지고 하나님 앞에 나아가 속죄제를 드리고 백성들을 위하여 간구해야 했습니다. 그 이유는 이들의 속죄제는 영원한 효력을 갖고 있지 못하기 때문이었습니다. 그러나 우리에게 있는 대제사장 예수 그리스도는 그의 신적 능력으로 단 한 번의 속죄로 영원한 속죄를 이루셨습니다. 그래서 이제 그를 믿는 자마다 더 이상 속죄제를 드릴 필요가 없게 된 것입니다. 예수님은 우리의 대제사장이실 뿐만 아니라, 우리를 위한 속죄의 제물(어린양)이 되셔서 십자가에서 죽으심으로 말미암아 단 한 번의 속죄로 우리를 영원히 속죄하신 것입니다. 예수님께서는 우리의 대제사장으로서 자신을 제물로 드려서 흘린 피를 가지고 하늘의 지성소에 들어가셔서 우리의 모든 죄를 속하신 것입니다. 모든 대제사장 중에 가장 능력 있는 유일한 큰 대제사장이 되신 것입니다. 그러므로 우리가 이런 큰 대제사장을 힘입어 담대하게 하나님의 은혜의 보좌로 나아갈 수 있게 된 것입니다. 할렐루야.

셋째, 예수님은 영원한 대제사장이십니다.

구약시대의 대제사장은 유한한 인간이었습니다. 때가 되면 죽을 수밖에 없는 자들이었기 때문에 계속해서 바뀔 수밖에 없었습니다. 그러나 우리의 대제사장이신 그리스도는 죽었다가 부활하심으로 말미암아 영원한 대제사장으로서 오늘도 우리의 대제사장으로 역사하고 계신 것입니다. 그리스도께서 영원한 대제사장이라는 의미는 신약 이후의 성도들에게만 대제사장이라는 의미가 아닙니다. 구약의 모든 성도들에게도 대제사장이 되신다는 뜻입니다. 그 이유는 구약의 모든 제사가 그리스도의 십자가에 대한 예표였고, 구약의 모든 제사를 드린 대제사장들도 결국 영원한 대제사장이신 그리스도의 예표였기 때문입니다. 그렇기 때문에 그리스도께서는 오직 유일하고 영원하신 우리의 대제사장이십니다.

✦ 그리스도와 멜기세덱 ✦

"너는 멜기세덱의 서열(반차)을 따라 영원한 제사장이라 하셨도다"

멜기세덱에 대하여 성경은 창세기 14장과 시편 110편, 히브리서 5, 6, 7장에서 기록하고 있습니다. 이런 기록들을 보면서 우리는 그가 어떤 인물이고, 어떤 일을 하였으며, 성경이 이 사람에 대하여 주목하는 이유를 살펴보아야 합니다.

먼저, 성경이 말씀하는 멜기세덱은 어떤 인물일까요?

(창 14:18)"18 ①살렘 왕 멜기세덱이 떡과 포도주를 가지고 나왔으니 그는 지극히 높으신 ②하나님의 제사장이었더라"

(히 7:1-5)"1 이 멜기세덱은 살렘 왕이요 지극히 높으신 하나님의 제사장이라 여러 왕을 쳐서 죽이고 돌아오는 아브라함을 만나 복을 빈 자라 2 아브라함이 모든 것의 십분의 일을 그에게 나누어 주니라 그 이름을 해석하면 먼저는 ③의의 왕이요 그 다음은 살렘 왕이니 곧 ④평강의 왕이요 3 ⑤아버지도 없고 ⑥어머니도 없고 ⑦족보도 없고 ⑧시작한 날도 없고 ⑨생명의 끝도 없어 ⑩하나님의 아들과 닮아서 항상 제사장으로 있느니라 4 이 사람이 ⑪얼마나 높은가를 생각해 보라"

성경에서 말씀하는 멜기세덱에 관한 내용은 모두 11가지 정도입니다. ①살렘 왕 ②하나님의 제사장 ③의의 왕 ④평강의 왕 ⑤아버지도 없고 ⑥어머니도 없고 ⑦족보도 없고 ⑧시작한 날도 없고 ⑨생명의 끝도 없으며 ⑩하나님의 아들과 닮았다 ⑪얼마나 높은가 생각해보라(아브라함보다 하나님 앞에서 높다).

① **살렘 왕:** 창세기에서 말씀하는 '살렘'이란 명칭은 이스라엘 시대의 '예루살렘' 지역을 의미한다고 대부분의 성경학자들은 말합니다. 그래서 창세기 14장에서 멜기세덱을 '살렘 왕'이라고 말한 것은 예루살렘 지역을 다스리던 실질적인 '통치자'였다는 의미입니다. 즉 멜기세덱은 역사적인 인물이라는 의미입니다. 제사장인 그가 어떻게 해서 살렘 지역의 왕이 되었을까 하는 의문은 청동기 시대였던 당시에는 여러 도시 국가들이 '제정일치(祭政一致)'에 의한 구조

였기 때문에 제사장이었던 멜기세덱이 왕으로서도 통치하였을 것이라고 생각하는 것은 전혀 무리가 없습니다. 그러나 우리는 그가 '하나님의 제사장'이었다는 성경적 표현으로 볼 때에 어떤 형태로든지 그의 왕 됨이 하나님으로 말미암았다는 것을 짐작할 수 있습니다.

② **하나님의 제사장**: 멜기세덱에 대하여 모세가 각별하게 **'하나님의 제사장'**이라고 기록한 이유는 우상숭배가 판치는 당시 가나안 땅에서 오직 하나님만을 섬기며 하나님에 의해서 임명(부름 받음, 선택)된 제사장이라는 것을 표현하기 위해서 그렇게 기록한 것이 분명합니다. 왜냐하면 하나님의 제사장은 오직 하나님의 임명(선택)이 없이는 될 수 없기 때문입니다. 레위 족속 중에서 오직 아론의 자손들만 제사장이 되었기 때문에 자칫하면 혈통에 의한 것이라고 오해할 수 있겠지만 그것은 첫 제사장이었던 아론의 제사장 직을 하나님께서 임명(선택)하셨고, 그 이후의 제사장들에 대해서는 그의 자손에서 임명하라는 하나님의 명령으로 한 것이기 때문에 결국은 모든 제사장은 하나님이 임명(선택)하신 것이라고 볼 수 있습니다.

여기서 우리가 생각할 수 있는 것은 아브라함이 멜기세덱의 존재, 곧 그가 살렘 왕이요 하나님의 거룩한 제사장이라는 사실을 이미 알고 있었고, 또 멜기세덱도 아브라함의 존재를 알고 있었다고 볼 수 있습니다. 그것은 멜기세덱이 아브라함의 승리를 축하하고 축복하기 위하여 나타났고, 아브라함이 축복기도를 겸허히 받았을 뿐만 아니라, 더 나아가 믿음으로 십의 일조를 드렸다는 데서 잘 알 수 있습니다. 물론 우리는 멜기세덱이나 아브라함이나 두 분 모두 그리스도와 연관되어 있기 때문에 하나님의 온전하신 인도로 이 두 분의 만남이 이루어지고 축복과 헌금이 이루어졌다고 보아야 한다는 것도 빠뜨려서는 안 되는 관점입니다.

③ **의(義)의 왕**: 히브리서 기자가 멜기세덱을 '의(義)의 왕'이라고 표현한 것은 우선 그의 이름 때문입니다. 멜기세덱[מלכיצדק 말키체데크]이란 이름은 '왕'이라는 의미를 가진 메레크[מלך]라는 말과, '의로움'이라는 의미를 가진 체데크[צדק]라는 말의 합성어입니다. 그래서 그의 이름 자체가 '의의 왕'입니다. 그러나 히브리서 기자가 멜기세덱을 '의의 왕'이라고 말씀한 것은 단순히 이름 때문 만이라고 말할 수는 없습니다. 그가 하나님의 제사장으로서 거룩한 분이기 때문일 것입니다. 일반적으로 '거룩'이라는 말에는 '도덕적인 의(義)'라는 의미가 포함되어 있습니다. 물론 '거룩'이라는 말이 하나님이 아닌 인간에게 사용될 때에는 자기의 의(義)가 아닌 하나님의 의(義)로 말미암은 의(義)를 의미합니다. 그럼에도 불구하고 멜기세덱에게 '의(義)의 왕'이란 말을 쓴 것은 비록 그가 죄인임에도 불구하고 하나님의 의를 덧입고, 아울러 그의 모든 생활이 도덕적으로 흠잡을 데가 없는 분으로 히브리 기자가 믿었기 때문일 것입니다.

④ **평강의 왕**: 히브리서 기자가 멜기세덱을 '평강의 왕'이라고 기록한 것은 일차적으로 그의 직분이 '살렘 왕'이었기 때문일 것입니다. '살렘[שלם]또는 샬롬'이라는 단어는 이미 우리가 다 아는 것과 마찬가지로 '평강(平康) 또는 평화(平和)'라는 의미입니다. 그래서 '살렘 왕'

은 곧 '평강의 왕' 또는 '평화의 왕'입니다. 그러나 히브리서 기자가 멜기세덱을 '평강의 왕'이라고 말한 데에는 더 큰 의미가 있습니다. 그것은 그가 실제로 당시 가나안 지역에서 하나님의 제사장으로 있으면서 지역의 평화를 위해서 사역했기 때문일 것입니다. 그것은 그 지역에서 가장 큰 전쟁이었던 북방 연합군과 남방 연합군의 전쟁에서 아브라함이 최종적으로 승리하여 빼앗겼던 평화를 되찾아왔을 때 그를 마중 나온 것을 보면 알 수 있습니다. 멜기세덱은 하나님의 제사장으로서 사람들의 평화와 하나님과 사람 사이의 평화에 늘 관심을 갖고 있었던 것입니다.

⑤ **아버지도 없고** ⑥ **어머니도 없고** ⑦ **족보도 없고** ⑧ **시작한 날도 없고** ⑨ **생명의 끝도 없으며:** 히브리서의 이 말씀 때문에 하나님의 제사장이었던 멜기세덱에 대하여 성경과 맞지 않는 여러 억측들이 나옵니다. 첫째는 그가 노아의 장남이었던 셈의 전생체(前生體)였다고 주장하는 사람들이 있었고, 둘째는 네피림 중에서 여호와 신앙의 본질을 잃지 않고 제사장으로 임명받은 자라고 주장하는 사람도 있었으며, 셋째는 천사장이 현현하여 신성 왕국이었던 살렘을 다스렸다고 주장하는 사람들도 있었습니다. 그러나 첫째 주장은 이방 종교에서 주장하는 전생론(前生論)에 바탕을 둔 것이고, 둘째 주장은 네피림이 성경 속에서는 하나님을 대적하고 하나님의 백성들을 대적하는 의미를 가진 돌연변이적 사람들이기 때문에 수용하기 어렵습니다. 또 셋째 주장은 천사는 결코 제사장이 될 수 없기 때문에 잘못된 주장일 뿐입니다. 그렇다면 이 말들은 무슨 의미를 가

진 것일까요? 우리는 여기서 제사장은 오직 '사람'이어야 한다는 성경 말씀에 귀를 기울여야 합니다. 딤전 2:5에 보면, **"하나님은 한 분이시오 또 하나님과 사람 사이에 중보도 한 분이시니 곧 사람이신 그리스도 예수라"**고 나옵니다. 바울의 관점은 그리스도의 중보자 되심에 있습니다. 그래서 하나님과 사람 사이에 있는 중보자는 오직 한 분이신데, 그분은 곧 예수님이시고, 그가 중보가 되신 것은 바로 '사람'이시기 때문이라는 것입니다. (대)제사장은 하나님과 사람 사이에서 하나님의 뜻을 사람에게 전하고 사람들의 소원을 대신하여 하나님께 고하여 속죄와 기도의 응답을 받아 주는 중보자를 말합니다. 그래서 (대)제사장은 반드시 사람이어야 합니다 (히 5:1, 딤전 2:5). 더구나 우리 인간의 중보자가 되어야 하기 때문에 인간으로서의 어려움을 체험(또는 체휼)한 분이어야 합니다 (히 4:15, 5:2). 그래서 히브리서 기자는 4:15에서 **"우리에게 있는 대제사장은 우리 연약함을 체휼하지 아니하는 자가 아니요 모든 일에 우리와 한결같이 시험을 받은 자로되 죄는 없으시니라"**고 말합니다. 그래서 성령님도 우리를 위해서 중보기도를 해주시지만, 우리의 중보자는 아니십니다. 예수님의 어머니 마리아는 사람이지만 하나님의 부르심(중보자로서의 택함)을 받지 않았기 때문에 중보자가 될 수 없습니다.

이렇게 볼 때에 **'아비도 없고, 어미도 없으며, 족보도 없고, 시작한 날도 없고 생명의 끝도 없는 사람'**이라는 말을 아담의 후손이 아닌 신비한 어떤 다른 존재로 생각하는 것은 잘못된 것입니다. 멜기세덱은 분명 아담의 후손이며, 또 살렘 지역에 살았던 사람으로서 하나님의 제사장으로 선택을 받고, 살렘의 왕이 된 '역사적인 인물'입니다. 결코 신화적인 존재가 아닙니다. 다만 히브리서 기자가 멜기세덱에 대하여 '아비도 없고, 어미도 없으며, 족보도 없고, 시작한 날도 없고, 생명의 끝도 없는 사람'이라고 말한 것은 그가 창세기에 기록된 중요한 인물임에도 불구하고 인간적인 계보가 전혀 알려지지 않았던 신비한 인물이라는 뜻입니다. 그래서 그리스도의 왕직과 제사장직을 예표하는데 가장 적절한 구약적 인물이라는 뜻입니다. 참고할 것은 대부분의 유대인 학자들은 멜기세덱이 비록 함의 자손들이 사는 가나안 땅에서 왕과 제사장이 되었지만 그는 셈의 후손이었다고 믿고 있다는 것입니다. 뿐만 아니라 유대 사회에서 바리새파와 쌍벽을 이루었던 사두개파 제사장들은 멜기세덱이 자신들의 조상이라고 믿고 있다고 합니다.

⑩ **하나님의 아들과 닮았다:** 히브리서의 이 말씀은 두 가지로 해석됩니다. 하나는 히브리서가 구약을 통해서 그리스도를 증거하기 때문에 구약 속의 개념을 사용해서 '마치 천사들과 같다'는 의미로 그렇게 기록했다는 것이고, 또 하나는 멜기세덱이 하나님의 아들이신 그리스도를 예표하기 때문에 멜기세덱도 그리스도를 닮았다는 의미로 그렇게 기록했다는 것입니다. 저는 후자의 의미가 보다 적합하다고 생각합니다. 닮았다, 방불하다는 것은 똑 같은 것을 말하는 것이 아니라 다르지만 비슷하다는 의미입니다.

⑪ **얼마나 높은가:** 히브리서 기자가 바라보는 멜기세덱은 유대의 모든

제사장들의 조상인 아브라함보다 높다는 것입니다. 그래서 아브라함이 **'십일조를 바쳤다'**는 내용과 **'레위는 아브라함의 허리에 있었다'**는 말을 언급한 것입니다. 기자가 이런 말을 하는 것은 새 언약에 의한 그리스도의 대제사장직이 율법에 의한 아론의 대제사장직보다 높다는 의미로 사용한 것입니다. 즉 차원이 다르다는 것입니다. 그렇기 때문에 율법 이전 시대의 제사장이었던 멜기세덱을 그리스도의 예표로 본 것입니다.

다음, 왜 그리스도께서는 멜기세덱의 반차를 따르는 제사장이 되셨는가에 대하여 간략히 살펴보겠습니다.

하나님은 자기 백성들에게 자신의 뜻을 전하고, 또 백성들의 죄를 속하며 그들의 소원을 듣기를 원하셨습니다. 그러나 죄인인 백성들은 결코 거룩하신 하나님께 나아갈 수 없었습니다. 이로 말미암아 온 땅은 죄로 가득하게 되었습니다. 처음으로 이스라엘을 자기의 백성으로 선택하신 하나님은 자신과 백성 사이에 중보자가 있어서 자신과 백성 사이를 이어주기를 바라셨습니다. 그래서 선택하신 것이 바로 제사장 제도입니다. 이를 위하여 하나님은 자기 백성들에게 율법을 주셨고, 아론과 그의 자손들 중에서 흠이 없는 자를 제사장으로 부르셨습니다.
그러나 율법은 하나님이 원하시는 것이 무엇이고, 죄가 무엇인지를 알게 하는 좋은 것이지만 오직 몽학선생의 역할을 하였을 뿐, 백성들을 구원으로 인도하지는 못했습니다. 그래서 율법은 아무것도 온전케 못한다고 히브리서 기자는 선언합니다(7:11, 7:18-19). 율법에 따른 제사장들 역시 죄와 죽음을 인하여 그 연약함으로 제사 직분이 계속되지 못하고 갈리게 되므로 온전치 못했다고 성경은 말합니다(7:23). 그래서 영원한 제사장이 필요하게 됩니다. 그러나 죄인인 인간은 결코 영원한 제사장이 될 수 없습니다. 오직 죄가 없는 사람만이 영원히 제사장이 될 수 있습니다.

여기에 꼭 맞는 사람은 오직 한 분, 하나님의 아들이시며 성육신 하신 예수 그리스도뿐입니다. 그러나 예수님은 레위 지파가 아니라 왕권을 가진 유다 지파입니다. 그럼에도 불구하고 그리스도는 반드시 인류의 대표로서의 중보자가 되어야 합니다. 왜냐하면 아담이 인류의 대표로서 모든 사람이 죄인이 되었듯이 예수 그리스도는 두 번째 아담 곧 두 번째 인류의 대표로서 많은 사람이 의인이 되어야 하기 때문입니다(롬 5:12-15, 고전 15:45-49). 하나님께서는 바로 이런 새 언약을 위하여 창세기 시대에 아론의 반차를 좇지 않는 제사장 멜기세덱을 준비하셨고, 그로 하여금 아브라함을 축복하고 십일조를 받게 하셔서 멜기세덱을 아브라함보다 높게 하셨던 것입니다. 아브라함보다 높았다는 것은 멜기세덱이 율법을 초월한 제사장이라는 것과 아브라함의 후손인 레위의 제사장보다 높다는 것을 의미합니다. 그리고 하나님께서는 그리스도의 왕직의 예표인 다윗을 통해서 그리스도께서 왕직과 함께 멜기세덱의 반차를 따르는 제사장직까지 겸하게 하실 것을 맹세로써 약속하신 것입니다(시 110:4). 하나님의 이런 맹세의 약속으로 말미암아 육신을 입으신 하나님의 아들 예수 그리스도께서는 비록 유다 지파에 속했지만 영원한 제사장이 되셨고, 율법이 없던 시대에 하나님이 세우셨던 제사장 멜기세덱이 그의 예표가 되었던 것입니다. 이렇게 그리스도께서 제사장 직분을 가지셨다는 것은 세 가지의 의미를 갖게 됩니다.

첫째는, 지속적으로 그의 백성들 곧 신자들을 대표하신다는 것입니다.

(히 7:24)**"예수는 영원히 계신고로 그 제사 직분도 갈리지 아니하나니"**

둘째는, 그리스도는 신자들을 온전하게 구원하실 수 있다는 것입니다.
왜냐하면 그의 중보기도는 끊어지지 않기 때문입니다.

(히 7:25)**"그러므로 자기를 힘입어 하나님께 나아가는 자들을 온전히 구원하실 수 있으니 이는 그가 항상 살아서 저희를 위하여 간구하심이니라"**

셋째는, 단 한 번의 제사로 그의 제사장 직무를 완수하셨다는 것을 의미합니다.

(히 10:12)**"오직 그리스도는 죄를 위하여 한 영원한 제사를 드리시고 하나님 우편에 앉으사"**

벧전 2:9에서는 **"오직 너희는 택하신 족속이요 왕 같은 제사장들이요"**라고 말씀합니다. 여기서 '**왕 같은 제사장**'이라는 말씀은 '**왕이면서 또한 제사장**'이라는 의미입니다. 우리 주님께서 자신이 왕이시면서 또한 제사장이셨던 것처럼, 자신을 믿고 따르는 우리를 왕이면서 제사장으로 만들어 주시겠다는 약속입니다. 물론 우리 주님은 만왕의 왕이시며, 대제사장이십니다. 그렇다면 우리는 그를 따르는 '왕이요 제사장'입니다. 얼마나 가슴 벅찬 약속입니까? 무엇과도 비교할 수 없는 아름답고 영광스러운 직분이 우리를 기다리고 있다는 것을 믿고 순종하며 기다리는 믿음 있는 분들이 되시기를 주의 이름으로 축원합니다. 할렐루야 아멘!

성막의 첫 번째 기구인 동문이 주는 믿음은 '**신앙고백적인 믿음**'이었습니다. 즉 구원에 이르는 믿음이 동문이 주는 믿음의 모습이었습니다. 두 번째 기구인 번제단이 주는 믿음은 사랑을 동반한 '**섬기는 믿음**'이었습니다. 이 믿음은 희생을 의미하는 '**십자가를 지는 믿음**'이라고 할 수 있습니다. 세 번째 기구인 물두멍이 주는 믿음은 '**거룩한 백성으로서의 믿음**'이었습니다. 이 믿음은 구속받은 하나님의 자녀로서의 거룩함에 대하여 숭고하고 겸손한 자부심을 갖는 믿음이라고 할 수 있습니다. 네 번째 기구인 떡(상)이 주는 믿음은 '**하나님의 말씀을 믿는 믿음**'이었습니다. 성경 자체를 하나님의 말씀으로 믿는 믿음과 함께 그 말씀대로 살기로 작정하는 믿음이라고 할 수 있습니다. 다섯 번째 기구인 금촛대가 주는 믿음은 '**그리스도께서 세상의 유일하신 빛이라**'는 것을 믿는 믿음과 함께, '**우리도 세상의 빛**'이라는 믿음을 말합니다. 그렇다면 여섯 번째 기구인 분향단이 우리에게 가르치는 믿음은 어떤 믿음일까요? 그것은 하나님께서 보내신 그리스도만이 '**세상의 유일한 중보자라는 믿음**'입니다. 분향단을 통해서 하나님은 우리에게 오직 예수님만이 우리의 목자이시며, 양의 문이시며, 대제사장이라는 것을 믿어야 할 것을 가르치십니다.

우리는 하나님이 보내신 아들 예수님을 세상의 유일한 구원자 곧 그리스도로 믿는 사람들입니다. 이것을 다른 말로 하면, 하나님께서 구원하시고자 하는 사람들을 그의 아들 예수님이 세상에 오셔서 구원해 주셨다는 것입니다. 그러니까 온 우주의 창조주요 통치자이시며 우리의 생사화복을 쥐고 계시는 하나님 아버지를 대신해서 이 땅에 오셔서 하나님과 인간의 중간에서 하나님께서 택하신 자 곧 구원의 믿음이 있는 자들을 하나님께로 인도하여 구원에 이르게 하시는 분은 예수 그리스도 한 분뿐이라는 것입니다. 그래서 예수님은 우리의 구원을 위하여, 그리고 우리의 소원을 위하여 하나님의 뜻대로 우리를 하나님께로 이끌어 가시는 중보자이십니다. 이렇게 하나님과 인간 사이에서 하나님의 뜻을 인간에게 전하여주고, 또 인간의 소원을 하나님께 올려드리는 중보자는 여러 명칭으로 불립니다. 첫째는 ①대제사장(제사장)이요, 둘째는 ②선한 목자요, 셋째는 ③양의 문이라고 불립니다.

① 대제사장, 제사장

제사장은 우선 백성의 죄를 하나님께 고하여 하나님의 용서하심을 구하는 사람입니다. 백성들은 율법에서 정한 죄를 범했을 때에 따로 정한 제물 (소, 양, 염소, 비둘기 등)을 가

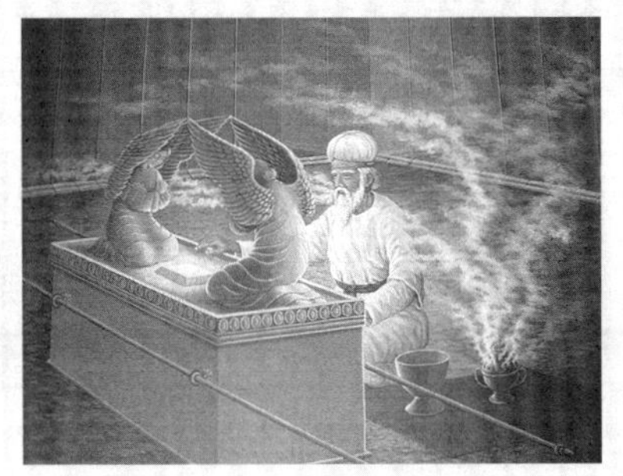

지고 성막으로 와서 제사장에게 고하고 번제나 화목제나 속죄제를 드립니다. 죄를 지은 죄인이 친히 칼을 잡고 제물을 잡아 각을 뜨고 피를 내어 양푼에 담아 제사장에게 주면, 제사장은 피를 번제단 주위에 뿌리고, 각을 뜬 제물의 몸을 제단에 올려 불살라 태웁니다. 그리고는 이렇게 말합니다. '이제 속죄를 받았습니다. 다시 죄를 짓지 마시기 바랍니다.' 평소에는 이렇게 속죄를 받습니다. 그러나 7월 10일 대 속죄일에는 대제사장이 온 백성의 모든 죄를 가지고 하나님 앞에 홀로 나아갑니다. 이때에는 번제단에서 그치는 것이 아니라, 어린양의 피를 가지고 하나님께서 친히 좌정하시고 계신 지성소로 들어갑니다. 거기서 하나님을 만나서 백성들의 죄를 다 고하고 용서를 받고 나옵니다. 이때 (대)제사장은 하나님과 백성 사이에서 속죄를 위한 중보자의 역할을 담당합니다.

그러나 이제 예수님께서 십자가에서 율법을 완성하시자 지성소의 휘장이 위에서부터 아래로 찢어져 더 이상 지성소는 의미가 없어졌습니다. 그리고 아론의 대를 이었던 제사장들도 아무 의미가 없어졌습니다. 그리고 이제부터는 더 나은 제사가 드려지게 되었습니다. 이제부터 우리의 모든 제사의 대제사장은 영원한 대제사장이신 예수 그리스도께서 맡으셨고, 우리 죄를 속하기 위한 제물의 피는 예수님 자신의 몸으로 십자가에서 흘린 피로써 드리게 되었습니다. 예수님은 인류 전체를 위한 속죄 제사와 피 흘림과 피 뿌림을 십자가와 하늘 지성소에서 단번에 다 이루셨습니다. 이제 율법적 제사는 없어졌습니다. 이제 더 이상 제물은 필요 없게 되었습니다. 이제 더 이상 번제단에서의 피 흘림과 피 뿌림도 없게 되었습니다. 이제는 오직 예수 그리스도를 이 모든 것을 이루신 중보자와 어린양으로 믿는 믿음으로 하나님께 나아가면 속죄를 받아 구원에 이릅니다. 또 이미 믿은 모든 사람들도 혹시 죄를 지었을 때에 참회하는 마음으로 그 죄를 대제사장이신 그리스도께 그 이름으로 고하면, 우리의 대제사장이신 그리스도께서 아버지께 고하여 용서함을 받게 됩니다.

우리의 대제사장은 인간의 극한 고통까지도 다 체험하신 분입니다. 그래서 우리는 이런 유일하신 중보자에게 우리의 고통을 호소하고, 질병을 호소하고, 생활의 어려움까지도 호소할 수 있습니다. 전능하신 아버지께서는 중보자를 통해서 그의 이름으로 호소하는 우리의 모든 어려움을 응답하시고, 채워주시고, 고쳐주시고, 성취해 주십니다. 그래서 우리는 항상 언제 어디서든지 예수 그리스도께서 우리를 중보하신다는 온전한 믿음을 가지고 그의 이름으로 그의 앞에 나아가기만 하면 됩니다.

② 선한 목자

우리의 유일한 중보자이신 예수 그리스도는 하나님의 양들인 모든 성도들의 선한 목자가 되십니다. 목자는 양들을 평안하게 해주시는 분입니다. 그것이 하나님의 양을 맡아서 치는 목자의 가장 큰 역할입니다. 양들이 평안하기 위해서는 먼저 배가 채워져야 합니다. 그래서 선한 목자는 항상 푸른 풀밭으로 우리를 인도하십니다. 또 양들이 목말라 할 때에 선한 목자는 양들을 쉴만한 물가로 인도하십니다. 다윗에게 있어서 하나님은 항상 선한 목자였습니다. 그래서 그는 이런 하나님과 자신의 관계를 선한 목자와 그의 기르시는 양으로 표현하였습니다. 시편 23편이 바로 그것입니다. **"여호와는 나의 목자시니 내가 부족함이 없으리로다.**

그가 나를 푸른 풀밭에 누이시며 쉴만한 물가로 인도하시는도다" 또 선한
목자는 양들이 쉴 때에 가시를 제거해주고, 벌레들을 쫓아주어야 합니
다. 가시가 찌르고 벌레가 귀
찮게 하면 양들은 결코 편히
쉴 수가 없습니다. 그래서 항
상 좋은 길로 인도하시고 세
심한 배려를 하십니다. 그래
서 다윗은 이렇게 노래합니
다. **"내 영혼을 소생시키시고,**

자기의 이름을 위하여 의의 길로 인도하시는도다" 그러나 무엇보다도 중요
한 것은 앞을 잘 보지 못하는 양들이 딴 길로 갈 때에, 그래서 매우 위
험하게 되었을 때에 선한 목자는 모든 위험을 무릅쓰고 양을 구하기 위
하여 행동하게 됩니다. 심지어는 이런 위험한 양을 위하여 목숨까지도
아끼지 않습니다. 그래서 다윗은 이런 것을 체험하면서 **"내가 사망의 음**
침한 골짜기로 다닐지라도 해(害)를 두려워하지 않는 것은 주께서 나와 함
께 하심이라 주의 지팡이와 막대기가 나를 안위하시나이다"라고 고백합니
다. 다윗은 아버지의 양을 칠 때에 사자나 곰이 와서 양들을 움켜 가려
고 하면 달려들어서 목숨 걸고 사자나 곰이 움킨 양들을 빼앗아서 살려
놓았습니다. 결코 자기의 양들이 사자나 곰의 먹이가 되는 것을 용납하
지 않았습니다. 다윗은 나이 어린 자신도 양들을 위해서 이렇게 하는데,
하물며 전능하신 하나님께서 악인들에게 하나님의 양인 다윗 자신이 먹
히는 것을 결코 용납하지 않을 것을 굳게 믿었던 것입니다. 이 모든 체험
과 믿음으로 다윗은 하나님을 자기의 선한 목자로 굳게 믿었던 것입니
다. 그의 모든 시(詩)는 이런 믿음으로 고백한 노래라고 할 수 있습니다.

사랑하는 여러분, 원래 우리는 주님의 양들이 아닙니다. 모두가 아버지의 양입니다. 그런데 아버지께서 그의 양들을 모두 자기 아들에게 맡기셨습니다. 그 아들에게 모두 주셨습니다. 요한복음 10:29에 보면, **"저희를(양들) 주신 내 아버지는…"**라고 하셨고, 17:2에서는 **"아버지께서 아들에게 주신 모든 자(양들)에게 영생을 주게 하시려고…"**라고 하셨으며, 17:6에서는 **"세상 중에서 내게 주신 사람들(양들)에게 내가 아버지의 이름을 나타내었나이다"**라고 하셨습니다. 주님께서는 아버지께로부터 받은 양들 곧 자기의 양들을 목숨을 바쳐 지키셨습니다. 예수님은 아버지께서 보내신 참 목자요 선한 목자이시므로 항상 우리에게 평안을 주시려고 최선을 다하십니다. 우리를 위험에서 건지십니다. 늘 의의 길로 인도하시려고 애쓰십니다. 이것을 믿는 여러분이 되시기를 간절히 바랍니다. 그는 아버지의 양을 치시는 중보자 곧 선한 목자이십니다. 그래서 우리는 평안하게 믿음의 생활을 할 수 있습니다. 이것을 믿고 우리의 유일한 선한 목자에게 모든 것을 맡기고 의의 길로 기쁘게 따라가는 여러분 모두가 되시기를 기원합니다. 아멘!

③ 양의 문

우리의 대제사장이시며 중보자이신 예수 그리스도는 양의 문(羊門)이 되십니다. 그래서 주님께서는 친히 **"내가 진실로 진실로 너희에게 이르노니 나는 양의 문이라**(요 10:7)"고 하

셨습니다. 양의 문이라는 것이 무슨 뜻일까요? 양들도 밤에는 잠을 자야 합니다. 그런데 밤에는 아무 풀밭에서나 잘 수는 없습니다. 그래서 목

자들은 날이 어두워지기 전에 서둘러서 양들이 밤새 잠을 잘 수 있는 광야의 임시 우리를 찾게 됩니다. 이스라엘의 광야에는 굴이나, 또는 암벽이 둘러져 있는 곳이나, 돌로 얼기설기 담을 쌓은 우리가 많이 있습니다. 그런데 이런 곳은 대부분 문짝이 없습니다. 그래서 날이 저물어 가면 목자들은 이런 임시로 쓸 수 있는 우리로 양들을 인도하여 그 문에 서서 양들의 이름을 하나씩 부르며 모두 그 안으로 들여보냅니다. 그런 다음에는 아예 그 문에 그대로 털썩 주저앉아서 밤새 그 입구를 지킵니다. 그러니까 양들이 우리에 들어갈 때에 목자는 입구에 서서 스스로 문이 되어 주었고, 밤새 그 입구에 주저앉아 양들을 지키므로 스스로 문이 되었고, 아침에 일어나서 해가 뜰 때에는 다시 입구에 서서 양들의 이름을 하나씩 부르며 우리 밖으로 내어놓으면서 스스로 문이 되기 때문에 그 목자는 양의 문(羊門)입니다. 밤이 되어 주위에서는 냄새를 맡은 짐승들이 험악하게 짖어대거나 울부짖지만, 입구에 스스로 문이 되어 딱 지키고 있는 목자를 보면서 양들은 안심하고 평안한 잠을 자게 됩니다.

사랑하는 여러분, 우리의 대제사장이시며 곧 중보자이신 선한 목자는 우리를 위하여 스스로 양의 문이 되신 분입니다. 그는 아버지께로부터 받은 양들을 자기의 피로 씻으시고, 스스로 양의 문이 되셔서 그 양들의 이름을 하나씩 부르며 그 양들을 하나님의 양 우리에 들여놓으셨습니다. 거기에 여러분의 이름과 제 이름이 있었습니다. 그리고는 우리를 항상 푸른 풀밭으로 인도하시고 쉴만한 물가로 인도해 주셨습니다. 밤에는 어김없이 우리를 지키는 양의 문이 되셔서 우리를 지키셨습니다. 다윗은 광야에서 자기 아버지의 양을 치면서 이렇게 날마다 스스로 양의 문이 되었을 것입니다. 아마도 이때 다윗은 하나님과 자기와의 관계가 마치 자기가 치는 양들과 자기의 관계와 같다고 생각했을 것입니다. 그래서 다윗에게는 시편 23편과 같은 아름다운 목자와 양의 노래가 나왔을 것입니다. 목자들은 양들을 모두 우리에 넣은 다음 거기에 모닥불을 피어놓고 노래를 부르거나 시를 읊었을 것입니다. 노래를 잘 부르는 다윗을 생각하면 충분히 가능성이 있습니다. 그때 하나님을 사랑하는 다윗은 양들에게 하나님을 찬양하는 노래를 많이 불러주었을 것입니다. 목자의 소리를 들으면서 안심하고 평안하게 잠드는 양들을 생각해 보십시오. 그렇게 했던 다윗은 바로 오늘날 우리의 양문이 되어주신 그리스도의 모습입니다. 예수님은 우리의 양문이 되어 주셔서 이 어두운 광야 같은 세상에서 우리를 지키십니다. 그 안에는 결코 우리를 해치는 사자나 곰이나 늑대가 들어갈 수 없습니다. 비록 여기저기서 짐승의 울음소리가 들린다 하더라도 양문이 되신 우리의 선한 목자를 믿고 평안을 찾는 우리 모두가 되기를 기원합니다. 아멘!

。 분향단 기도 : 중보의 기도

첫 번째 단계의 기도인 동문의 기도는 '구원에 이르는 신앙고백적인 기도'였습니다. 두 번째 단계인 번제단 기도는 그리스도의 희생을 믿고 구원에 이른 사람들이 이제는 그리스도를 위하여 자신을 희생하겠다고 작정하는 '나를 드리는 기도'였습니다. 세 번째 단계인 물두멍 기도는 '철저한 회개의 기도'였습니다. 여기까지 우리가 살펴본 성막 뜰에 있는 세 기구의 기도, 곧 동문 기도, 번제단 기도, 물두멍 기도는 모두 고백의 기도라고 할 수 있습니다. 그러나 이제 성소에 들어와서 드리는 떡상 기도부터는 하나님의 자녀들이 하나님께 무엇인가를 구하는 기도가 됩니다. 그래서 네 번째 단계인 떡상의 기도는 '말씀에 의지하는 기도'가 되었습니다. 다섯 번째 기구인 금촛대 기도는 성령의 충만과 그의 은사를 구하는 기도였습니다. 그렇다면 여섯 번째 기구인 분향단은 우리에게 어떤 기도의 모습을 가르치고 있을까요? 예, 분향단을 통해서 우리는 중보기도 하시는 그리스도의 모습을 볼 수 있고, 아울러 이웃을 위해서 기도하는 우리의 중보기도의 모습을 볼 수 있습니다. 그래서 분향단을 통해서 주님께서 우리에게 가르치시는 기도는 중보의 기도입니다.

1. 그리스도의 중보기도

우리는 성경 히브리서를 통해서 우리 구주 예수님은 우리의 대제사장이심을 알게 되었습니다. 대제사장은 무엇보다도 하나님과 우리 사이에서 중보의 역할을 감당하십니다. 이런 중보의 역할에는 여러 가지가 있겠지만, 그중에서도 가장 중요하고 큰 중보의 역할은 우리를 위하여 기도하시는 사명입니다. 즉 우리를 위하여 하나님께 중보로 기도하시는 역할입니다. 그렇습니다. 주님께서는 이미 십자가에서 죽으시기 전에도 제자들을 위하여 날마다 기도하셨고, 부활 승천 이후에는 하늘 보좌에서 우리를 위하여 계속해서 기도하시는 중보자 이십니다. 주님께서는 습관적으로 새벽에 한적한 곳에서 기도하셨습니다. 주님은 기도하실 때에 늘 우리의 믿음이 떨어지지 않고 유지되기를 위하여 기도하셨습니다. (막 1:35)"새벽 아직도 밝기 전에 예수께서 일어나 나가 한적한 곳으로 가사 거기서 기도하시더니", (눅 22:32)"그러나 네가 너를 위하여 네 믿음이 떨어지지 않기를 기도하였노니 너는 돌이킨 후에 네 형제를 굳게 하라"

그러나 무엇보다도 우리의 마음을 뭉클하게 하는 주님의 중보기도는 요한복음 7장의 최후의 만찬 자리에서 제자들을 위하여 기도하시는 모습(6절-26절)입니다. 전문(全文)을 다 게재할 수가 없어서 몇 구절만 추려봅니다. "…12 내가 그들과 함께 있을 때에 내게 주신 아버지의 이름으로 그들을 보전하고 지키었나이다 그중의 하나도 멸망하지 않고 다만 멸망의 자식뿐이오니 이는 성경을 응하게 함이니이다 … 14 내가 아버지의 말씀을 그들에게 주었사오매 세상이 그들을 미워하였사오니 이는 내가 세상에 속

하지 아니함 같이 그들도 세상에 속하지 아니함으로 인함이니이다 15 내가
비옵는 것은 그들을 세상에서 데려가시기를 위함이 아니요 다만 악에 빠지
지 않게 보전하시기를 위함이니이다 … 17 그들을 진리로 거룩하게 하옵소
서 아버지의 말씀은 진리니이다 18 아버지께서 나를 세상에 보내신 것 같이
나도 그들을 세상에 보내었고 … 21 아버지여, 아버지께서 내 안에, 내가 아
버지 안에 있는 것 같이 그들도 다 하나가 되어 우리 안에 있게 하사 세상
으로 아버지께서 나를 보내신 것을 믿게 하옵소서 … 23 곧 내가 그들 안에
있고 아버지께서 내 안에 계시어 그들로 온전함을 이루어 하나가 되게 하
려 함은 아버지께서 나를 보내신 것과 또 나를 사랑하심 같이 그들도 사랑
하신 것을 세상으로 알게 하려 함이로소이다 …" 예수님은 사랑하는 제자
들을 마지막으로 대하시면서 ①제자들의 생명과 믿음의 보전, ②그들의
거룩함과 ③복음 전파와 ④온전함과 ⑤하나 됨을 위하여 중보기도 하
셨습니다.

　　주님께서는 십자가의 고통을 당하시면서도 자기를 십자가에 못 박은 사
람들을 위하여 기도하셨습니다. (눅 23:34)**"아버지여 저희를 사하여 주옵소
서 자기의 하는 것을 알지 못함이니이다"** 지금도 주님은 하나님의 보좌 우편
에 계시면서 우리를 위하여 기도하십니다. 그의 중보기도는 우리가 그의
이름으로 기도한 것을 받으셔서 하시는 것입니다. 물론 우리가 기도하지
않은 부분도 우리를 위하여 하시겠지만, 주의 이름으로 드려진 기도를 통
해서 주님께서 기도해주신다는 것을 우리는 믿어야 합니다. 우리가 예수
님의 이름으로 기도하는 것은 아버지 하나님께 나가는 길은 오직 예수 그

리스도 한 분 뿐이기 때문입니다. 그가 유일한 중보자이시므로 그의 이름
으로 기도하지 않으면 그 기도는 하나님께로 갈 수 없습니다. 아멘.

2. 우리의 중보기도

우리의 중보자 되시는 예수님께서는 우리에게도 중보기도 할 것을 당
부하셨습니다. 특별히 원수를 위하여 중보기도 하며, 우리를 저주하거
나 모욕을 주는 사람을 위해서조차도 기도할 것을 당부하셨습니다. 그
러니 우리가 우리 이웃을 위하여, 또는 우리 성도들을 위하여, 기도하
는 것은 너무도 당연한 것입니다. (마 5:44)**"나는 너희에게 이르노니 너희
원수를 위하여 기도하라"**, (눅 6:28)**"너희를 저주하는 자를 위하여 축복하
며 너희를 모욕하는 자를 위하여 기도하라"**

또 성경은 여러 사도들을 통해서 우리에게 다른 성도들을 위하여 기
도할 것을 요구합니다. (엡 6:18)**"모든 기도와 간구를 하되 항상 성령 안에
서 기도하고 이를 위하여 깨어 구하기를 항상 힘쓰며 여러 성도를 위하여 구
하라"**, (살전 5:25)**"형제들아 우리를 위하여 기도하라"** 그렇습니다. 주님께
서 우리를 위하여 중보기도 하신 것처럼, 우리도 이웃을 위하여, 교회
를 위하여, 나라를 위하여 중보로 기도해야 합니다. 이것을 명심하여 늘
기도 가운데 은혜를 받고 믿음이 충만하시기를 바랍니다. 아멘!

언약궤
(지성소)

부활

† 요한복음 11장 †

우리는 이제 성막의 마지막 부분에 도달하였습니다. 그곳은 바로 지성소이며, 또 거기에 안치되어 있는 기구는 일곱 번째 기구인 언약궤입니다. 이곳에는 하나님께서 친히 말씀하신 대로 **"내가 거기서 너와 만나리라"**고 하신 바로 그곳입니다. 성막은 그 자체가 거룩한 곳입니다. 그런데 지성소(至聖所)는 거룩한 곳 중에서도 가장 거룩한 곳이라는 뜻인데, 그 이유는 거기에 거룩하신 하나님께서 항상 임재(臨在)하여 계시기 때문입니다. 언약궤의 뚜껑(1.5x2.5cubit)은 순금(純金)으로 만들었고, 그 위에 서로 마주 서 있는 날개 달린 그룹 천사를 순금으로 만들었는데, 뚜껑과 한 덩어리로 쳐서 만들었습니다. 이 천사들은 속죄소(贖罪所) 또는 시은좌(施恩座)라고 하는 언약궤 뚜껑의 한 가운데를 주시하고 있습니다. 바로 거기에 하나님께서 임재하여 계십니다. 이에 대한 성경 말씀을 봅니다.

(출 25:10-22)"10 그들은 조각목으로 궤를 짓되 장이 이 규빗 반, 광이 일 규빗 반, 고가 일 규빗 반이 되게 하고 11 너는 정금으로 그것을 싸되 그 안팎을 싸고 윗가로 돌아가며 금테를 두르고 12 금고리 넷을 부어 만들어 그 네 발에 달되 이편에 두 고리요 저편에 두 고리며 13 조각목으로 채를 만들고 금으로 싸고 14 그 채를 궤 양편 고리에 꿰어서 궤를 메게 하며 15 채를 궤의 고리에 꿴대로 두고 빼어내지 말찌며 16 내가 네게 줄 증거판을 궤 속에 둘찌며 17 정금으로 속죄소를 만들되 장이 이 규빗 반, 광이 일 규빗 반이 되게 하고 18 금으로 그룹 둘을 속죄소 두 끝에 쳐서 만들되 19 한 그룹은 이 끝에, 한 그룹은 저 끝에 곧 속죄소 두 끝에 속죄소와 한 덩이로 연하게 할찌며 20 그룹들은 그 날개를 높이 펴서 그 날개로 속죄소를 덮으며 그 얼굴을 서로 대하여 속죄소를 향하게 하고 21 속죄소를 궤 위에 얹고 내가 네게 줄 증거판을 궤 속에 넣으라 22 거기서 내가 너와 만나고 속죄소 위 곧 증거궤 위에 있는 두 그룹 사이에서 내가 이스라엘 자손을 위하여 네게 명할 모든 일을 네게 이르리라"

(히 9:1-5)"1 첫 언약에도 섬기는 예법과 세상에 속한 성소가 있더라 2 예비한 첫 장막이 있고 그 안에 등대와 상과 진설병이 있으니 이는 성소라 일컫고 3 또 둘째 휘장 뒤에 있는 장막을 지성소라 일컫나니 4 금향로와 사면을 금으로 싼 언약궤가 있고 그 안에 만나를 담은 금항아리와 아론의 싹난 지팡이와 언약의 비석들이 있고 5 그 위에 속죄소를 덮는 영광의 그룹들이 있으니 이것들에 관하여는 이제 낱낱이 말할 수 없노라"

언약궤[言約櫃]에 대한 설명

언약궤는 언약궤에 해당하는 ❶상자(櫃)와, 상자의 뚜껑에 해당하는 ❷속죄소와, 상자 안에 있는 ❸물건들로 구성되어 있습니다. 그 상자 안에는 ① 아론의 싹난 지팡이와 ②만나 항아리와 ③두 돌판이 담겨 있었습니다.

이스라엘 사람들은 항상 이렇게 말한다고 합니다. '세계의 중심은 이스라엘이요, 이스라엘의 중심은 예루살렘이요, 예루살렘의 중심은 성전이요, 성전의 중심은 지성소요, 지성소의 중심은 언약궤이며, 언약궤의 중심은 십계명이다.'

사실 성막의 가장 지밀(至密)한 곳, 가장 거룩한 곳은 지성소인데, 그 중심은 언약궤(言約櫃)입니다. 그 이유는 바로 이곳에 전능하신 하나님이 계시고(臨在), 거기서 우리를 만나 주시겠다고 말씀하셨기 때문입니다. 세계에서 하나님이 친히 임재하시는 곳은 바로 이곳뿐이기 때문에 이곳이 세계의 중심이라고 당당하게 말할 수 있었을 것입니다.

1. 언약궤[상자]

언약궤는 법궤(法櫃) 또는 증거궤(證據櫃)라고도 말합니다. 이 언약궤는 가로 세로 높이가 모두 10규빗(4.5m)인 정방형(正方形)의 지성소 한 가운데 놓여 있는데, 가로 2.5규빗(1m12cm) 세로 1.5규빗(67cm) 높이 1.5규빗(67cm) 정도 되는 작은 상자입니다. 이 언약궤는 조각목으로 만들었으며, 금으로 안과 밖을 모두 쌌고 상자의 윗부분은 사면(四面)을 돌아가면서 금으로 테를 둘렀습니다. 그리고 좌우(左右)로 사면에 금고리를 만들어서 그 금고리에 두 개의 채를 꿰어놓았습니다. 채를 꿰어놓은 것은 물론 이동할 때에 앞뒤에서 메고 가기 위해서입니다. 언약궤는 조각목으로 만들고, 금으로 입혔습니다. 그래서 언약궤를 볼 때에 우리는 그 재료가 주는 교훈을 먼저 살펴보아야 합니다.

① 조각목

조각목은 '애굽 아카시아'라고 부르는데 우리나라의 아카시아와는 다릅니다. 콩과의 낙엽교목으로서 가지에는 가시가 돋았고, 잎은 긴 우상복엽입니다. 목재는 단단하고 내구력이 있어 애굽에서는 이 나무가 영생의 상징으로 비쳐졌습니다. 그러나 이스라엘 사람들은 이 조각목을 천한 것으로 취급하였는데, 그 이유는 백향목이나 상수리나무나 잣나무보다 효용가치가 없었기 때문입니다. 그런데도 불구하고 하나님께서는 이렇게 천하게 취급 받는 목재를 성막에서 가장 소중한 언약궤를 만드는데 사용하도록 명하셨습니다. 그 이유는 인성(人性)을 입으신 그리스도의 볼품 없고 천한 죄인의 모습을 드러내야 하기 때문입니다. 그러나 조각목은 한 편으로는 영원히 저주받아 마땅히 죽어야 하는 죄인들을 상징하기도 합니다.

② 금

언약궤는 조각목으로 만들고 그 안과 밖을 모두 금으로 입혔습니다. 금은 가장 고귀한 금속입니다. 그래서 왕을 상징합니다. 그리스도께서는 비록 죄인의 모습으로 오셔서 버림받아 십자가에서 처절한 죽음을 맞으셨지만, 그는 온 우주의 왕이셨습니다. 유대인의 왕이요, 만왕의 왕이셨습니다. 언약궤를 금으로 감싼 것은 그리스도께서 온전한 왕이심을 드러냅니다. 조각목으로 만들고 금으로 감싼 언약궤는 또 한편으로는 믿음으로 구원 받은 연약한 인간을 상징하기도 합니다. 이때 금은 우리의 믿음을 의미합니다. 비록 죄인으로써 마땅히 저주받아 영원히 버림받아야 하지만, 그 믿음으로 말미암아 하나님께서 함께하시는 자녀가 된 것입니다.

2. 속죄소

속죄소는 다른 말로 시은좌라고도 부릅니다. 이 속죄소는 언약궤 뚜껑 위를 가리킵니다. 이 뚜껑은 조각목으로 만든 것이 아니라, 순전히 금으로만 쳐서 만든 것입니다. 이때 그 위에 있는 그룹 천사도 함께 한 덩이로 만들었습니다. 이 뚜껑 위에는 마주 서 있는 그룹 천사가 함께 뚜껑 위를 내려다보고 있는데, 이곳이 하나님이 임재하신 곳입니다. 속죄소(贖罪所)는 대가를 받고 죄를 사함 받는 장소라는 뜻입니다. 즉 속량(贖良)의 장소라는 뜻이지요. 또 시은좌(施恩座)는 은혜를 베푸는 장소라는 뜻입니다. 그렇습니다. 대속죄일 7월 10일에는 여호와를 위한 염소를 잡아서 대제사장이 그 피를 가지고 지성소로 들어와 속죄소(금뚜껑) 위에 피를 뿌리고, 또 그 앞에도 뿌려서 백성들의 죄를 속함 받게 됩니다. 이때의 피는 백성의 죄에 대한 속량의 대가입니다. 그리고 이런 모든 속죄는 하나님의 은혜로 되어 진다는 것을 말합니다(施恩座).

그렇다면 이때 은혜로 말미암아 속죄의 대상이 되는 죄는 어떤 죄일까요? 그 죄에 대하여 하나님은 우리가 짓는 모든 죄의 모습을 속죄소 밑에 있는 물건들을 통해서 보여주셨습니다. 그 밑 상자 안에는 상징적인 세 가지의 물건들이 있는데, 그것들은 모두 특정한 죄로 말미암아 생겨난 것들입니다. 우리 인간들이 짓는 죄의 대표적인 모습을 크게 세 가지로 이 물건들이 상징합니다. 그것들을 나열하면 하나님을 반역한 죄, 우상을 섬긴 죄, 원망과 불평의 죄라고 할 수 있습니다. 이 세 가지 죄는 사실 사람들이 하나님께 짓는 모든 죄의 근본(根本)이며, 모형(模型)입니다. 즉 이 세 가지 죄에서 모든 죄가 뻗어 나온다는 것입니다. 인간은 이 죄에서 결코 벗어날 수 없습니다. 그리고 점점 더 이 죄에 깊이 빠져들 뿐입니다. 사람으로서는 도저히 어찌할 수 없는 이 죄(罪)를 어떻게 하면 벗어버릴 수 있을까요?

첫째 하나님의 보좌 앞으로 나와야 합니다.

하나님께서는 **"거기서 내가 너와 만나고"**라고 말씀하셨습니다. 우리가 우리의 죄를 용서받기 위해서는 무엇보다도 하나님 앞에 나와야 합니다.

그래서 이스라엘 백성들은 대속죄일에 모두 하나님 앞에 나왔습니다. 그리고 대제사장이 대표로 하나님이 임재하여 계신 시은소(施恩所) 앞에 나아가서 자기 죄와 온 백성의 죄를 하나님께 모두 아뢰었습니다. 우리 주님께서도 "**수고하고 무거운 짐 진 자들아 다 내게로 오라 내가 너희를 쉬게 하리라**"고 세상에 선포하셨습니다. 무거운 짐 중에서 가장 무거운 짐은 인간이 결코 스스로 해결할 수 없는 죄의 짐입니다. 이것을 벗어버리기 위해서는 무엇보다도 하나님의 보좌 앞, 곧 그리스도 앞에 나와야 합니다.

둘째 믿음으로 나와야 합니다.

시은좌(施恩座), 곧 속죄소(贖罪所)는 오직 금(金)으로만 만들었습니다. 이것은 죄의 용서와 구원은 오직 믿음의 회개를 통해서만 가능함을 뜻합니다. 즉 속죄를 위하여 하나님의 은혜를 구할 때, 오직 믿음으로 구하여야 한다는 것입니다. 여기서 하나님이 요구하시는 믿음이 어떤 믿음일까요? 그것은 바로 하나님의 아들이시며, 동정녀 마리아에게서 나셨으며, 본디오 빌라도에게 고난을 당하시고 십자가에 달려 죽으셨다가 사흘 만에 부활하신 예수님을 그리스도로 믿는 믿음을 말합니다. 그리고 그가 십자가에 달려 죽으신 것이 오직 나의 죄를 대속(代贖)하기 위한 것이었음을 온전히 믿는 믿음이어야 하며, 이제 우리의 완전한 구원을 이루시기 위하여 이 땅에 다시 오실 분임을 믿는 믿음으로 나가야 합니다.

대속죄일에 모인 이스라엘 백성들은 자기들의 죄를 속하기 위하여 하나님 앞에 나갈 때에 한 염소를 잡아서 속죄제를 드려야 했습니다. 속죄제 없이는 결단코 백성들의 죄를 용서받을 수 없었습니다. 그래서 대제사장은 여호와를 위하여 제비 뽑은 한 염소를 잡아서 속죄제를 드린 다음 그 피를 가지고 하나님 앞에 나갔던 것입니다. 그리스도께서는 우리의 죄를 속하기 위하여 희생된 염소(어린양)이셨습니다. 이것을 믿는 믿음으로 하나님 앞에 나가야 하는 것입니다. 그래서 사도 바울은 로마서에서 **'오직 의인은 믿음으로 말미암아 살리라'**고 기록하고 있습니다. 하나님 앞에서 믿음으로 행하지 않는 모든 것이 죄가 됩니다. 우리가 하나님 앞에 나간다는 것은 이와 같이 온전한 믿음으로 나가는 것을 말합니다.

셋째 그리스도의 보혈을 갖고 나가야 합니다.

대제사장이 하나님의 「은혜의 보좌」(施恩座) 앞에 들어갈 때에는 반드시 속죄제(贖罪祭)로 드린 염소의 피를 갖고 들어가서 그 피를 언약궤 뚜껑 위와 언약궤 앞에 뿌려야 합니다. 염소의 피를 갖고 들어가서 뿌리되 그 염소가 흠이 없는 완전한 것이어야 합니다. 만약 피를 갖고 들어가지 않으면 대제사장은 죽습니다. 그리고 반드시 그 피를 언약궤 뚜껑과 앞에 뿌려야 합니다. 그 이유는 백성들이 지은 죄가 지금 언약궤 안에 가득 들어 있으므로 그것을 죄인의 피가 아니라 의인의 피로 덮어야 하기 때문입니다. 만약에 정결한 피를 뿌리지 않으면 백성들의 죄가 하나님 앞에 가려지지 않으므로 죄가 그대로 드러나서 대제사장은 죽게 되고 백성들의 죄는 그대로 있게 됩니다. 모든 것은 피로써 정결케 됩니다. (히 9:22)**"율법을 좇아 거의 모든 것이 피로써 정결케 되나니 피흘림이 없은즉 사함이 없느니라"**

우리가 하나님 앞에 나갈 때에도 마찬가지입니다. 우리를 위하여 하나님 앞에 정결한 어린양이신 예수님의 보혈을 갖고 나가지 않으면 결코 어떤 용서도 받을 수 없습니다. 오직 그리스도의 보혈만이 우리 죄를 속죄할 수 있습니다. (히 9:11-12)**"11 그리스도에서 장래 좋은 일의 대제사장으로 오사 손으로 짓지 아니한 곧 이 창조에 속하지 아니한 더 크고 온전한 장막으로 말미암아 12 염소와 송아지의 피로 아니하고 오직 자기 피로 영원한 속죄를 이루사 단번에 성소에 들어 가셨느니라"**

옛날 이스라엘에서 하나님이 보여주시고 만들게 하신 성막과 또 거기서 번제로 드리고 피를 흘리게 하신 염소(또는 양)는 모두 그리스도 예수의 모형이요 그림자입니다. 그래서 그것들은 완전한 것이 못됩니다. 완전한 실체는 그리스도입니다. 완전한 것이 올 때에는 완전하지 못한 것들은 아무 소용이 없게 되고 물러가게 됩니다. 그리스도께서는 한 번 죽으셔서 그의 정결하고 의로운 피를 흘리심으로 말미암아 아담으로부터 시작된 인류의 모든 죄를 단번에 속하신 것입니다. 이제는 더 이상 죽으실 필요가 없습니다. 그래서 십자가에 달려서 흘리신 그리스도의 피가 나의 죄를 속한다는 것을 믿음으로 받아들이고 그 앞에 나가서 우리가 회개할 때에 완전한 속죄가 이루어지는 것입니다. 즉 그의 피가 우리의 모든 죄를 덮어 주는 것입니다. 죄를 덮는다는 표현은 바로 이 속죄소 곧 시은좌에서 피를 뿌려 언약궤 안에 있는 죄를 덮어버린다는 데서 나온 것입니다. 그렇습니다. 오직 그리스도의 보혈이 우리의 죄를 덮을 수 있습니다. 그 피만이 우리의 죄를 속할 수 있습니다.

어느 목사님의 책을 보니까 이런 예화(例話)가 있는 것을 보았습니다. 어느 주일학교 선생님이 아이들을 가르치면서 이렇게 말했다고 합니다. "어린이 여러분, 하나님 앞에서는 아무것도 숨길 수가 없어요. 하나님은 모든 것을 다 보시거든요." 그랬더니 꼬마 하나가 손을 번쩍 들더니 이렇게 말했다고 합니다. "아니에요 선생님, 하나님께서 보시지 못하는 것이 하나 있어요." 깜짝 놀란 선생님이 그게 뭐냐고 물었더니, 이 꼬마가 "예수님의 피 아래에 있는 제 죄는 보실 수가 없어요"라고 대답하더랍니다. 사랑하는 여러분, 이 고백이야말로 참으로 진정한 신앙고백이요, 위대한 진리입니다. 이 위대한 진리를 나의 진정한 신앙고백으로 삼고, 영원토록 가슴에 품고 항상 전파하는 진실한 성도가 되시기를 주의 이름으로 간절히 기원합니다. 아멘!

3. 언약궤 안에 있는 물건들: 부정적 교훈

(히 9:4)"그 안에 만나를 담은 금항아리와 아론의 싹난 지팡이와 언약의 비석들이 있고"

언약궤의 속은 비어있는 공간이 아닙니다. 하나님께서는 이 상자 안에 세 가지를 넣어 두어서 이스라엘 백성들에게 대대로 교훈을 삼으라고 하셨습니다. 이렇게 대대로 이스라엘 백성들에게 교훈을 삼아야

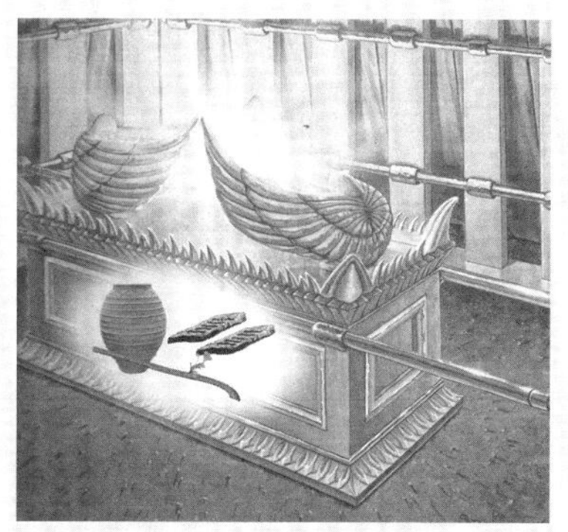

하는 물건은 세 가지였는데, ①두 돌판과 ②만나 항아리와 ③아론의 싹
난 지팡이입니다. 그러나 여기에 들어 있는 세 가지의 성물(聖物)들은
모두가 이스라엘 백성들의 반역과 원망이 배어 있는 기념물(記念物)이
며 상징물(象徵物)이기도 합니다. 그렇다면 이것들은 우리에게 어떤 교
훈을 줄까요? 이 기념물들을 통해서 우리는 언약궤가 주는 부정적인 교
훈들을 얻을 수 있습니다. 그리고 하나님께서는 이런 교훈을 하나님의
백성들이 대대로 마음에 새기고 하나님 앞에 온전하기를 바라셨습니다.
어떤 교훈들이 있을까요?

① 만나: 원망의 죄 (축복에 대한 불평)

(출 16:8)"모세가 또 가로되 여호와께서 저녁에는 너희에게 고기를 주어
먹이시고 아침에는 떡으로 배불리시리니 이는 여호와께서 자기를 향하여 너
희의 원망하는 그 말을 들으셨음이니라 우리가 누구냐 너희의 원망은 우리
를 향하여 함이 아니요 여호와를 향하여 함이로다"

이스라엘 백성들은 홍해를 건너 수르 광야를 지나고 마라에서 쓴 물
을 먹으며 엘림에서 쉬다가 신 광야에 이르게 되었습니다. 이때 이스라
엘 백성들은 배고픔에 지쳐서 늘 하던 대로 그들의 인도자가 된 모세와
아론을 원망하기 시작했습니다. 원망은 대체로 불만(불평)→악평→거부
의 삼 단계를 거칩니다. 이스라엘 사람들의 만나에 대한 원망도 이 세
단계를 거칩니다.

이 백성들의 원망은 애굽에서 건져내신 여호와 하나님의 인도하심을
정면으로 비난하는 불평이었습니다. 그들은 이렇게 말합니다. **"우리
가 애굽 땅에서 고기 가마 곁에 앉았던 때와 떡을 배불리 먹던 때에 여
호와의 손에 죽었더면 좋았을 것을 너희가 이 광야로 우리를 인도하여
내어 이 온 회중으로 주려 죽게 하는도다"** 즉 애굽에서 살던 때가 더
나았다는 것이고, 또 이럴 바에는 거기서 죽었더면 더 나았을 것이
라는 뜻입니다. 그리고 하나님을 직접 비난하기 두려우니까 모세와
아론을 비난한 것입니다. 왜냐하면 저들도 모세와 아론이 자기들을
인도하여 낸 것이 아니라 여호와 하나님께서 인도하여 내신 것을 잘
알고 있었기 때문입니다. 그런데도 그들은 모세와 아론이 자기들을
인도해 내어 이렇게 굶어 죽게 되었다고 말합니다. 이들이 원망하는
말의 초점은 배고파서 더 이상 하나님의 말씀대로 따라갈 수 없다는
것입니다. 그러자 마침내 하나님께서 나서셨습니다. 하나님께서는 이
스라엘 백성들에게 앞으로 매일 아침마다 떡을 먹이시고 저녁에는
고기를 먹게 해주시겠다고 약속하십니다. 이때 이렇게 하시는 하나
님의 의도가 출 16:4에 나옵니다. **"이같이 하여 그들이 나의 율법을 준
행하나 아니하나 내가 시험하리라"** 백성들이 배가 고파서 하나님의 말
씀을 따를 수 없다고 원망하자 하나님께서는 그렇다면 배가 부르도
록 먹게 해 줄 테니까 하나님의 말씀을 준행하라고 하시는 것입니다.
그리고 그렇게 하나 안 하나 두고 보시겠다는 것입니다. 하나님은 백
성들이 배고파하는 것을 모두 아십니다. 그리고 그들이 배고파하면
서도 하나님을 원망하지 않고 그 말씀대로 따라 오기를 조용히 기다

리고 계셨던 것입니다. 그러나 백성들은 하나님의 이런 의도에는 전혀 관심이 없었습니다. 그저 배고픈 것만 서러웠던 것입니다.

만약에 이스라엘 백성들이 원망하지 않고 묵묵히 하나님의 말씀을 따랐다면 모두 굶어 죽었을까요? 그럴 리가 있겠습니까? 전혀 다른 양상이 벌어졌을 것입니다. 만약에 백성들이 배가 고프지만 종살이 하던 애굽에서 자기들을 건져주신 하나님을 찬미하고 감사하며 조용히 기다렸다면 그들은 만나를 축복의 차원에서 받아먹었을 것입니다. 그러나 원망함으로 말미암아 그들은 시험의 차원에서 이 귀한 만나를 받아먹게 된 것입니다. 그러나 비록 원망과 불평으로 말미암아 시험의 조건으로 하나님께로부터 받은 것이기는 하지만 이것은 축복 중의 축복이었습니다. 왜냐하면 하나님의 백성은 하나님께서 주시는 양식을 먹어야 한다는 교훈을 여기서 또한 주셨기 때문입니다. 역사상 하늘에서 양식이 쏟아져서 먹고 산 백성이 어디 있었던가요. 이것은 비록 원망과 불평을 늘어놓았지만 그래도 이 사건은 하나님께서 자기 백성들을 지극히 사랑하심을 보여주신 사건이라고 할 수 있습니다.

* **원망의 둘째 단계: 만나로는 안 된다는 것 – 악평**

그러나 이스라엘 백성들은 시간이 흐를수록 이 만나에 대하여 조차 악평을 하기 시작했습니다. 시험에 걸린 것입니다.

(민 11:4-6)**"이스라엘 중에 섞여 사는 무리가 탐욕을 품으매 이스라엘 자손도 다시 울며 가로되 누가 우리에게 고기를 주어 먹게 할꼬 우리가 애굽에 있을 때에는 값없이 생선과 외와 수박과 부추와 파와 마늘들을 먹은**

것이 생각나거늘 이제는 우리 정력이 쇠약하되 이 만나 외에는 보이는 것
이 없도다(만나는 우리를 약하게 만드는 식물이라는 뜻) 하니”

이들은 고기가 먹고 싶었습니다. 그래서 만나를 별것 아닌 것으로 악
평한 것입니다. 이 일로 하나님께서는 메추라기를 한 달 동안이나 보
내서 고기를 지겹도록 먹게 하시고 하나님을 원망하고 만나를 악평한
백성들을 치셔서 죽이셨습니다. 그럼에도 불구하고 이들의 만나에 대
한 악평은 계속되었습니다.

* 원망의 셋째 단계: 만나가 싫다 – 거부

만나에 대한 악평을 계속하던 이스라엘 백성들은 결국 만나를 싫어
한다고 노골적으로 말하기 시작했습니다. 즉 하나님의 양식을 거부
하고 나선 것입니다.

(민 21:4-6)“백성이 호르 산에서 진행하여 홍해 길로 좇아 에돔 땅을 둘
러 행하려 하였다가 길로 인하여 백성의 마음이 상하니라 백성이 하나님과
모세를 향하여 원망하되 어찌하여 우리를 애굽에서 인도하여 올려서 이
광야에서 죽게 하는고 이 곳에는 식물(食物)도 없고 물도 없도다 우리 마
음이 이 박한 식물(食物)을 싫어하노라 하매 여호와께서 불뱀들을 백성 중
에 보내어 백성을 물게 하시므로 이스라엘 백성 중에 죽은 자가 많은지라”

이스라엘 백성들은 이제 하나님이 매일의 양식으로 주신 만나를 ‘박
한 식물(食物)’이라고 비하합니다. 비록 원망으로 말미암아 시험의 조
건으로 얻게 된 식물(食物)이지만 하나님의 축복 중의 축복을 이렇
게 비하하고 거부(拒否)한 것입니다. 이 일로 말미암아 하나님의 진
노가 임해서 불뱀으로 수많은 백성들이 죽임을 당하였습니다. 그래

서 하나님께서는 이렇게 원망으로 받아먹고 악평했던 만나를 항아리에 담아서 간수하라고 하셨습니다.

(출 16:33, 34)**"또 아론에게 이르되 항아리를 가져다가 그 속에 만나 한 오멜을 담아 여호와 앞에 두어 너희 대대로 간수하라 아론이 여호와께서 모세에게 명하신 대로 그것을 증거판 앞에 두어 간수하게 하였고"** 간수하라고 하신 이유가 무엇일까요? 그것은 하나님의 축복조차도 원망하고 악평한 이스라엘의 죄를 지적하고 그것을 역사 가운데 그 후손들이 기억하라는 것입니다. 지금 하나님께서는 이것을 영원히 보관하여 기억하게 함으로써 부정적인 교훈을 이스라엘 백성들과 우리에게 주고 계신 것입니다.

하나님은 우리에게도 많은 것을 주셨습니다. 평안한 가정, 좋은 남편, 좋은 아내, 건강한 자녀들, 그리고 일할 자리도 주시고 평안히 예수를 믿도록 하셨습니다. 그러함에도 불구하고 한 두 가지 어려운 일로 하나님을 원망한다면 그것은 바로 만나를 악평한 이스라엘 사람들과 똑같은 시험에 걸려 있는 것입니다. 이때 하나님의 진노가 임할 수 있다는 것을 기억해야 합니다. 이스라엘 백성들은 만나를 악평하다가 두 번이나 많은 백성들이 죽임을 당했습니다. 이 교훈을 잊지 말아야 합니다.

② 아론의 싹 난 지팡이: 반역의 죄(권위에 대한 도전)

(민 17:3-5)**"레위의 지팡이에는 아론의 이름을 쓰라 이는 그들의 종족의 각 두령이 지팡이 하나씩 있어야 할 것임이니라 그 지팡이를 회막 안에서 내**

가 너희와 만나는 곳인 증거궤
앞에 두라 내가 택한 자의 지팡
이에는 싹이 나리니 이것으로 이
스라엘 자손이 너희를 대하여 원
망하는 말을 내 앞에서 그치게
하리라”

　민수기 16장에 보면 레위 자손 중에서 고핫의 손자가 되는 고라라는 사람이 있었습니다. 이 사람은 르우벤 자손 다단과 아비람과 함께 족장 250명을 모아서 모세와 아론에게 반기를 들었습니다. 모세의 말을 빌리면, 고라는 오직 아론과 그의 자손들만 제사장 되는 것에 반기를 들고 자기들도 제사장이 되겠다고 반역을 일으킨 것입니다. 뿐만 아니라 모세와 아론만이 이스라엘의 지도자 자리에 있는 것이 마땅치 않다는 것입니다. 그 이유는 자기들도 거룩한 백성이고 또 여호와께서는 자기들과도 함께 하신다는 것입니다. 한 마디로 말해서 모세와 아론더러 물러가라는 것입니다. 그리고 250명의 족장들이 뽑고, 또 백성들이 뽑은 자기들이 이 백성들을 이끌어 가겠다는 것입니다. 이것은 하나님의 권위에 도전하여 인간적인 권위를 세우겠다는 것이며, 하나님의 방법을 거부하고 인간적인 민주적 방법을 택하겠다는 것이고, 하나님의 통치를 끝내고 인간적 통치를 시작하겠다는 뜻입니다. 이에 대하여 모세가 먼저 책망합니다. 그리고 즉시 하나님이 직접 개입하셔서 고라와 다단과 아비람과 그 가족들과 소유물들을 땅속의 불구덩이에 쓸어 넣으셨습니다. 그리고 250명의 족장들에게도 여호와의 불을 보내서 모두 소멸시켜 버리셨습니다. 그러나 아직도 정신 못 차린 이스라엘 백성들이 이 반역자들을 죽였다고 모세와 아론을 비방하고 원망한 것입니다. 하나님이 온 백성을 다 죽이신다고 한 것을 모세가 기도하여 살렸는데도 불구하고 그들은 모세를 오히려 원망한 것입니다. 이때 하나님께서 이들에게 온역을 보내서 벌을 내리심과 동시에 이스라엘의 열두 지파의 족장들에게 지팡이를 하나씩 가져오게 하고 레위 지파는 아론의 이름을 새기게 하셨습니다. 이것을 법궤 앞에 두고 그 이튿날 거두어서 싹이 난 지팡이의 소유자가 하나님이 세우신 지도자라는 것입니다. 그 이튿날 모세가 언약궤 앞에서 열두 개의 지팡이를 갖고 나와서 보니 오직 아론의 지팡이에만 움이 돋고 순이 나고 꽃이 피어서 살구 열매까지 열린 것을 보게 되었습니다. 모세는 이것을 족장들뿐만 아니라 모든 백성들이 다 보게 하였습니다. 이때 하나님께서 다시 모세에게 이렇게 말씀하십니다.

(민 17:10)**"여호와께서 또 모세에게 이르시되 아론의 지팡이는 증거궤 앞으로 도로 가져다가 거기 간직하여 패역한 자에 대한 표징이 되게 하여 그들로 내게 대한 원망을 그치고 죽지 않게 할지니라"**

이와 같이 아론의 싹이 난 지팡이는 원망과 반역의 표징이었습니다. 그리고 그것의 결과는 오직 죽음이요 음부요 버림이었습니다. 하나님께서는 모세로 하여금 이것을 간직하여 이스라엘 백성들에게 또 다시 하나님이 세우신 지도자에게 반역하여 하나님의 진노를 받지 않도록 경계를 삼게 하셨던 것입니다. 그러나 하나님은 참으로 자비의 하나님이십니다. 왜냐하면 이와 같이 반역과 원망의 징표로 삼게 하신 아론의 지팡이에 움이 돋고 순이 나고 꽃이 피어서 살구 열매까지 열리게 하셨기 때문입니다. 이것은 그리스도의 부활을 상징함과 동시에 우리의 부활을 상징하고 있습니다. 그리스도께서는 자기 백성들에게 반역을 당하셨고, 죽은 자가 되셨습니다. 그러나 그의 죽음에서 움이 돋고 순이 나고 꽃이 피어 열매까지 열리시므로 말미암아 완전한 부활을 하신 것입니다. 그래서 그는 부활의 첫 열매가 되셔서 우리의 부활을 보증하신 것입니다. **"그러나 이제 그리스도께서 죽은 자 가운데서 다시 살아 잠자는 자들의 첫 열매가 되셨도다"**(고전 15:20)

아론의 싹난 지팡이는 이와 같이 반역의 상징이 되어서 이스라엘 후손들에게 항상 기억함이 되었고 아울러 우리에게도 경계로 삼게 하셨습니다. 그럼에도 불구하고 하나님은 자비하셔서 우리에게도 이것이 부활의 상징이 되게 하셨습니다. 다만 법궤로 상징되고, 살구꽃으로 상징되는 그리스도의 죽음과 부활을 믿는 자에게 이 축복이 임할 것입니다. 아멘!

③ 두 돌판: 우상숭배(말씀을 버림)

(출 32:19, 20)**"진에 이르러 송아지와 그 춤추는 것을 보고 대노하여 손에서 그 판들을 산 아래로 던져 깨뜨리니라 모세가 그들의 만든 송아지를 가져 불살라 부수어 가루를 만들어 물에 뿌려 이스라엘 자손들로 마시우니라"**

모세는 장막을 완성하기 전에 시내 산에 하나님의 부름을 받고 올라가서 40일간 있으면서 성막에 대한 모든 식양과 만드는 법을 받고 또한 십계명이 기록된 두 돌판을 받아서 갖고 내려왔습니다. 그런데 내려와서 보니 백성들이 금송아지를 만들어 놓고 이것이 이스라엘을 애굽에서 이끌어낸 신(神)이라고 하면서 제사를 지내고 섬기고 있었습니다. 이때 모세가 노하여 하나님께로부터 받은 두 돌판을 아래로 던져 깨뜨리고 백성들을 크게 책망하게 되었습니다. 그러나 사실 이 돌판은 하나님께서 강제로 또는 일방적으로 주신 계명이 아니었습니다. 모세가 시내산에 올라가기 전에 하나님의 지시하심을 받고 백성들에게 하나님의 율례를 지킬 것인가를 물었던 것입니다.

(출 24:3)"모세가 와서 여호와의 모든 말씀과 그 모든 율례를 백성에게 고하매 그들이 한 소리로 응답하여 가로되 여호와의 명하신 모든 말씀을 우리가 준행하리이다"

이처럼 철석같이 대답을 해놓고는 정작 모세가 하나님으로부터 율법을 받아서 내려오자, 이 백성들은 율법을 받기도 전에 이미 율법을 범하고 있었던 것입니다. 이로 인하여 대노(大怒)한 모세가 돌판을 아래로 던져 깨뜨려 버린 것입니다. 이후 모세는 하나님의 부름을 받고 시내산에 다시 올라가서 새로운 돌판을 받아서 내려오게 됩니다. 이때 하나님은 이렇게 다시 새기신 돌판을 법궤 안에 넣어서 영원히 보관하라고 하셨습니다.

이렇게 언약궤 안에 보관된 두 돌판은 이스라엘 백성들이 우상을 섬겨서 깨뜨려진 돌판 대신 받은 것이었습니다. 그래서 언약궤 안에 들어 있는 돌판을 생각할 때에는 항상 금송아지 우상을 섬긴 사건을 떠올리게 된 것입니다. 그리고 그로 말미암아 진노하시는 하나님을 생각하고 경계하게 되는 것입니다. 따라서 이 돌판은 이스라엘이 율법을 스스로 파기하고 우상을 섬긴 죄를 상징합니다. 그럼에도 불구하고 이 돌판에 새겨진 것은 우리에게 길이요 진리요 생명이 되는 하나님의 말씀입니다. 이것은 진실로 축복 중의 축복입니다. 버림받아 죽을 백성들에게 영원히 살 수 있는 길이요 진리요 생명이신 말씀을 주신 것은 큰 축복인 것입니다. 하나님은 이와 같이 반역한 자기 백성들조차도 사랑하셔서 다시 돌이키사 그들에게 영생의 말씀을 주신 것입니다.

* **결론**

이와 같이 언약궤 안에 넣으라고 하신 만나와 아론의 싹난 지팡이와 두 돌판은 모두 죄를 생각나게 합니다. 그 만든 근거가 온통 반역과 범죄와 불평과 우상숭배로 말미암았기 때문입니다. 모두 부정적인 결과로 말미암아 보관된 것입니다. 그러나 그럼에도 불구하고 하나님은 이런 부정적인 것을 변하여 축복이 되게 하셨던 것입니다. 오직 그것들로 상징되는 그리스도 예수로 말미암아 그렇게 변화시키신 것입니다. 사랑하는 여러분, 우리 모두 이것을 하나님께 감사하십시다. 영광을 돌립시다. 존귀와 찬송을 올려 드립시다. 이는 하나님께서 마땅히 받으실 만한 것입니다. 할렐루야 아멘!

4. 언약궤의 긍정적 교훈

언약궤는 성막의 여러 성물 중에서 가장 중요한 성물입니다. 그만큼 우리에게 주는 교훈도 중요합니다. 언약궤는 위에서 말한 것처럼 조각목으로 만들어서 금(金)으로 안과 밖을 모두 쌌습니다. 그리고 언약궤 위를 금으로 만든 뚜껑으로 덮고 그 뚜껑에 그룹천사를 금을 쳐서 만들어 놓았습니다. 이러한 언약궤는 그 존재 자체로서 우리에게 주는 교훈이 있습니다. 그것을 긍정적인 측면에서 살펴보려고 합니다. 언약궤를 긍정적인 측면에서 살펴볼 때 세 가지의 교훈을 얻을 수 있습니다.

첫째, 하나님의 임재

(출 40:34, 35)"그 후에 구름이 회막에 덮이고 여호와의 영광이 성막에 충만하매 모세가 회막에 들어갈 수 없었으니 이는 구름이 회막 위에 덮이고 여호와의 영광이 성막에 충만함이었으며"

성막이 완성된 날 구름이 성막에 덮이기 시작하였습니다. 그 이후 낮이면 구름기둥이 덮였고, 밤이면 불기둥이 덮였습니다. 이 구름기둥과 불기둥은 법궤 위에서부터 시작되었습니다. 하나님은 모세에게 보여주신 대로 성막이 완성되자 지성소의 법궤 위에 임재하셨던 것입니다. 하나님께서 이렇게 임재하여 계시기 때문에 모세도 성막이 완성된 후에는 여기서 하나님을 만났습니다. 모세는 성막이 완성되기 전에 여덟 번씩이나 시내산에 올라가서 하나님을 만났으나 이제는 그럴 필요가 없어졌던 것입니다. 그것은 하나님이 언약궤 위에 임재하셔서 "거기서" 모세를 만나 주셨기 때문입니다.

(출 25:21-22)"속죄소를 궤 위에 얹고 내가 네게 줄 증거판을 궤 속에 넣으라 거기서 내가 너와 만나고 속죄소 위 곧 증거궤 위에 있는 두 그룹 사이에서 내가 이스라엘 자손을 위하여 네게 명할 모든 일을 네게 이르리라"

이와 같이 구약시대에 성막의 언약궤 위에 항상 임재하여 계셔서 자기 백성들의 중심이 되셨던 하나님, 그래서 항상 그 백성들과 함께하셨던 하나님께서 지금은 어떻게 하시는가요? 이에 대하여 마태복음 28:18-20에서 예수님은 이렇게 말씀하셨습니다.

"예수께서 나아와 일러 가라사대 하늘과 땅의 모든 권세를 내게 주셨으니 그러므로 너희는 가서 모든 족속으로 제자를 삼아 아버지와 아들과 성령의 이름으로 세례를 주고 내가 너희에게 분부한 모든 것을 가르쳐 지키게 하라 볼지어다 내가 세상 끝날까지 너희와 항상 함께 있으리라 하시니라"

그리스도께서 십자가 위에서 온몸의 물과 피를 다 쏟으시고 운명하시자, 즉시 예루살렘 성전에 있던 높이 20규빗(9m 솔로몬성전 기준)짜리 지성소 휘장이 위에서 아래로 쫙 찢어져 버렸습니다. 이것은 사람이 찢은 것이 아니라 하나님께서 찢으신 것입니다. 왜 친히 찢으셨을까요? 그것은 이제 거기 계시지 않으신다는 징표를 보여주신 것입니다. 당시 예수님을 못 박았던 제사장들은 아마도 찢어진 휘장을 다시 꿰맸거나 새로 만들어 달았을지 모르지만, 휘장이 찢어지기 전까지 거기 임재해 계시던 하나님은 이제 거기를 떠나신 것입니다. 그러면 그 후 어디에 임재하시고, 어디에서 우리를 만나 주려고 하셨을까요? 이에 대하여 고린도전서 3:16에는 이렇게 기록하고 있습니다. **"너희가 하나님의 성전인 것과 하나님의 성령이 너희 안에 거하시는 것을 알지 못하느뇨"**

　이제 하나님께서는 조각목과 금으로 만든 성막이나 또는 금과 은이나 돌로 만든 성전에 더 이상 거하시지 않고 우리 몸을 성전 삼아서 우리 안에 임하시고 우리 안에 거하십니다. 우리가 하나님의 성전이 된 것입니다. 우리가 하나님의 성전이 되었으므로 우리가 어디를 가든 거기가 바로 하나님의 성전이며 우리가 어디서 기도를 하던 거기가 바로 분향단이요, 법궤 앞인 것입니다. 그래서 주님께서는 제자들에게 승천하시면서 마지막으로 **"볼지어다 내가 세상 끝날까지 너희와 항상 함께 있으리라"**고 말씀하셨습니다. 그리스도께서는 지금 당신을 구주로 영접하고 믿는 우리를 성전 삼아서 우리 안에 거하시도록 성령 하나님을 보내셔서 우리와 항상 함께 하시도록 하셨습니다. 그래서 우리가 언제 어디에 있던지 하나님은 우리와 함께 계신 것입니다. 이것을 믿는 성도들이 되시기를 바랍니다.

둘째, 하나님의 인도

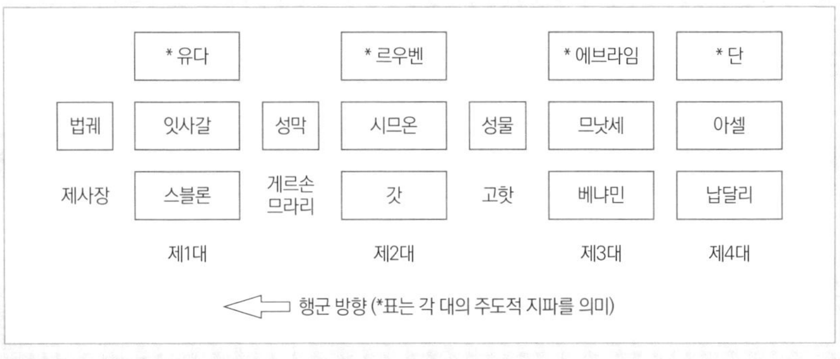

(민 10:33)**"그들이 여호와의 산에서 떠나 삼 일 길을 행할 때에 여호와의 언약궤가 그 삼 일 길에 앞서 행하며 그들의 쉴 곳을 찾았고"**

시내산 앞, 시내 광야에서 성막이 완성되고 나서 기브롯핫다아와로 이동하면서 삼일 길을 가게 되었는데, 그때 약 200만 명 이상 되는 이스라엘 백성의 제일 앞에서 이 백성을 이끌어간 것은 바로 언약궤였습니다. 이 언약궤는 제사장들이 세 겹의 덮개를 씌워서 메고 갔는데 행진할 때마다 항상 이렇게 메고 모든 백성들의 가장 앞에서 행하였습니다. 그리고 법궤를 멘 제사장들은 낮에는 구름기둥이 앞서가는 대로 법궤를 메고 따라갔고, 밤에는 불기둥이 피어오른 가운데 광야에서 쉬었습니다. 즉 법궤는 맨 앞에서 이스라엘 백성들을 인도하는 인도자였습니다. 그러나 하나님이 이 언약궤와 함께 하시므로 사실은 하나님께서 이 백성들을 친히 인도하신 것입니다.

이것이 우리에게 커다란 교훈을 줍니다. 그래서 언약궤의 중심 교훈은 항상 하나님의 임재이고, 거기 임재하셔서 가만히 계시는 것이 아니라 거기서 그의 사랑하는 백성들을 만나 주신다는 것이며, 이 중심 교훈에서 한 발 더 나아가서 이제는 그의 사랑하는 백성들을 앞서서 친히 인도해 가신다는 것입니다. 이스라엘 백성들의 필요에 따라서 가고자 하는 대로 갈 수 있는 것이 아니라, 오직 하나님께서만이 그 뜻대로 이스라엘을 친히 인도해 가신다는 것입니다. 하나님은 임재하셔서 그냥 말씀만 하시는 분이 아닙니다. 거기서 더 나아가 우리 손을 붙잡고 우리가 가야 할 최선의 길을 친히 앞서서 안내하시는 분이십니다.

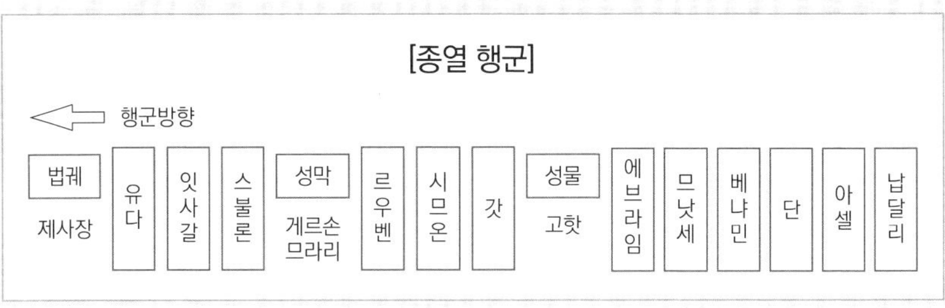

주님께서 어느 날 제자들에게 이렇게 말씀하셨습니다. **"나는 선한 목자라."** 여기서 양을 치는 목자는 좋은 꼴과 맑은 물을 양에게 주어야 합니다. 그러나 한 곳에서 꼴을 뜯어먹고 나면 다른 곳으로 가야 합니다. 그때 양들이 좋은 풀이 있고 맑은 물이 있는 곳으로 스스로 찾아가는 것이 아닙니다. 양들은 결코 스스로 그런 곳을 찾을 수가 없습니다. 항상 목자가 앞장서서 그런 곳으로 양들을 인도해 가야 합니다. 목자가 피리 불면서 또는 양들의 이름을 불러가면서 모든 양들의 앞에서 걸어가면 양들은 자기 목자를 졸졸 따라가게 됩니다. 이 얼마나 아름다운 장면입니까. 그래서 이스라엘을 이끈 언약궤는 예수 그리스도의 상징입니다.

우리에게도 마찬가지입니다. 우리는 우리가 매우 똑똑한 것 같아서 우리 스스로 앞을 헤쳐 나가는 것 같지만, 실상은 한 치 앞도 내다보지 못합니다. 그리고 어디로 가야 좋을지 어떻게 해야 할지도 알지 못합니다. 우리는 다 양 같아서 가만 내버려두면 각기 제 길로 가다가 죽게 됩니다. 그래서 하나님이 항상 우리를 인도하시는 것입니다. 그의 뜻에 순종하면 평안히 길을 가게 되지만, 내 뜻대로 길을 이탈하면 낭떠러지에 떨어지거나 혹은 짐승에게 먹히기 때문에 때로는 하나님께서 막대기로 우리를 두드려서라도 하나님이 인도하시는 길로 가도록 강권을 발동하시기도 합니다. 따라서 그리스도 안에서는 이런 채찍도 은혜입니다. 그것이 없으면 사생자일 뿐입니다. 우리가 이런 은혜를 받는 복된 자리에 있다는 것을 항상 감사해야 할 것입니다.

그런데 한 가지 주목할 것이 있습니다.

그것은 이 언약궤가 이스라엘 모든 진영의 가장 앞에서 가되 최소한도 2,000규빗 이상 떨어져서 앞서간다는 사실입니다. (수 3:3, 4)**"백성에게 명하여 가로되 너희는 레위 사람 제사장들이 너희 하나님 여호와의 언약궤 메는 것을 보거든 너희 곳을 떠나 그 뒤를 좇으라 그러나 너희와 그 사이 상거가 이천 규빗쯤 되게 하고 그것에 가까이하지는 말라 그리하면 너희 행할 길을 알리니 너희가 이전에 이 길을 지나보지 못하였음이니라"** 2,000규빗이면 약 1km쯤 되는 거리입니다. 이것은 짧은 거리가 아닙니다. 하나님께서는 왜 제일 앞서서 가는 언약궤를 바짝 붙어서 따라오라고 하지 않으시고 오히려 언약궤와 이스라엘 진영의 거리를 1km씩이나 멀리 떨어져서 오라고 하셨을까요? 이것은 생각하기에는 참으로 고개가 갸웃거리는 의문이 될 수도 있습니다. 그러나 여기에는 하나님의 주도면밀하신 두 가지의 뜻이 들어 있습니다.

우선, 백성들을 보호하시기 위해서입니다.

가까이 따라가다 보면, 거기에 무엇이 들어 있을까 호기심이 나서 자꾸 들여다보거나 만지려고 할 것입니다. 만약에 그 언약궤를 들여다보거나 함부로 만지면 즉시 그 자리에서 죽임을 당하게 됩니다. 그래서 멀리 떨어져서 따라오게 하신 것입니다. 실제로 언약궤를 들여다보다가 죽은 사람들이 이야기가 삼상 6장과 삼하 6장에 있습니다.

다음, 모든 백성이 다 보고 따라오도록 멀리 앞서가게 하셨습니다.

만약에 법궤가 이스라엘 백성들의 가장 앞에서 인도하는데 제일 앞에서 따라가는 사람과만 가까이 있다면, 맨 뒤에 따라가는 사람들은 고사하고 중간에 따라가는 사람들조차도 언약궤를 볼 수가 없을 것입니다. 그래서 사람들은 앞에 있는 사람만 보고 따라가게 될 것이다. 자연히 사람들의 시선에서 법궤는 감추어지게 됩니다. 즉 언약궤와 함께하시는 하나님에 대하여 관심이 멀어지게 된다는 것입니다. 그러나 만약에 법궤가 이와 같이 1km 이상 멀리 떨어져서 백성들을 앞서가면 뒤에 따라오는 사람들도 간간이 법궤를 볼 수 있고, 그것을 보고 따라오게 되는 것입니다. 즉 모든 이스라엘 사람들이 각자 언약궤를 보고 따라올 수 있도록 하나님은 언약궤를 항상 멀리 떨어져서 앞서가도록 하신 것입니다. 이것이 또한 우리에게 은혜가 됩니다.

이것은 하나님이 친히 우리 한 사람 한 사람을 각각 인도하신다는 은혜의 원리(原理)를 우리에게 교훈하십니다. 우리는 모든 일이 잘 풀려나갈 때에는 하나님이 우리를 인도하신다고 좋아하고 할렐루야 아멘하게 됩니다. 그러나 일이 조금이라도 어려워지면 금방 하나님이 이런 때에 도대체 어디 계시느냐, 지금 과연 나를 인도하고 계시느냐 하면서 섭섭해 합니다. 그리고 하나님의 인도하심이 눈에 보이기를 마음에 바랍니다. 그러나 믿음이 어린아이 수준에 있던 초기 이스라엘 사람들에게는 법궤를 사용하셔서 하나님의 인도하심을 직접 육신의 눈으로 보이게 인도하셨지만 지금은 모든 하나님의 말씀으로 우리를 인도하십니다. 어릴 때에는 가지각색의 시청각 교재가 필요하지만, 장성하면 말로써나 책으로써도 얼마든지 가르치고 배울 수가 있습니다. 그래서 하나님은 이제 성령과 말씀을 통해서 우리를 친히 앞서서 인도하시는 것입니다. 이것을 믿고 감사하는 성도들이 되기를 간절히 바랍니다. 아멘.

셋째, 하나님의 승리

(수 6:8-14)"8여호수아가 백성에게 이르기를 마치매 제사장 일곱이 일곱 양각나팔을 잡고 여호와 앞에서 진행하며 나팔을 불고 여호와의 언약궤는 그 뒤를 따르며 9 무장한 자들은 나팔 부는 제사장들 앞에서 진행하며 후군은 궤 뒤에 행하고 제사장들은 나팔을 불며 행하더라 10 여호수아가 백성에게 명하여 가로되 너희는 외치지 말며 너희 음성을 들레지 말며 너희 입에서 아무 말도 내지 말라 그리하다가 내가 너희에게 명하여 외치라 하는 날에 외칠찌니라 하고 11 여호와의 궤로 성을 한번 돌게 하니라 무리가 진에

돌아와서 진에서 자니라 … 14 그 제 이 일에도 성을 한번 돌고 진에 돌아 오
니라 엿새 동안을 이같이 행하니라"

　이 말씀은 모세의 후계자인 여호수아가 이스라엘 백성들을 이끌고 여
리고 성과 전쟁할 때의 모습을 기록한 말씀입니다. 그런데 이 전쟁은 창
과 칼을 들고 싸운 전쟁이 아니라 언약궤를 앞세워서 싸운 전쟁입니다.
이것은 곧 **"하나님이 싸워주신다"**는 의미를 갖고 있습니다. 그리고 하나
님이 싸우시므로 항상 이긴다는 뜻입니다. 그 의미대로 여리고와의 전
쟁에서 이스라엘은 언약궤를 앞세워서 7일 동안 여리고 성을 13바퀴 돈
후에 함성을 지른 것으로 성을 무너뜨리고 전쟁에서 대승을 거둡니다.
즉 하나님이 싸워주셔서 이기게 하셨다는 것입니다.

　여호수아 5:10에 보면 이스라엘이 여호수아를 따라서 요단강을 건넌
후 길갈이란 곳에 진을 쳤다고 기록하고 있습니다. **"길갈에 진 쳤고"**라는
이 말은 매우 깊은 의미가 있습니다. 그것은 이 길갈에 진을 쳐놓고 법궤
를 안치한 다음 여기서부터 가나안 땅에 대한 1차 정벌이 시작된 것입니
다. 그들은 각 지역별로 나가서 싸우고는 이 길갈로 다시 돌아와서 하나
님을 만나고 말씀을 듣고 또 나가서 싸우고를 거듭했습니다. 이렇게 1차
정벌이 끝난 다음에는 가나안 땅의 중심에 해당하는 실로로 진을 옮겨
성막을 치고 다시 2차 정벌에 나서서 가나안을 정복한 것입니다.

　이와 같이 언약궤는 하나님이 임재하셔서 함께 하심으로 승리를 주신

다는 교훈을 이스라엘 백성들에게 심어주었습니다. 사사기 말기에는 하나님을 버리고 제멋대로 살던 엘리 제사장의 두 아들 홉니와 비느하스가 믿음도 없고 경외함도 없이 언약궤를 마치 무슨 도깨비방망이처럼 생각하고 함부로 메고 전쟁에 나갔다가 언약궤를 빼앗기고 자기도 죽고 백성도 죽이고 전쟁에 패한 사건이 있었습니다. 이것은 언약궤가 그 자리에 있는 것으로 무조건 하나님이 승리를 안겨주시는 것이 아니라 하나님이 함께하신다는 믿음을 갖고 경건히 섬기는 백성들에게 승리를 주신다는 것을 교훈하고 있습니다.

오늘날 언약궤는 그리스도의 상징이며, 언약궤의 중심은 십계명 돌판입니다. 즉 언약궤는 하나님의 말씀을 상징한다는 것입니다. 그래서 우리가 승리하는 비결은 바로 하나님의 말씀에 있다는 것입니다. 그래서 이제 우리는 언약궤이신 하나님의 말씀을 통해서 하나님을 만나고, 하나님의 말씀을 통해서 우리가 인도함을 받고, 그 말씀이 이끄시는 대로 나아갈 때에 항상 승리할 수 있게 됩니다. 그리스도께서도 마귀의 시험에서 오직 기록된 말씀으로 대적하여 이기셨고, 우리 또한 이와 같이 말씀으로 영적 전쟁에서 이길 수 있습니다. 이것을 잊지 말아야 할 것입니다. 아멘!

성막의 모든 기구는 그것이 작든 크든 상관없이 모두 그리스도에 대한 예표입니다. 그래서 언약궤도 그리스도의 어떤 모습을 우리에게 상징적으로 보여줍니다. 그렇다면 언약궤는 그리스도와 어떤 관계에 있을까요? 과연 언약궤는 그리스도의 어떤 면을 보여주는 기구일까요?

1. 언약궤[상자]

언약궤도 다른 기구들과 마찬가지로 그리스도의 어떤 모습을 보여줍니다. 하나님은 성막에서 가장 신성한 언약궤가 그리스도를 드러내도록 설계하신 것입니다.

첫째, 재료를 통해서 보여주는 그리스도
언약궤는 조각목으로 만들고, 금으로 입혔습니다.

(1) 조각목: 죄인의 모습으로 오신 그리스도

조각목은 이스라엘 사람들에게 있어서는 천하게 취급되는 나무였습니다. 그 이유는 백향목이나 상수리나무나 잣나무보다 효용가치가 매우 낮았기 때문입니다. 특히 사막에서의 조각목은 버림받은 나무처럼 취급되었습니다. 바로 이 점이 인성(人性)을 입으신 그리스도의 볼 품 없고 천한 죄인의 모습을 드러내고 있습니다. 특히 하나님의 백성으로부터 버림받은 메시야의 겉모습을 드러낸 것입니다. 이것은 이사야 53장을 기억나게 합니다. 거기 보면 유대 땅에 오실 그리스도에 대하여 이렇게 말씀하고 있습니다.

(사 53:2)"그는 주 앞에서 자라나기를 연한 순 같고 마른 땅에서 나온 줄기 같아서 고운 모양도 없고 풍채도 없은즉 우리의 보기에 흠모할 만한 아름다운 것이 없도다 그는 멸시를 받아서 사람에게 싫어 버린 바 되었으며 간고를 많이 겪었으며 질고를 아는 자라 마치 사람들에게 얼굴을 가리우고 보지 않음을 받는 자 같아서 멸시를 당하였고 우리도 그를 귀히 여기지 아니하였도다"

이사야 선지자는 하나님을 떠난 자기 백성들을 구원하기 위하여 이 땅에 오실 그리스도에 대하여 그가 오시기 700년 전에 미리 예언하였습니다. 그의 예언은 하나님의 아들이신 그리스도께서 자기 백성에게 왔지만 그에게서 그리스도다운 그럴듯한 풍채나 좋은 모양도 없고 흠모할 만한 것이 보이지 않아서 사람들이 그를 귀히 여기지도 않고 오히려 멸시한다는 것입니다. 마치 사막의 조각목이 이스라엘 사람들에게 천대받은 것과 같은 것입니다. 그의 예언은 그대로 적중되었습니다. 그러나 사실은 이사야 선지자보다도 무려 800년 전에 이미 하나님께서는 성막을 통해서 그리스도의 모양과 풍채와 멸시당할 것에 대하여 이스라엘 백성들에게 미리 보여주셨다는 것입니다. 그것은 바로 조각목이 갖고 있는 상징성 때문입니다. 언약궤는 무엇보다도 그리스도를 상징합니다. 그런데 그것을 하나님은 천하게 여기는 조각목으로 만들라고 하셨습니다. 백향목이나 잣나무나 상수리나무로 만들라고 하지 않으셨습니다. 그 이유는 그리스도께서 죄인의 모습을 쓰고 오셔서 버린 바 되고, 저주받은 바 되고, 심판받으셔야 하기 때문이었습니다. 그리고 무엇보다도 사람들에게 멸시를 받아서 질고와 간고를 많이 겪으셔야 하기 때문에 하나님은 그리스도의 상징인 언약궤를 조각목으로 만들라고 하신 것입니다. 다른 한편으로 조각목은 저주받고 버림받고 심판받을 인간을 상징하기도 합니다. 그리스도 예수께서는 우리 죄를 인하여 대신 십자가에서 저주받고 버림받고 심판받으셨습니다. 조각목이 그것을 상징합니다.

(2) 금: 왕이신 그리스도, 신실하신 하나님

금은 우리에게는 신실한 믿음을 의미하고 상징하지만, 그리스도에게 있어서는 그가 왕이시며, 또 언약에 신실하신 하나님이심을 상징합니다. 그래서 언약궤 상자를 조각목으로 만들고 금으로 쌌다는 것은 그의 겉모습은 볼품없어 보이지만, 그리스도께서는 왕이시며, 아울러서 약속에 신실하신 하나님이시라는 것입니다. 그리고 그의 약속은 그의 신실하심을 따라 반드시 이루어진다는 것을 의미합니다. 또한 성도는 이러한 그리스도를 반드시 믿어야 한다는 것을 일러줍니다. 그래야 그 믿음 안에서 하나님을 만날 수 있고 그의 인도하심을 받을 수 있다는 것입니다.

둘째, 언약궤는 곧 그리스도

언약궤는 그 자체로서 그리스도를 드러냅니다.

(1) 그리스도 안에는 아버지께서 함께 계신다.

= 언약궤 위에 임재하신 하나님

예수님께서는 어느 날 제자들에게 이렇게 말씀하셨습니다. (요 10:30)**"나와 아버지는 하나이니라"** 또 이렇게 말씀하셨습니다. (요 17:21)**"아버지께서 내 안에, 내가 아버지 안에 있는 것같이 저희도 다 하나가 되어…"** 즉 예수님께서는 항상 아버지 안에 계셨고, 늘 함께하셨습니다. 이것은 언약궤 위 속죄소에 하나님께서 항상 임재해 계신 것과 같습니다.

(2) 그리스도는 우리를 인도하신다.

= 언약궤는 모든 백성 앞에 행하여 그들을 인도한다.

예수님께서는 우리의 선한 목자로서 언제나 우리를 인도하십니다. (요 10:2, 3)**"문으로 들어가는 이가 양의 목자라 문지기는 그를 위**

하여 문을 열고 양은 그의 음성을 듣나니 그가 자기 양의 이름을 각각 불러 인도하여 내느니라", (요 10:16)"또 이 우리에 들지 아니한 다른 양들이 내게 있어 내가 인도하여야 할 터이니 그들도 내 음성을 듣고 한 무리가 되어 한 목자에게 있으리라"

언약궤는 백성들이 이동할 때에 항상 백성들의 맨 앞에서 행하여 성령으로 말미암아 백성들을 인도해 갑니다. 마치 그리스도께서 자기 양들을 인도해 가는 것과 같습니다.

2. 속죄소 : 십자가에 달려 피 흘리신 그리스도

시은좌라고도 하는 속죄소는 언약궤의 뚜껑을 말합니다. 하나님께서는 언약궤의 뚜껑을 한 덩어리의 금으로 만들되, 쳐서 만들라고 하셨습니다. 이때 그 위에 있는 그룹 천사도 함께 한 덩이로 만들었습니다. 이곳은 하나님이 임재하신 곳입니다. 그러나 속죄소(贖罪所)는 피를 뿌리는 곳이요, 피로써 덮는 곳입니다. 그런 의미에서 보면, 순전한 정금으로 쳐서 만든 속죄소는 아무 죄도 없고 흠도 없는 그리스도께서 달리셔서 피를 흘리셨던 십자가를 의미한다고 할 수 있습니다. 대속죄일 7월 10일에는 여호와를 위한 염소를 잡아서 대제사장이 그 피를 가지고 지성소로 들어와 속죄소(금뚜껑) 위에 피를 뿌리고, 또 그 앞에도 뿌려서 백성들의 죄를 사함 받습니다. 이때의 피는 백성의 죄에 대한 속량의 대가입니다. 즉 죄로 말미암아 죽어야 할 우리 죄인들 대신 어린양 그리스도께서 피 흘려 죽으셔서 우리 죄를 속하시고 우리를 구원하신다는 것입니다. 이 피를 뿌렸을 때에 우리 죄는 속하고 우리는 구원에 이르게 됩니다. 그리고 이런 속죄는 오직 하나님이 베푸시는 은혜로 되어진다는 것입니다. 이곳을 시은좌(施恩座)라고 이름을 붙인 것이 바로 이런 뜻입니다.

속죄소 위에 있는 두 그룹 천사는 거기에 하나님께서 임재하시기 때문에 호위 천사로서 세워진 것입니다. 즉 이곳에 전능하신 하나님께서 계신다는 것을 알려주는 표시입니다. 이것은 지성소 휘장에 그룹 천사들을 수를 놓아 새기라고 하신 것과 같은 의미입니다. 즉 그룹 천사가 지키는 곳은 하나님께서 임재해 계신다는 표시입니다.

3. 언약궤 안의 물건들: 그리스도께서 십자가에서 짊어지신 죄

하나님께서는 언약궤의 속 곧 상자 안에 세 가지를 넣어 두어서 이스라엘 백성들에게 대대로 경계를 삼으라고 하셨습니다. 이렇게 대대로 이스라엘 백성들이 경계하며 교훈을 삼아야 하는 물건은 ①만나 항아리와 ②아론의 싹 난 지팡이와 ③두 돌판입니다. 그러나 여기에 들어 있는 세 가지의 성물(聖物)들은 모두가 이스라엘 백성들의 반역과 원망이 배어 있는 기념물(記念物)이며 상징물(象徵物)입니다. 만나는 하나님께서 축복과 은혜로 날마다 내려주시는 완전식품을 정력이 약해지는 박한 식물(食物)로 비하하면서 불평과 원망을 일삼던 죄악의 산물(産物)입니다. 또 아론의 싹 난 지팡이는 우리도 제사장과 지도자가 되고 싶다며 하나님께서 세우신 모세와 아론에게 반역한 족장들의 반역죄의 산물(産物)입니다. 두 돌판은 하나님이 주시는 율법을 지키겠다고 약속한 다음, 이 율법을 받으러 시내 산으로 모세가 올라간 사이에 금송아지를 만들고 거기에 절한 우상숭배 죄의 산물(産物)입니다. 그래서 언약궤 안에 있는 세 가지 물건은 모두가 백성들의 죄악으로 말미암아 거기에 경계의 목적으로 안치된 것입니다.

그런데 그것을 꼭 속죄소 밑에 두게 하신 하나님의 의도는 무엇일까요? 그것은 하나님의 은혜로 그 죄를 용서하시기를 원하셨기 때문입니다. 거기에 있는 세 가지 물건은 단순한 세 가지 죄악을 말하는 것이 아닙니다. 세 가지 물건으로 보여주는 죄의 모습은 인간이 짓는 모든 죄의 근간을 말하고 있고, 거기서부터 모든 죄가 흘러나오는 죄의 뿌리가 되는 죄이기 때문에 결국 인간이 짓는 모든 죄를 말합니다. 하나님께서는 인간의 모든 죄를 속량하시기 위하여 대속물인 어린양을 죽이셨고, 그의 피를 속죄소에 뿌려서 밑에 있는 죄를 덮어버림으로 말미암아 거기 임재하고 계신 하나님의 눈이 피를 보고 죄를 넘어가게 하신 것입니다. 이 피의 실체는 어린양이신 예수 그리스도의 십자가 보혈입니다. 하나님께서는 자기 아들을 세상에 보내셔서 우리의 죄를 덮어버리신 것입니다. 따라서 이 세 가지 물건들로 상징되는 죄들은 모두 그리스도께서 십자가에서 짊어지신 죄를 상징합니다.

(시 78:38)"오직 하나님은 긍휼하시므로 죄악을 덮어주시어 멸망시키지 아니하시고 그의 진노를 여러 번 돌이키시며 그의 모든 분을 다 쏟아 내지 아니하셨으니"

(히 9:12)"염소와 송아지의 피로 아니하고 오직 자기 피로 영원한 속죄를 이루사 단번에 성소에 들어가셨느니라"

요한복음 11장의 주요 장면은 병들어 죽었던 나사로가 그리스도의 말씀으로 말미암아 무덤에서 살아나오는 부활의 장면입니다. 당초 나사로가 죽기 전에 마르다와 마리아는 사람을 보내어 예수님에게 나사로가 병들었다는 사실을 알려드렸습니다. (11:3)**"이에 그 누이들이 예수께 사람을 보내어 가로되 주여 보시옵소서 사랑하시는 자가 병들었나이다 하니"** 그러나 이상하게도 예수님께서는 나사로와 그 누이들을 가족처럼 지극히 사랑하셨음(5절)에도 불구하고 전갈을 받은 즉시 나사로를 고쳐주시려고 달려가신 것이 아니라, 오히려 전갈을 받은 그곳에 이틀이나 더 계셨습니다(6절). 그러시고는 나사로가 죽은 것을 아신 후에야 비로소 일어나 제자들과 함께 나사로가 살던 동네로 향하셨습니다. 이런 예수님의 이상한 행동은 죽은 나사로를 다시 살리시려는 계획된 결단의 모습이었습니다. (11절)**"이 말씀을 하신 후에 또 가라사대 우리 친구 나사로가 잠들었도다(죽었도다) 그러나 내가 깨우러(살리려) 가노라"**

예수님께서 나사로를 묻은 무덤에 도착하셨을 때에는 나사로를 무덤에 장사한지 이미 나흘(4일)이나 지난 뒤였습니다. 여기서 죽은 지 나흘이나 지났다는 것은 우리가 잘 알지 못하는 '유대인들의 전통(속설)'에서도 나사로가 완전히 죽었음을 알려주는 의미가 숨어 있습니다. 즉 유대인 사회의 랍비의 전통에 의하면 사람이 죽으면 사흘(3일) 동안 그 영혼이 시신 주위를 떠돌면서 육체와의 재결합을 시도하다가 결국 사흘 만에 하늘로 올라간다는 속설이 있습니다. 그래서 죽은 지 나흘이 되었다는 것은 이미 죽은 영혼조차도 여기에 있지 않고 저 하늘로 갔기 때문에 결코 소생할 수도 없이 완벽하게 죽었다는 것을 의미합니다. 그래서 이런 나사로를 예수님께서 살려내신다면 여기에 어떤 오해도 일으킬 수 없는 완벽한 그리스도의 능력이 증명되는 것입니다. 주님께서는 아마도 이런 유대인들의 전통까지도 고려하셔서 사흘을 지나 나흘 만에 나사로의 무덤에 오셔서 많은 유대인들이 보는 앞에서 나사로를 살려내셨을 것입니다.

예수님께서는 드디어 나사로의 무덤에 오셨습니다. 이곳에 오시면서 예수님께서는 이미 나사로의 누이 마르다와 함께 죽음과 부활에 대하여 대화를 나누셨습니다. (25-27절)**"25 예수께서 가라사대 나는 부활이요 생명이니 나를 믿는 자는 죽어도 살겠고 26 무릇 살아서 나를 믿는 자는 영원히 죽지 아니하리니 이것을 네가 믿느냐 27 가로되 주여 그러하외다 주는 그리스도시오 세상에 오시는 하나님의 아들이신 줄 내가 믿나이다"** 그리고 나사로를 살리시려고 출발하시면서 제자들과도 이미 나사로의 죽음과 부활에 대하여 대화를 나누셨습니다. 이런 대화는 요한복음 11장이 죽음과 부활이라는 주제를 담고 있다는 것을 의미합니다. 즉 사도 요한은 그리스도의 죽음과 부활을 말하기 위하여 그리스도께서 십자가에 달리시기 직전에 이렇게 나사로의 죽음과 부활을 소개한 것입니다. 무덤이 굴로 되어 있고 돌로 입구를 막아 놓았기 때문에 예수님께서는 **"돌을 옮**

져 놓으라”고 명하시고는 돌이 옮겨지자 하늘을 향하여 기도하신 후에, 죽은 나사로를 향하여 큰 소리로 **“나사로야 나오라”**고 명하시면서 나사로를 부르셨습니다. 그러자 죽은 나사로가 손과 발이 아직 베로 묶여 있고 얼굴은 수건에 싸여 있는 상태로 나왔습니다. 살아난 것입니다. 부활한 것입니다.

여기에서 우리는 예수님께서 병든 나사로를 말씀 한마디로 낫게 해서 죽지 않게 하실 수 있었는데도 불구하고, 왜 죽기를 기다리셨다가 죽은 다음에 오셔서 살려내셨을까 하는 의문이 생깁니다. 그러나 그에 대한 대답은 이미 예수님께서 스스로 하셨습니다. 첫째는 하나님의 영광을 드러내시기 위함이었습니다. (40절)**“예수께서 가라사대 내 말이 네가 믿으면 하나님의 영광을 보리라 하지 아니하였느냐”** 둘째는 제자들과 거기 있는 누이들과 유대인들에게 부활을 믿게 하기 위함이었습니다. (15절)**“내가 거기 있지 아니한 것을 너희를 위하여 기뻐하노니 이는 너희로 (부활을) 믿게 하려 함이라”** 셋째는 예수님께서 우리를 죽은 자 가운데서 살리시는 분임을 드러내시기 위함이었습니다. (25절)**“나는 부활이요 생명이니 나를 믿는 자는 죽어도 살겠고”**라는 말씀이 그것을 증거합니다.

자 그렇다면 이런 내용, 곧 나사로의 죽음과 부활을 주제로 하는 요한복음 11장은 성막의 지성소에 있는 “언약궤”와 어떤 관계가 있을까요? 언약궤에 대하여 이야기할 때에는 거기에 1년에 한 번 대제사장이 피를 갖고 들어가야 하는 ‘대속죄일’과 필연적인 관계가 있습니다. 이제 이 이야기를 하겠습니다.

1. 언약궤는 죽음의 장소입니다

"죄의 삯은 사망"(롬 6:23)입니다. 누구든지 죄를 그대로 갖고는 하나님 앞에서 죽음에 이르게 됩니다. 하나님은 결코 죄와 상관없는 거룩하신 분이기 때문입니다. 그래서 죄인인 우리는 스스로는 결단코 거룩하신 하나님 앞에 나갈 수도 없고 교제할 수도 없습니다. 오직 우리 죄를 대신해서 죽으신 그리스도의 피를 가지고서야 그 앞에 나갈 수 있습니다. 누구의 피를 갖고 하나님 앞에 나간다는 것은 그 피를 흘린 자의 죽음을 전제로 한 것입니다. 언약궤 안에는 인간의 모든 죄(곧 내가 지은 모든 죄)가 거기 나열되어 있습니다. 그리고 그 위 속죄소에는 거룩하신 하나님께서 임재하여 계십니다. 그래서 대제사장이라고 하더라도 피를 갖지 않고는 결코 지성소의 언약궤 앞에 나갈 수 없습니다. 왜냐하면 단번에 그 앞에서 죽기 때문입니다. 대제사장은 대속죄일에 정결한 **'여호와를 위한 양'**을 선택하여 잡아서 죽이고, 그 피를 갖고서야 언약궤 앞에 나갈 수 있었습니다. 즉 죽으러 거기 들어가는 것입니다. 죽음을 갖고 거기 들어가는 것입니다. 대제사장이 거기에 들어갈 때에는 모든 죄인들이 죄가 있는 상태 곧 죽음의 상태로 함께 들어가는 것입니다. 이때 만약에 대제사장이 갖고 들어간 어린양의 피가 정결한 것이 아니라면, 대제사장은 그 자리에서 죽어버립니다. 즉 모든 백성이 죽은 것입니다. 그래서 언약궤는 그 안에 있는 물건들이 보여주는 대로 죄의 상태에 있는 자리입니다. 즉 죽음의 장소인 것입니다. 나사로는 죽음의 자리에 들어갔습니다. 그는 모든 죄인의 모습을 보여줍니다. 그는 그의 죄로 말미암아 언약궤 앞 곧 하나님 앞에 죽어 있는 것입니다. 그는 이제 스스로는 살아날 수 없었습니다.

2. 언약궤는 살려내는 장소입니다

그런데 대제사장이신 그리스도께서 드디어 나사로를 위하여 어린양의 피를 가지고 무덤 앞 곧 언약궤 앞에 다가오셨습니다. 그리고 그 피를 언약궤 위에 뿌리고 또 언약궤 앞에 뿌렸습니다. 그리고 대제사장이 살아 나오셨습니다. 그러자 대제사장과 함께 죄의 죽음을 갖고 지성소 언약궤 앞에 들어갔던 모든 이스라엘의 죄인들, 나사로를 포함한 모든 이스라엘 사람들이 살아났습니다. 대속죄일인 7월 10일에 모든 이스라엘 사람들은 성막에 다 모였습니다. 이때 대제사장은 두 염소(어린양)를 택하여 정결함을 점검한 후에 제비를 뽑아서 한 염소(어린양)는 여호와를 위하여 제물로 드리고, 또 한 염소(어린양)는 아사셀을 위하여 광야로 보냈습니다. 이때 대제사장은 먼저 여호와를 위한 염소를 잡아서 각을 뜨고 그 피를 양푼에 받아서 지성소 언약궤 앞에 들어갑니다. 지성소의 언약궤 앞에 들어간 대제사장은 언약궤 위를 쳐다보지 못하며, 다만 갖고 들어간 양푼의 어린양의 피를 언약궤 위의 속죄소에 뿌리고(덮고), 또 언약궤 앞에 뿌립니다. 이때 그 피가 정결한 것이면, 대제사장은 살고, 그렇지 않으면 그 자리에서 죽게 됩니다. 만약 이때에 대제사장이 살아 나오면 모든 이스라엘 사람들의 죄가 속죄를 받은 것이 되고, 죽어서 나오지 못하면 이스라엘 사람들의 죄가 속죄를 받지 못한 것이 됩니다. 즉 죽음으로 들어갔다가 살아나오거나 혹은 죽음으로 들어가서 그대로 죽고 끝나게 됩니다.

나사로는 우리 모든 죄인의 모습으로서 죽었고, 그리스도께서는 대제사장으로서 자기(어린양)의 피를 갖고 언약궤 앞에 들어가셔서 죄로 죽었던 나사로를 살려내신 것입니다. 사도 요한은 11장을 통해서 바로 이것을 말하고 싶었던 것입니다. 히브리서 9:11-12의 "**11 그리스도께서 장래 좋은 일의 대제사장으로 오사 손으로 짓지 아니한 곧 이 창조에 속하지 아니한 더 크고 온전한 장막(성전, 성막)으로 말미암아 12 염소와 송아지의 피로 아니하고 오직 (어린양이신) 자기 피로 (모든 믿는 자들에 대한) 영원한 속죄를 이루사 단번에 성소에 들어가셨느니라**"라는 말씀이 이것을 증거합니다.

예수님께서는 나사로가 죽기를 기다리셔서 나흘이 지난 다음에야 베다니에 도착하셔서 그를 살려 내셨습니다. 이것은 분명히 의도적인 일이었습니다. 예수님의 의도는 무엇일까요? 그것은 그리스도께서 무덤에서 부활하여 나오셨을 때에 우리의 속죄가 확정되고, 우리가 모두 그리스도로 말미암아 무덤에서 부활하여 다시 살게 될 것을 미리 보여주시기 위한 것이었습니다. 이것은 곧 대제사장이 속죄일마다 지성소에 들어가서 언약궤 위와 그 앞에 피를 뿌리고 다시 살아서 나옴으로써 우리를 속량하고 살리시는 것과 동일한 것입니다. 그래서 사도 요한은 이러한 속죄의 모습과 부활의 모습을 동시에 보여주는 언약궤를 요한복음 11장에 기록한 것입니다. 할렐루야!

성막의 첫 번째 기구인 ①동문이 주는 믿음은 '**신앙고백적인 믿음**'이었습니다. 즉 구원에 이르는 믿음이 동문이 주는 믿음의 모습이었습니다. 두 번째 기구인 ②번제단이 주는 믿음은 사랑을 동반한 '**섬기는 믿음**'이었습니다. 이 믿음은 희생을 의미하는 '**십자가를 지는 믿음**'이라고 할 수 있습니다. 세 번째 기구인 ③물두멍이 주는 믿음은 '**거룩한 백성으로서의 믿음**'이었습니다. 이 믿음은 구속받은 하나님의 자녀로서의 거룩함에 대하여 숭고하고 겸손한 자부심을 갖는 믿음이라고 할 수 있습니다. 네 번째 기구인 ④떡(상)이 주는 믿음은 '**하나님의 말씀을 믿는 믿음**'이었습니다. 성경 자체를 하나님의 말씀으로 믿는 믿음과 함께 그 말씀대로 살기로 작정하는 믿음이라고 할 수 있습니다. 다섯 번째 기구인 ⑤금촛대가 주는 믿음은 '**그리스도께서 세상의 유일하신 빛이라**'는 것을 믿는 믿음과 함께, '**우리도 세상의 빛**'이라는 믿음을 말합니다. 또 여섯 번째 기구인 ⑥분향단이 우리에게 가르치는 믿음은 하나님께서 보내신 그리스도만이 '**세상의 유일한 중보자라는 믿음**'입니다. 분향단을 통해서 하나님은 우리에게 오직 예수님만이 우리의 목자이시며, 양의 문이시며, 대제사장이라는 것을 믿어야 할 것을 가르치십니다. 그렇다면 마지막 일곱 번째 기구인 ⑦언약궤는 우리에게 어떤 믿음을 주고 있을까요? 예, 언약궤는 그리스도를 믿는 우리에게 '**부활의 믿음**'을 줍니다. 먼저는 대제사장이신 그리스도의 부활이요, 둘째는 그를 믿고 따르는 그리스도인들의 부활입니다.

이스라엘 달력으로 7월 10일은 욤 키푸르(יום כיפור, 대속죄일, 레 23:27-29)입니다. 우리가 쓰는 달력으로는 9월 하순에서 10월 초순 정도에 해당합니다. 이날은 이스라엘의 7절기 중에서 가장 중요한 절기라고 할 수 있습니다. 이날은 모든 이스라엘 사람들이 성막에 모여서 두 가지 행사를 합니다. 우선 두 염소를 택하여 정결함을 검사한 후에 제비를 뽑아서 하나는 여호와를 위한 양으로, 하나는 아사셀을 위한 양으로 정합니다. 대제사장은 우선 여호와를 위하여 양을 잡아서 그 피를 가지고 지성소에 들어가 속죄소(시은좌) 위와 그 앞에 뿌립니다. 그리고 속죄소 위에 계신 하나님께 백성의 죄를 고하고 사하심을 요청합니다.

여기서 중요한 것은 대제사장이 지성소에 들어갈 때에 염소(어린양)의 피를 갖고 들어가지 않으면 그 자리에서 죽는다는 것과, 또 가지고 들어간 피가 흠이 있는 염소의 것이면 그 자리에서 죽는다는 것입니다. 그로 말미암아 백성들의 죄는 속죄를 받지 못하고 백성의 기도는 응답을 받지 못합니다. 그래서 사실상 대제사장은 지성소의 언약궤 앞에 나아갈 때에 죽으러 들어가는 것이고, 살아나오려면 흠이 없는 어린양의 피를 갖고 들어가야 합니다. 속죄일에 백성들의 모든 죄는 이미 언약궤 안에 있는 세 가지의 물건(두 돌판, 싹 난 지팡이, 만나 항아리)으로 모두 드러나 있기 때문에 대제사장은 하나님께서 백성들의 죄를 보시기 전에 먼저 흠 없는 어린양의 피를 보고 백성들의 죄를 용서하시도록 언약궤 위와 앞에 어린양의 피를 뿌리게 됩니다. 이렇게 피를 뿌린 후에 대제사장에게 아무 변고가 없으면 대제사장은 살아나오게 됩니다. 그가 지성소에서 살아나왔다는 것은 언약궤 안에 있는 세 가지 물건으로 대표되는 백성들의 모든 죄가 용서를 받았다는 것을 의미합니다. 이것은 대제사장이 죽음에서 살아나오는 것과 동시에 죄로 말미암아 죽음에 처했던 백성들이 살아나는 것을 의미합니다. 어린양이시며 또 대제사장이신 예수님께서는 바로 이것을 보여주시기 위하여 요한복음 11장에서 죽은 지 나흘이 된 나사로를 친히 무덤까지 가셔서 살려내신 것입니다.

예수님을 그리스도로 믿는 우리에게 있어서 이와 같은 그리스도의 죽음과 부활은 가장 핵심적인 복음의 내용입니다. 사도 요한은 요한복음 11장에서 나사로의 죽음과 부활을 기록하여 그리스도의 죽으심과 부활을 알려주었고, 동시에 죄로 말미암아 영원히 죽어야 할 모든 그리스도인들의 부활을 알려준 것입니다. 그렇다면 그리스도의 부활의 의미는 무엇일까요?

✦ 그리스도의 부활의 의미 ✦

예수님께서는 죽으시고 부활하신 다음 40일 동안 제자들에게 나타나셨습니다. 그런 다음 제자들이 보는 앞에서 승천하셨습니다. 이때 제자들은 예수님의 명을 따라서 마가의 다락방에 모였는데, 이때 모인 제자의 수가 일백이십 명이었다고 기록하고 있습니다. 그런데 이들이 모여서 가장 먼저 한 일은 사도의 숫자 열둘을 채우는 일이었습니다. 즉 예수님을 팔고 자결한 가룟인 유다 대신 다른 사람을 사도로 뽑는 일이었습니다. 이때 베드로가 일어서서 제자들에게 (1:22)**"항상 우리와 함께 다니던 사람 중에 하나를 세워 우리로 더불어 예수의 부활하심을 증거할 사람이 되게 하여야 하리라"**라는 말씀을 합니다. 이것은 그리스도의 부활이 복음의 핵심이라는 증거입니다. 베드로의 이런 말씀처럼 마가의 다락방에서 성령의 강림하심과 체험을 통해 변화 받은 모든 제자들, 그리고 그 후의 복음을 전하는 모든 제자들은 오직 그리스도의 죽으심과 부활을 복음의 중심에 두고 전도를 했습니다. 그만큼 부활은 영생을 주는 유일한 믿음에서 그 중심에 있는 중요성을 갖고 있습니다. 그렇다면 그리스도의 부활은 우리의 믿음에서 어떤 의미를 갖고 있을까요?

첫째, 그리스도의 부활은 어린양이신 예수님의 희생이 인류의 속죄를 위하여 법적으로 완전하였음을 증거합니다.

(고전 15:17)**"그리스도께서 다시 사신 것이 없으면 너희의 믿음도 헛되고 너희가 여전히 죄 가운데 있을 것이요"**

사도 바울은 고린도 교회의 성도들에게 그리스도의 부활에 대하여 증거하는 가운데 위의 말씀을 기록했습니다. 이 말씀의 요지는 만일 예수님께서 십자가에서 어린양으로 죽으신 다음 부활하지 않으셨다면 그가 우리를 위하여 죽으신 것이 모두 허사였다는 것입니다. 그러나 부활하셨기 때문에 우리의 믿음도 완전하고 우리가 죄 가운데서 완전히 벗어났다는 말씀입니다. 그리스도께서 왜 죽으셨습니까? 그것은 무엇보다도 우리의 죄를 속하시기 위함이었습니다. 그리스도께서 죽으심으로 말미암아 우리의 속죄는 완전히 이루어진 것입니다. 그러나 그것을 증명하는 길은 오직 그리스도의 부활뿐입니다. 그래서 그리스도는 반드시 부활하셔야 했고 결국 그는 완전하게 부활하셨던 것입니다.

둘째, 그리스도의 부활은 그가 하나님의 아들이심을 증명했습니다.

(롬 1:4)**"성결의 영으로는 죽은 가운데서 부활하여 능력으로 하나님의 아들로 인정되셨으니 곧 우리 주 예수 그리스도시니라"**

예수님께서 부활하셨다는 것은 또 하나의 중요한 것을 증거하는 일이었습니다. 그것은 그분이 바로 하나님의 아들 곧 신성을 지니신 하나님의 본체라는 것입니다. 하나님의 아들 곧 성자이신 하나님은 그 안에 생명이 있습니다. 왜냐하면 성자 하나님은 **"스스로 계신 분"**이기 때문입니다. **"그 안에 생명이 있었으니 이 생명은 사람들의 빛이라"**(요1:4)고 사도 요한은 증거합니다. 비록 사단의 사주를 받은 유대인들과 로마인들이 예수님의 육신은 죽였지만, 그 안에는 **'스스로 있는 생명'**이 있기 때문에 다시 사실 수밖에 없었던 것입니다. 그리고 그가 다시 사셨다는 것은 그가 전능하신 하나님의 아들이라는 분명한 증거가 된 것입니다.

셋째, 그리스도의 부활은 예수를 믿으면 죄인에서 의인으로 신분이 바뀐다는 것을 보장하게 되었습니다.

(롬 4:25)"예수는 우리 범죄함을 위하여 내어줌이 되고 또한 우리를 의롭다 하심을 위하여 살아나셨느니라"

그리스도께서 부활하셨다는 것은 회개하고 예수를 믿는 모든 사람들의 죄가 용서함을 받고, 죄인에서 의인으로 신분이 바뀐 것을 확인했다는 의미를 또한 갖고 있습니다. 마귀의 자녀에서 하나님의 자녀로 거듭나며, 마귀의 종에서 하나님 나라의 백성으로 이전되고, 지옥의 형벌을 면하고 영생을 선물로 받는 놀라운 은혜 안에 들어갔다는 것이 보장되었다는 것을 말합니다. 우리가 예수님을 믿을 때에 받는 죄의 속량은 그를 믿는 자들의 과거의 죄뿐만 아니라, 현재와 미래의 죄까지도 속량한 것입니다. 그래야 완전한 속죄입니다. 과거와 현재의 죄는 사함 받았는데, 미래의 죄에 대하여 아무런 속죄의 보장이 없다면 그것은 온전한 속죄, 온전한 구원을 받았다고 할 수 없습니다. 그래서 바울은 로마 교회에 보낸 편지에서 이렇게 선언합니다. "그러므로 이제 그리스도 예수 안에 있는 자(곧 그를 믿는 자)에게는 결코 정죄함이 없나니(현재뿐만 아니라 미래에 이르기까지도) 이는 그리스도 예수 안에 있는 생명의 성령의 법이 죄와 사망의 법에서 너를 해방하였음이라(완전한 해방)"(롬8:1-2). 여기서 정죄함이 없어지고 해방되었다는 것은 과거와 현재의 죄에 대하여서만이 아니라 미래에 대하여서도 결코 정죄함이 없다는 선언입니다. 비록 사도 바울조차도 "오호라 나는 곤고한 사람이로다 이 사망의 몸에서 누가 나를 건져내랴"고 바로 그 앞 절에서 소리 질렀지만 곧이어서 "결코 정죄함이 없다"고 현재와 장래의 완전한 구원에 대하여 선언한 것입니다. 한 번

해방되어 하나님의 나라에 있는 자가 다시 지옥으로 떨어질 수는 없습니다. 왜냐하면 속죄로 인한 구원 자체가 오직 은혜로 되어진 것이기 때문입니다. 하나님의 놀라운 은혜는 다만 처음 구원받는 일에만 주어지는 것이 아니라, 구원받은 후에 하나님의 자녀로서 살면서 완전한 구원에 이르기까지 계속된다는 사실을 우리는 믿어야 합니다. 우리가 믿는 하나님은 전능(全能)하시고, 전지(全知)하실 뿐만 아니라, 자기 아들을 죽이시기까지 우리를 이미 사랑하시기 때문입니다. 다만 우리는 출애굽기 32:33에서 **"여호와께서 모세에게 이르시되 누구든지 내게 범죄하면 그는 내가 내 책에서 지워버리리라"**는 말씀을 통해서 특정한 어떤 죄에 대하여 하나님께서 자기의 책에서 이름을 지우실 가능성이 있다는 사실을 부인해서는 안 됩니다.

넷째, 그리스도의 부활은 모든 믿는 자의 부활을 보증하게 되었습니다(죄와 사망 권세를 이기심).

(고전 15:20)**"그러나 이제 그리스도께서 죽은 자 가운데서 다시 살아 잠자는 자들의 첫 열매가 되셨도다"**

(고전 15:23)**"그러나 각각 자기 차례대로 되리니 먼저는 첫 열매인 그리스도요 다음에는 그리스도 강림하실 때에 그에게 붙은 자요"**

"잠자는 자들의 첫 열매"가 되셨다는 것은 사람이 죽었다가 부활하는 첫 번째의 사례(事例)가 되었다는 의미와 함께 모든 믿는 자의 부활의 시작이 되셨다는 의미를 동시에 갖고 있습니다. 그런데 이 부활은 성경 여러 곳에서 나타나는 죽었다가 다시 살아나는 사람들의 부활과는 전혀 다른 부활을 의미합니다. 왕정 시대에 선지자 엘리야와 엘리사도 죽었던 사람을 살린 적이 있었고, 예수님도 죽었던 사람을 세 사람이나 살리셨습니다. 그뿐만 아니라 예수님께서 십자가에서 죽으셨을 때에 많은 사람이 부활하였다고 성경은 말합니다. (마 27:52)**"무덤들이 열리며 자던 성도의 몸이 많이 일어나되"** 그러나 이 사람들은 분명히 죽었다가 다시 살아나기는 했지만, 성경에서 말하는 부활은 결코 아닙니다. 왜냐하면 이들은 부활하기는 했지만 다시 죽었기 때문입니다. 그러나 그리스도의 부활은 고린도전서 15장에서 말하는 "다시는 썩지 아니할 부활이요, 영광스러운 삶의 부활이요, 또한 강하고 신령한 몸으로의 부활입니다. 즉 죄를 이기고 사망을 이기신 부활"입니다. 그래서 이후부터는 죄가 그를 괴롭힐 수 없고, 사망이 다시 그를 붙잡을 수 없는 부활입니다. 다시 말해서 그리스도의 부활이 잠자는 자들의 첫 열매가 되었다는 것은 그가 죄와 사망의 권세를 이기셨다는 것을 먼저 의미합니다. 그리고 그를 믿는 자들도 그를 의지하여 죄와 사망을 이기고 첫째 부활에 참여하게 되었다는 것을 의미합니다.

사랑하는 여러분, 우리는 이제 '믿음의 주요 우리를 온전케 하시는 이'로 말미암아 죽을 몸이 살리심을 받게 되었습니다. 이것은 결코 변경되지 않습니다. 이것을 믿는 자들은 가장 행복한 미래를 갖고 있습니다. 우리는 언약궤가 주는 이 부활의 믿음을 갖고 어떤 곤고한 일도 복음을 위하여 참을 수 있어야 하고, 또 내 죄를 위하여 죽으셨다가 살아나신 그리스도를 생각함으로 날마다의 삶 속에서 순결함과 거룩함을 지켜야 합니다. 이런 삶을 통하여 결국은 순교의 자리에까지 갈 수 있게

됩니다. 이것을 기억하고 늘 온전한 믿음으로 사는 여러분 모두가 되시
기를 주의 이름으로 축원 드립니다. 할렐루야 아멘!

언약궤 기도 : 결단의 기도

첫 번째 단계의 기도인 ①동문의 기도는 '구원에 이르는 신앙고백적인 기도'였습니다. 두 번째 단계인 ②번제단 기도는 그리스도의 희생을 믿고 구원에 이른 사람들이 이제는 그리스도를 위하여 자신을 희생하겠다고 작정하는 '나를 드리는 기도'였습니다. 세 번째 단계인 ③물두멍 기도는 '철저한 회개의 기도'였습니다. 여기까지 우리가 살펴본 성막 뜰에 있는 세 기구의 기도 곧 동문 기도, 번제단 기도, 물두멍 기도는 모두 고백적인 기도라고 할 수 있습니다. 그러나 이제 성소에 들어와서 드리는 떡상 기도부터는 하나님의 자녀들이 하나님께 무엇인가를 구하는 기도가 됩니다. 그래서 네 번째 단계인 ④떡상의 기도는 '말씀에 의지하는 기도'가 되었습니다. 다섯 번째 기구인 ⑤금촛대 기도는 '성령의 충만과 그의 은사를 구하는 기도'였습니다. 그리고 여섯 번째 기구인 ⑥분향단의 기도는 우리에게 '중보기도'의 모습을 가르치고 있습니다. 그렇다면 마지막 일곱 번째 기구인 ⑦언약궤는 우리에게 어떤 기도를 가르치고 있을까요? 예, 죽음과 부활을 믿음으로 받아들이는 '결단의 기도'가 곧 언약궤의 기도라고 할 수 있습니다.

이미 '언약궤와 요한복음 11장과의 관계'에서 말씀드린 것과 같이, 언약궤의 자리는 죽었던 나사로를 대제사장이신 그리스도께서 살리시는 모습을 통해서 '죽음과 부활'의 장소임을 가르쳐주었습니다. 그렇습니다. 언약궤는 첫째 죽음의 자리요, 둘째 부활의 자리입니다. 즉 죄로 말미암아 죽으러 들어갔다가 그리스도의 피로 말미암아 거기서 살아나오는 자리입니다. 죽으러 가서 살아 나오는 과정에서 우리는 그리스도에 대한 믿음이 필요합니다. 바로 여기서 우리에게는 결단의 기도가 필요합니다.

사랑하는 여러분, 이스라엘의 일곱 절기 중에서 하나님을 만나러 지성소에 들어가는 날은 언제입니까? 예 그것은 여섯 번째 절기인 7월 10일 '욤 키프루'(속죄일)뿐입니다. 그런데 가을 절기는 속죄일 앞에 7월 1일의 '로쉬 하사나'(나팔절)가 있습니다. 중요한 것은 7월 1일 나팔절(신년)을 지낸 후, 7월 10일 속죄일까지의 9일간 이스라엘 사람들이 무엇을 하는가 하는 점입니다. 왜냐하면 이스라엘 사람들은 7월에 들어서면, 1일에 나팔절, 10일에 속죄일, 15-22일까지의 '수코트'(장막절)가 사실상 한 절기 (세 번째 절기)로 지내기 때문에 절기 사이의 백성의 자세가 궁금할 수밖에 없습니다. 그런데 성경 속에서 그에 대한 말씀을 찾을 수는 없지만, 전통적으로는 나팔절과 속죄일 사이의 9일간은 회개의 기간으로 지낸다고 합니다. 이것은 참으로 큰 의미가 있습니다. 나팔절은 상징적으로 나팔을 부는데, 이것

은 신년을 알림과 동시에 그리스도께서 강림하신다는 경고의 소리가 됩니다. 아울러서 바로 속죄일이 다가오기 때문에 함부로 경거망동할 수가 없을 것입니다. 그래서 전통적으로 이 기간은 모든 백성들이 지난해의 모든 행위를 돌아보고 하나님 앞에 회개하고 결단하는 기도를 하면서 속죄일을 기다린다고 합니다. 그리고 속죄일 당일에는 대제사장이 백성들의 죄를 갖고 지성소의 언약궤 앞에 들어가는 날이기 때문에 모두가 성막 주위에 모여서 경건한 모습으로 회개와 결단의 기도에 들어간다고 합니다. 바로 이런 모습은 언약궤가 가르치는 기도는 회개와 결단의 기도임을 알게 합니다. 이것이 번제단 기도나 물두멍 기도와 다른 것은 언약궤의 기도는 죽음과 부활의 문턱에서 드리는 결단의 기도라는 것입니다. 우리는 성경의 역사 속에서 이런 언약궤가 가르치는 죽음과 부활의 문턱에서 드리는 결단의 기도를 찾아볼 수 있습니다.

1. 모세의 기도(출애굽기 32장)

모세는 40일간의 금식기도를 통해서 성막에 대한 자세한 설계도와 율법이 기록된 돌판을 받아왔습니다. 그러나 산에서 내려오기 직전에 하나님께로부터 백성들이 율법을 받기도 전에 금송아지를 만들어서 그것이 애굽에서 자신들을 해방시킨 하나님이라고 숭배하고 있다는 말씀을 들었습니다. 그때에 하나님께서 모세에게 이렇게 말씀하십니다. (출

32:9-10)"…내가 이 백성을 보니 목이 곧은 백성이로다. 그런즉 나대로 하게 하라 내가 그들에게 진노하여 그들을 진멸하고 너로 큰 나라가 되게 하리라" 하나님께서는 이

스라엘 백성을 모두 진멸한 후에 모세로 하여금 다시 번창케 해서 큰 나라를 만드시겠다는 것입니다. 이 황망한 말씀을 들은 모세가 놀라서 이렇게 간구합니다. (11-13절)"…**어찌하여 애굽 사람으로 이르기를 여호와가 화를 내려 그 백성을 산에서 죽이고 지면에서 진멸하려고 인도하여 내었다 하게 하려 하시나이까 주의 맹렬한 노를 그치시고 뜻을 돌이키사 주의 백성에게 이 화(禍)를 내리지 마옵소서**" 결국 하나님은 모세의 기도를 들으시고 뜻을 돌이키셔서 말씀하신 화를 내리지 않으셨습니다. 그러나 문제는 모세가 돌판을 들고 하산했을 때였습니다. 모세가 백성들의 타락한 모습을 친히 본 것입니다. (19절)"**진에 가까이 이르러 송아지와 그 춤추는 것을 보고 대노(大怒)하여 손에서 그 (돌)판들을 산 아래로 던져 깨뜨리니라**" 실상을 본 모세가 크게 분노하여 하나님께서 주신 돌판을 산 아래로 던져 버린 것입니다. 그리고는 그들이 만들어 숭배하고 있는 금송아지를 불살라 부수어 가루를 만들어서 물에 뿌린 다음 범죄한 이스라엘 사람들에게 마시게 했습니다. 그리고 하나님의 명을 따라서 여호와의 편에 섰던 레위 사람들을 사용하여 3천 명가량의 백성들을 도륙했습니다.

그런데 진짜 문제는 죄의 문제였습니다. 백성들 전체가 진멸되는 자리는 피했지만 아직 이들의 우상숭배와 배역의 죄를 용서받지는 못했기 때문입니다. 바로 이때 모세는 다시 하나님을 만나러 산으로 올라갑니다. 그것은 백성의 죄를 위하여 죽음을 각오한 회개와 결단의 기도를 위해서였습니다. 모세는 이미 40일간의 금식기도를 하고 하루가 지났을 따름입니다. 그러나 다시 기도하려고 산에 올랐습니다. 모세의 이 기도는 단순히 육신의 죽음을 넘어선 정도에서 지나, 영원한 죽음을 자신이 감당하고라도 백성들의 죄를 용서받고자 하는 무시무시한 결단의 기도였습니다. (31-32절)**"여호와께로 다시 나아와 여짜오되 슬프도소이다 이 백성이 자기들을 위하여 금신(金神)을 만들었사오니 큰 죄를 범하였나이다 그러나 합의하시면 이제 그들의 죄를 사하시옵소서 그렇지 않사오면 원컨대 주의 기록하신 책에서 내 이름을 지워버려 주옵소서"** 영원한 죽음 곧 여호와의 책에서 이름이 제하여지는 것을 각오한 모세의 기도는 자신의 죽음을 통해서 백성을 살린 기도가 되었습니다. 이것이 언약궤가 가르치는 기도라고 할 수 있습니다.

2. 다니엘의 기도(다니엘서 9장)

다니엘서 9장에서 우리는 다니엘의 기도하는 모습을 봅니다. 이 기도는 매우 특별한 기도입니다. 그래서 금식하며 기도합니다. 죄로 말미암아 저주를 받아 나라는 없어지고(죽음), 백성들의 다수는 바벨론의 포로로 붙잡혀 온 지 70년이 다 되었을 때였습니다. 이때 마침 다니엘은 예레미야 선지자의 예언서를 읽고 있었는데, 그 책 중간쯤(지금의 예레미야서 29:10)을 읽었을 때에 자신들의 포로생활을 하나님께서 70년으로 정하셨다는 말씀을 읽게 되었습니다. 즉 포로생활 70년이 차면 다시 나라를 회복할 수 있다(부활)는 말씀이었습니다. (렘 29:10)**"나 여호와가 이같이 말하노라 바벨론에서 칠십 년이 차면 내가 너희를 권고하고 나의 선한 말을 너희에게 실행하여 너희를 이곳(예루살렘)으로 돌아오게 하리라"** 이렇게 말씀하신 다음, 하나님께서는 12절에서 곧장 이렇게 권고하십니다. (렘 29:12)**"너희는 내게 부르짖으며 와서 내게 기도하면 내가 너희를 들을 것이요 너희가 전심으로 나를 찾고 찾으면 나를 만나리라"**

이것을 읽고 다니엘은 이러한 하나님의 뜻이 이루어지기를 위하여 금식하며 기도하기로 결단합니다. (9:2-3)**"곧 그 통치 원년에 나 다니엘이 서책(예레미야서)으로 말미암아 여호와의 말씀이 선지자 예레미야에게 임하여 고하신 그 연수를 깨달았나니 곧 예루살렘의 황무함이 칠십 년에 마치리라 하신 것이니라 3 내가 금식하며 베옷을 입고 재를 무릅쓰고 주 하나님께 기도하며 간구하기를 결심하고"** 보통 우리는 하나님께서 예언하신 부분에 대하여서는 하나님께서 말씀하셨으므로 당연히 이루어지겠지 하고 읽고만 넘어갑니다. 그러나 그것이 자신의 때에 이루어져야 하는 나라와 민족의 회복(곧 국가의 부활)을 위한 것임을 깨달은 다니엘은 이것을 위하여 기도하기로 결단합니다. 금식하며 베옷을 입고 재를 무릅쓰고 기도를 했다는 것은 절박한 회개와 결단의 기도에 대한 전형적인 모습입니다. 여기서 우리가 유의해야 할 점은 평소에는 나라와 민족의 회복을 위하여 기도하지 않고 있다가 예레미야의 글을 읽고 난 이후에야 비로소 이를 위해 기도했다고 생각하면 안 된다는 것입니다. 다니엘은 이미 6장에서 본 바와 같이 평소에 매일 하루 세 번씩 예루살렘으로 향한 창문을 열어놓고 기도했습니다. 여기서 예루살렘을 향하여 기도했다는 것은 거기에 하나님의 성전이 있기 때문입니다. 그러나 이미 성전은 파괴되었고 예루살렘은 택함 받은 백성의 중심지로서의 역할을 할 수 없는 때였습니다. 그리고 자신들은 포로로 잡혀왔습니다. 그럼에도 불구하고 다니엘은 예루살렘을 향하여 기도했습니다. 그것은 비록 성전(聖殿)은 없어지고, 성도(聖都)는 기능을 잃었지만, 하나님의 나라 이스라엘과 택한 민족의 회복(부활)을 위해서 기도했다는 것을 의미합니다. 이때 다니엘의 기도는 철저한 민족적 회개의 기도를 합니다. (단 9:18-19)"나의 하나님이여 귀를 기울여 들으시며 눈을 떠서 우리의 황폐된 상황과 주의 이름으로 일컫는 성(城)을 보옵소서 우리가 주의 앞에 간구하옵는 것은 우리의 의(義)를 의지하여 하는 것이 아니요 주의 큰 긍휼을 의지하여 하오니 주여 들으소서 주여 용서하소서 주여 들으시고 행하소서 지체치 마옵소서 나의 하나님이여 주 자신을 위하여 하시옵소서 이는 주의 성과 주의 백성이 주의 이름으로 일컫는바 됨이니이다" 다니엘의 죽음을 각오한 이런 회개와 결단의 금식기도로 인하여 유대에서 끌려온 유대민족은 70년이 된 BC538년 곧 고레스 원년에 제1차로 귀환이 시작되었고, 이후 3차까지 귀환이 이루어졌습니다. 또 성전이 회복되고, 예루살렘 성이 중건되었습니다. 그러나 더 중요한 것은 다니엘은 70년 만의 이스라엘의 속죄와 회복을 위하여 기도했지만, 하나님의 응답은 '70이레(490년)'로 대표되는 **'이스라엘의 허물이 마치고 죄가 끝나며 죄악이 영속되며, 영원한 의가 드러나는'** 엄청난 응답을 받게 되었다는 사실입니다. 참으로 한 사람의 위대한 결단의 기도가 나라와 민족을 구한 것입니다. 이런 회개와 결단의 기도가 바로 언약궤의 기도입니다.

3. 예수님의 기도(누가복음 22장)

우리는 예수님께서 십자가 처형을 앞에 두고 기도하신 사실 곧 겟세마네의 기도에 대하여 잘 알고 있습니다. 예수님의 겟네마네 기도에 대하여 의사였던 누가는 이렇게 기록하고 있습니다. (22:44)**"예수께서 힘쓰고 애써 더욱 간절히 기도하시니 땀이 땅에 떨어지는 핏방울같이 되더라"** 기도할 때에 땀을 흘리면서까지 열심히 그리고 뜨겁게 기도한다는 말은 들었지만, 기도하면서 흘리는 땀이 마치 핏방울처럼 붉은색을 띨 정도로 피가 섞인 땀을 흘리면서 기도했다는 말은 예수님의 기도에서만 볼 수 있는 장면입니다. 예수님의 이런 핏방울 같은 땀은 '헤마티드로시스(Hematidrosis) 현상'이라고 하는데, 이런 현상은 심한 고뇌, 긴장, 극단적인 감정의 순간에 실제로 실핏줄이 터져서 땀에 피가 섞여 나오는 현상을 말합니다. 예수님께서는 인류의 모든 죄를 짊어지고 반드시 죽으셔야 하는 절박한 순간을 위하여 이렇게 절박한 기도를 올리셨습니다. 모세조차도 이런 기도를 하지는 못했습니다. 다니엘도 마찬가지입니다. 오직 온 인류의 죄를 속량하시려는 어린양만이 드릴 수 있는 죽음의 기도입니다. 예수님은 모든 인류를 위하여 어린양으로서뿐만 아니라, 대제사장으로서의 책임감도 있으셨습니다. 주님의 이런 언약궤 기도를 힘입어 이제 우리는 속량을 받아 구원에 이른 것입니다.

이 책을 여기까지 읽으신 성도 여러분, 겟세마네의 기도를 드리시고, 빌라도의 법정에서 온갖 수모를 겪으시고, 가시관을 씌우시고, 채찍에 맞으며, 무거운 십자가를 지고 갈보리로 올라가신 하나님의 아들 예수님을 생각할 때에 우리는 우리도 모르는 사이에 가슴이 미어지며 눈물이 흐르는 것을 막을 수가 없습니다. 우리를 지극히 사랑하시는 아버지께서는 이런 희생을 치르시는 아들을 보시며 또 얼마나 마음이 아프셨을까요? 그러나 주님께서는 아버지의 기대대로 십자가에서 모든 것을 이루셨고, 아버지께서는 이것을 만족히 여기셨습니다. 예수님은 이 땅에 오셔서 성막의 동문에서부터 시작하여 언약궤에 이르는 모든 길을 다 걸으셨고, 요한복음 1장에서 시작하여 11장에 이르는 모든 사역을 다 감당하셨습니다. 그리고 그 모든 것의 결론 곧 십자가에서 죽으심과 부활을 통하여 모든 죄인들을 속량하셔서 그를 믿는 모든 자들에게 영원한 생명을 주셨습니다. 이제 주님께서는 곧 다시 오셔서 우리에 대한 구원을 완성하시고, 영원한 나라로 우리를 인도하셔서 항상 우리와 함께 계실 것입니다. 이때를 위하여 믿음으로 준비하며, 날마다 성령의 인도

함을 받고, 하나님을 사랑하고 이웃을 내 몸같이 사랑하면서 소망가운데 살아가시는 여러분 모두가 되시기를 우리 주 예수 그리스도의 이름으로 간절히 축원 드립니다. 아멘!

"내가 그리스도와 함께 십자가에 못 박혔나니 그런즉 이제는 내가 산 것이 아니요 오직 내 안에 그리스도에서 사신 것이라 이제 내가 육체 가운데 사는 것은 나를 사랑하사 나를 위하여 자기 몸을 버리신 하나님의 아들을 믿는 믿음 안에서 사는 것이라" 아멘!

| 이스라엘의 절기 |

계절	세 절기 [명칭] 출 34:18-24 신 16:1-17	일곱 절기 [명칭] 레 23:1-44 민 28:16-29:40	기간 [유대력]	성경의 근거	목적	예언적 의미
봄 절기	[1] 무교절 or 유월절 ①②③의 세 절기를 아빕월의 한 절기로 드렸다	① 유월절 페 사	1/14 [아빕월] 늦은 유월절 2/14 민9:10-11	출 12:1-28, 43-51 (첫 유월절) 레 23:5 민 28:16 신 16:1-8	(1) 어린양의 피로 애굽에서 구출 받은 것을 기념 (2) 자녀들에게 교훈: 하나님의 진노의 심판(장자의 죽음)이 그들의 집을 '넘어 지나갔다'는 것을 가르침	(1) 그리스도는 우리를 위한 유월절 어린양 [요 1:29, 고전 5:7, 벧전 1:18-19] (2) 유월절은 성만찬의 기초 [마 26:17-30, 막 14:12-25, 눅 22:1-20]
		② 무교절 마 촐	1/15-21 [7일간]	출 12:15-20 출 13:3-10 레 23:6-8 민 28:17-25 신 16:3-8	애굽을 급히 빠져나온 고통을 기념(출 12:39)	(1) 무교병은 그리스도의 상징 [요 6:30-59, 고전 11:24] (2) 무교병은 참 교회의 상징 [고전 5:7-8]
		③ 초실절 비쿠림	1/16	레 23:9-14	보리 추수의 첫 소산을 봉헌하기 위한 날	(1) 첫 열매는 그리스도 부활의 상징[고전 15:20-23] (2) 첫 열매는 믿는 자의 부활을 상징[고전 15:20-23, 살전4:13-18]
	[2] ④ 칠칠절, 맥추절 [오순절] 샤부올		3/6 [시완월] 초실절 이후 50일째 날	레 23:15-22 민 28:26-31 신 16:9-12	밀 추수의 첫 소산을 봉헌하기 위한 날	(1) 오순절 성령강림 (행2장) (2) 이날 드리던 떡 두 덩어리는 유대인과 이방인을 의미 [레 23:16-17] (3) 이 떡에 누룩은 교회 안에 나타난 죄를 의미

계절	세 절기 [명칭] 출 34:18-24 신 16:1-17	일곱 절기 [명칭] 레 23:1-44 민 28:16-29:40	기간 [유대력]	성경의 근거	목적	예언적 의미
가을 절기	[3] 초막절 ⑤⑥⑦의 세 절기를 한 절기로 드렸다	⑤ 나팔절 [신년절] 로쉬 하사나 욤 테루아	7/1 [에다님월]	레23:23-25 민10:10 민29:1-6	(1) 안식의 달인 일곱째 달을 봉헌하기 위한 날 (2) 신년의 시작을 나팔로 공포(설날)	(1) 그리스도의 재림 상징 [마 24:31, 고전 15:52, 살전 4:16] (2) 신년의 시작, 새로운 시대의 시작을 알리는 것을 의미 (3) 어린양의 혼인잔치 예표 [눅 22:16-18, 계 19:9]
		⑥ 속죄일 욤 키프루	7/10	레 16:1-34 레 23:26-32 민 29:1-6	온 이스라엘의 죄를 속하기 위한 날(매년 하루)	그리스도의 재림으로 말미암아 믿는 자들의 영육간의 완전한 자유함을 상징. 이것은 그리스도의 십자가로부터 시작된 것이다.[히9장]
		⑦ 초막절 [장막절, 수장절] 수코트	7/15-22 [8일간]	레 23:33-43 민 29:12-38 신 16:13-17	(1) 이스라엘이 광야를 다닐 때 하나님께서 인도하시고 보호하셨다는 것을 기념 (2) 토지 소산을 모두 거둔 것을 감사하여 봉헌함	그리스도께서 다스리시는 천년 왕국의 번영과 평화를 의미. 비록 천년 왕국이지만 부활체의 사람들과 부활하지 못한 사람들이 공존하는 사회이다.
참 고	수전절(修殿節) 하누카		9/25 [기술르월]	요 10:22	[목적] BC164 셀루쿠스 왕조의 안티오쿠스 4세 에피파네스 왕의 군대를 물리치고 승리한 후, 더럽혀진 성전을 수리하여 하나님께 봉헌한 것을 기념 [의미] 재림하시는 그리스도께서 적그리스도를 물리치고 성전을 회복하는 일의 예표	
	부림절[פורים] ('부림'이란 히브리어는 '제비', '운명', '보호'를 의미) 부림절은 항상 유월절 30일 전		12/14 [아달월]	에스더서	[목적] 이두메 출신 아각사람 하만의 궤계로 유대인을 멸절시키라는 아하수에로 왕의 칙령이 내렸지만, 에스더 왕비와 모르드개에 의해 이 칙령은 취소되고 유대인들은 구원을 받았으며, 하만은 죽임을 당함. 이 구원을 기념하는 절기	

사도 요한의

성막 복음서

펴낸날 2025년 7월 21일

지은이 안상욱
펴낸이 주계수 | **편집책임** 이슬기 | **꾸민이** 전은정

펴낸곳 밥북 | **출판등록** 제 2014-000085 호
주소 서울특별시 마포구 양화로 156 LG팰리스빌딩 917호
전화 02-6925-0370 | **팩스** 02-6925-0380
홈페이지 www.bobbook.co.kr | **이메일** bobbook@hanmail.net

© 안상욱, 2025.
ISBN 979-11-7223-080-7 (03230)